大学生素质教育系列教材

艺术专业人才创新创业教程

◎ 张子睿　主编
◎ 卢　彤　李　馨　副主编

中国农业科学技术出版社

图书在版编目（CIP）数据

艺术专业人才创新创业教程/张子睿主编.—北京：中国农业科学技术出版社，2020.1（2024.8 重印）

ISBN 978-7-5116-4548-7

Ⅰ.①艺… Ⅱ.①张… Ⅲ.①艺术-专业人才-人才培养-高等学校-教材 Ⅳ.①J-4

中国版本图书馆 CIP 数据核字（2019）第 292016 号

责任编辑　史咏竹　岳慧丽
责任校对　李向荣

出 版 者	中国农业科学技术出版社
	北京市中关村南大街 12 号　邮编：100081
电　　话	（010）82105169（编辑室）　（010）82109702（发行部）
	（010）82109709（读者服务部）
传　　真	（010）82106626
网　　址	http：//www.castp.cn
经 销 者	各地新华书店
印 刷 者	北京建宏印刷有限公司
开　　本	710mm×1 000mm　1/16
印　　张	16.25
字　　数	305 千字
版　　次	2020 年 1 月第 1 版　2024 年 8 月第 2 次印刷
定　　价	68.00 元

◆◆◆ 版权所有·翻印必究 ◆◆◆

前　言

21世纪全球竞争的关键在于人才的竞争，人才竞争的基础保障则在于教育。高校是人才的孵化器，肩负着培养人才、造就人才的重要历史使命。在这样一个高速发展的知识经济社会，如何实施大学生的素质教育，全方位提高学生综合素质，尤其是非专业素质，仍是一个十分重要的问题。笔者曾师从于创造学理论与创造教育研究专家罗玲玲教授，对于创造教育进行了较为深入的研究。2002年起，笔者先后开设创造力开发相关课程，课程旁听生的增加和教室爆满使笔者感觉到大学生们对提高创造力的渴望。通过指导学生参加"挑战杯"大学科技和创业计划竞赛等一系列比赛，并实现了学校在课外科技竞赛获奖上的突破，笔者感觉到创造性解决问题的价值。2005年出版了为大学本科生素质提升服务的《创造性解决问题》一书，该书于2008年获得中国创造学会的创造成果奖。企业技术人员如何提高创造、创新能力是《创造性解决问题》一书付梓反思就开始困扰笔者的问题。2005年起笔者结合针对企业开展创新方法培训、社会科普等公益活动中发现的问题，历时近10年完成了《创造创新理论与实践》一书。

2009年笔者偶然机会参加了国内最早的创业教育项目——KAB的课程讲师培训，并于2015年参加了该项目的培训师培训，并于2017年获得项目培训师资格。

近年来，国家高度重视创新创业教育《国务院办公厅关于深化高等学校创新创业教育改革的实施意见》（国办发〔2015〕36号）发布为高校创新创业教育指明了方向。习近平总书记在党的十九大报告中共提到创新58次、提到创业6次。2018年全国两会李克强总理在政府工作报告中全文共提到创新53次。正式颁布。其中第十一条明确指出："强化大学生创新创业教育培训。在全国高校推广创业导师制，把创新创业教育和实践课程纳入高校必修课体系，允许大学生用创业成果申请学位论文答辩。支持高校、职业院校（含技工院校）深化产教融合，引

前　言

入企业开展生产性实习实训。"

艺术领域专业性强，能够进入上述领域的人才必须具备相应的专业素质，在当前的高考体系中，艺术专业都会首先进行专业考试，达到相应的标准后才能参加文化课考试。

笔者所在的学校曾经长期存在过一个名为"艺术与创业教研室"的教研室，笔者也经历了这个教研室从名称出现到消失的全过程；在相当长的一段时间，笔者也会经常面临解释名片上这个教研室的名称的场面；但是，这个经历也是笔者与教艺术类课程的教师有了接触，听同事讲指导学生参加比赛获奖的感悟，也进一步了解艺术领域的创新规律。《国务院关于推动创新创业高质量发展打造"双创"升级版的意见》（国发〔2018〕32号）发布之时，"艺术与创业教研室"已经不存在了，但是，在创新创业教育和实践课程纳入高校必修课体系的背景下，如何根据不同专业的特点教好创新创业是一个比较现实的问题，而艺术类专业学生的创新创业课如何上则是一个更加突出和迫切的问题，构建艺术类专业学生创新创业课程体系是一个比较现实的问题。

本书分上下两篇，上篇介绍艺术类专业人才需要掌握的创新思维、方法等，下篇结合介绍艺术类专业的特点介绍创业者实施创业项目需要掌握的典型知识。在介绍艺术类专业学生需要掌握的思维方法、创造性解决问题方法和手段的时候尽量选取艺术领域的案例来说明问题；艺术领域创业由于依托本专业的成果，而且很多项目并不像依托工科、农科技术产生的项目需要大量固定资产投入；知识产权、人力资源都在投资中占比很高；创业者需要花更大的精力向其他人介绍，这也是本书增加了其他教材很少出现的"创业中的沟通与表达"一章的原因。

本书的完成得益于前述的创新创业领域内的专家学者的支持与帮助。在此致以深深感谢。同时，还要感谢本专业领域之外，尤其是艺术教育领域专家给予的帮助。他们给笔者提出的建议对笔者写作和修改工作以很大帮助。同时，本书的出版得到了北京农学院2019年学位与研究生教育改革与发展项目，以及北京农学院2019年内涵发展项目—学生综合素质提升—艺术文化两个项目的支持，在此向资助方表示感谢！由于作者水平有限，书中疏漏之处在所难免。请同行专家和读者朋友们给以斧正！

作　者
2019年10月

目 录

上篇 艺术人才创新能力概述篇

第一章 创造创新基本问题概述 (3)
 第一节 创造、创新能力的价值分析 (3)
 第二节 创造、创新的核心概念 (5)
 第三节 创造学和创造教育的发展历史 (8)
 第四节 创造、创新知识学习活动中值得关注的问题 (16)

第二章 创造性思维方法 (19)
 第一节 突破传统观念直接解决问题 (20)
 第二节 保障逻辑思维的严密性 (29)
 第三节 变换思维角度 (40)
 第四节 观察、想象与构绘 (68)

第三章 创新方法概述 (80)
 第一节 思维激励法 (80)
 第二节 综合集中技法 (90)

第四章 问题及发现问题的能力 (98)
 第一节 问题概述 (99)
 第二节 问题的分类及主要特征 (105)
 第三节 发现问题的途径与方法 (118)

下篇 艺术人才创业能力提升篇

第五章 创业概述 (131)
 第一节 创业的概念及基本问题 (131)

第二节　创业动机、环境与机会……………………………………（144）
　　第三节　创业者………………………………………………………（157）
第六章　创业团队组建与产品开发原则………………………………（167）
　　第一节　艺术领域创业团队组建……………………………………（167）
　　第二节　创业公司注册………………………………………………（175）
　　第三节　艺术领域创业产品开发原则………………………………（184）
第七章　创业计划书及路演材料制作…………………………………（195）
　　第一节　创业计划书的写作…………………………………………（195）
　　第二节　创业路演视频与PPT制作…………………………………（204）
第八章　创业中的沟通与表达…………………………………………（217）
　　第一节　会议沟通……………………………………………………（217）
　　第二节　谈　判………………………………………………………（226）
　　第三节　路演中的表达………………………………………………（236）
参考文献…………………………………………………………………（250）

上篇　艺术人才创新能力概述篇

艺术领域的进步都依赖于创新,本书上篇将介绍艺术类专业人才需要掌握的基本创新知识。

第一章　创造创新基本问题概述

第一节　创造、创新能力的价值分析

创造，是人类语言中最有魅力的词汇。

创造是人类最美好的行为，是推动人类文明历史向前的最重要、最高尚的行为。

人类社会的文明史，就是一部创造创新史。席卷全球的技术、经济竞争，与其说是人才的竞争，不如说是人才创造力的竞争。我国在这场竞争中的最大优势，在于拥有世界上数量最大的人力资源，如果全民族创造力得以开发，中华民族必将永远立于不败之地。在许多人的印象中创造是那些在人类历史上留下浓墨重彩的伟大人物的事情。事实上，对于艺术领域的从业者来说，创造不仅是可能而且是十分重要的。

历史的车轮已经驶进 21 世纪，人类社会正在经历一场由信息科学技术驱动的深刻变革。生产、交换和服务的方式发生了重大变化，知识的作用产生了质的飞跃。知识经济正扑面而来。21 世纪将是以知识经济占主导地位的世纪。先进的文化也必须是能够适应这一历史潮流的文化。自然界与人类总是不断发展的，创新是社会发展的动力，是时代精神的结晶，是信息社会的必然趋势，也是社会文明的象征。

实践证明，民族发展的希望在创新，创新的希望在培养青少年的创造力。努力培养和提高青少年的创造力是一个事关国家民族前途命运的战略问题。现代社会的发展对各行各业的工作人员的素质要求越来越高，社会主义经济建设需要的人才，是理想、道德、知识、智力与技能，以及体质、心理素质等诸多因素全面发展，相互协调的人才。人才素质的构成是全方位的，它包括人的知识储备、职业素养、表达能力等。

传统的观点认为：人才按其知识和能力结构的类型可以分为学术型（科学型、理论型）、工程型（设计型、规划型、决策型）、技术型（工艺型、执行型、中间型）和技能型（操作型）。工业文明要求大批训练有素的劳动者，这就要求学校按一个统一的模式把成批学生制造成规格化的"标准件"去满足工业文明的需要。

现代社会对人才需求是全方位的，对人才的素质要求也是全方位的。在扎实的本专业基础理论和专业应用技能之外，人的非专业素质成为衡量人能力的关键。因此，人才需求的类型与传统的类型有着较大的区别；即便是普通劳动者也不是简单操作型人才。

要成为高素质的人才，适应社会的要求，就要全面提高自身能力。笔者认为：适应现代社会的人才的非专业能力主要有思维能力、表达能力（书面表达能力和口头表达能力）和解决问题能力。在此基础之上加上良好的心理品质就形成了现代人才非专业能力体系（图1-1）。

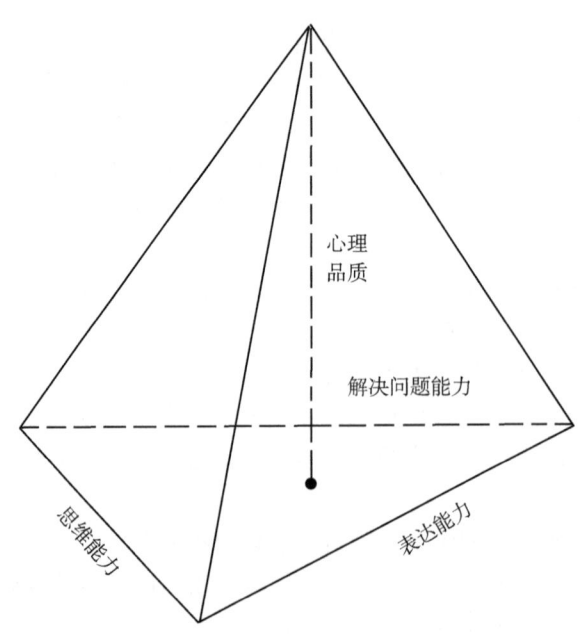

图1-1 现代人非专业能力体系结构

如果没有思维能力，书面表达能力和口头表达能力将无法实现；如果没有创造性思维能力，即便书面表达能力和口头表达能力很强，也很难在面对难题时，有不落俗套的想法，进而拿出令人信服的解决问题的办法。因此，要培养出高素质的人才，人的创造力是关键。

中外研究表明，人的创造力最强的时期为15周岁左右。而我国现行的教育体系又决定了现在的在校大学生的创造力的相对不足。因此，大学生创造力开发势在必行；许多高校已经开设了相关的选修课，甚至必修课。不仅如此，对于已经步入社会的人，也应该提高自己的创造力，从而提高自身的能力。广东、浙江、重庆等地相继对机关工作人员、工程技术人员、管理人员开展了创造力开发知识培训。这一点说明掌握创造性思维训练方法、创造技法，提高创造性解决问题的能力已引起了社会各阶层的高度重视；提高全社会成员的创造力已得到社会各界的广泛认可。

创造性人才应该是具有很强的自主意识，又有良好的合作精神。不仅如此，创造性人才应该同时具有继承性思维、批判性思维和创造性思维。任何创造过程都需要这3类思维的整合。正如全国政协委员江苏大学博士生导师吴守一教授指出的："在继续强化学生的社会责任感、历史责任感的前提下，把中国教育注重的共性发展、社会本位，与美国教育注重的个性发展、人本位结合起来。把中国教育注重知识，学生勤奋、踏实、谦虚，与美国教育注重智力开发、综合能力培养，学生兴趣广、视野宽、胆子大、敢冒险结合起来。把中国教育强调知识的严密、完整、系统，与美国教育注重掌握知识的内在精神和发展方向结合起来。把中国教育强调学生基础知识扎实，与美国教育强调学生自立、开拓结合起来。把中国教育强调求实的作风，与美国教育追求浪漫的风格结合起来。把中国教育'学多悟少'，与美国教育'学少悟多'结合起来。这样，我们就能把创造教育推向一个新高度，促使它尽快成熟，成为独具中国特色的现代教育新体系。"

第二节 创造、创新的核心概念

要提高创造力，就要首先清楚与提高创造力相关的问题。本书是以具体的方法为主要任务的。因此，本书将对与之密切相关的概念进行分析，而对与应用能力提高关系不大的理论问题进行精简。

一、创 造

英文的"创造"一词是由拉丁语"Creare"一词派生而来。"Creare"的大意是创造、创建、生产、造成。它与另一个拉丁词"Cresere"（成长）的词义相近。在《旧约》全书的《创世记》中有"上帝在一切不存在的情况下创造了天和地"。因此，从词源上分析，创造的含义是在原先一无所有的情况下，创造出新东西。创造特别强调独创性，然而，任何创造都不是无中生有，而是在前人创造的基础上有所突破，所以要论创造二字的含义，中国语言中的创造更贴切实际。根据《词源》的解释，"创造"是由两个字组合的，"创"的主要意思是"破坏"和"开创"，"造"的主要含义是"建构"和"成为"。所以"创"和"造"组合在一起，就是突破旧的事物，创建新的事物。

创造是各式各样的，时时处处都可以有创造。如科学上有发现，艺术上有创作，方法上有创新，技术上有发明。

"唯创必新"乃是创造的根本特点。

美国创造心理学家I.泰勒，曾提出划分"创造五层次"的著名观点。具体如下。

（1）表露式的（Expressive）创造：意指即兴而发、但却具有某种创意的行为表现。例如，戏剧小品式的即兴表演、诗人触景生情时的有感而发等，其创造水平或程度一般即属于这一层次。儿童涂鸦式的画作有时很有创意，其水平亦属此层次。

（2）技术性的（Technical）创造：意指运用一定科技原理和思维技巧以解决某些实际问题而进行的创造。如"把素材按新的形态组合产生出新事物"，或"某种旧的结合解体，新的结合重新产生"。

（3）发明式的（Inventive）创造：意指在已有的事物基础上，产生出与以往曾有过的事物全然不同的新事物的创造。例如，爱迪生发明的电灯，贝尔发明的电话。

（4）革新式的（Innovative）创造：意指不仅在旧事物基础上产生出了新事物，而且是在否定旧事物或旧观念前提下造出新事物或提出新观念的"革旧出新"的创造。技术史上各种新工具的出现以代替旧工具，科学史上发现新定律以替代旧定律等。

（5）突现式的（Emergentive）创造：意指那种与原有事物无直接联系，看似"从无到有"地突然产生出新观念的创造。我们可以说，各学科领域荣获诺贝尔奖的重大科学发现，即均应属于这一层次的创造。

二、创造力

简单地理解,可以把创造力看作是人类身上所具有的创造新事物的能力。但实际上,创造力是个相当复杂的概念。

探索创造的秘密使人们将目光集中到创造的主体——人,于是形成了有关创造力的研究领域。最早形成创造力的概念,是着眼于创造主体的属性,是人自身所具有的这种能力和特征,引起了研究者兴趣,从 J.P.吉尔福特(Guilford J.P.)发表著名的《论创造力》的演讲开始,人们又将创造力的概念从能力扩展到人格,从静态的定义到动态的描述。

德国心理学家海特纳站在一个新的视角对创造力进行了分类。他认为应当深入地理解创造力,不要以为一个人只要他的思维、讲话和行动与众不同,这个人就是具有创造力。他将创造力分为创造力、类创造力、假性创造力3种,其中,创造力是指真实的创造力,类创造力是指以创造为目标,表现出某种大胆,但不成熟的创造。或者是创造力在准备阶段的表现。被称为创造力的雏形。亦称前创造力。如缺乏现实性的儿童的创造性幻想,内倾型性格的人的空想。假性创造力是指由于社会对创造性行为的激发,促进和重视,而使一些人以虚假的方式来表现表面的创造,如为了在社会上出名,出现的一种虚假、臆断的创造力。

因此,我们可以将创造力理解为创造者潜在的创造力被一项创造活动所激发,产生创造的情境动机和前创造力,以真正的创造产品出现,标志着现实的创造力的实现。

三、创　新

创新是美籍奥地利经济学家熊比特于1912年在其《经济发展理论》一书中提出的。根据熊比特的观点:创新就是生产函数或供应函数的变化,或者是把生产要素和生产条件的"新组合"引入生产体系。这种组合包括以下内容:①采用一种新的产品获得一种产品的新的特性;②采用一种新的生产方法;③开辟一个新市场;④掠取或控制原材料或半成品的供应来源;⑤实现一种工业的新组织。

通俗地讲,技术创新就相当于我们通常所讲的科技成果的商业化或产业化。按照熊比特的观点,创新包括技术创新和组织管理上的创新。技术创新的概念是由熊比特的上述观点发展起来的,因此认为:第一次开发或引进一个新产品或新过程所包含的技术、设计、生产的过程是技术创新。

技术创新是以"技术的创新"（发明）为基础，但又不等同于发明，两者的区别和联系如表1-1所示。

表1-1 技术创新与"技术的创新"的区别与联系

内容	技术的创新（发明）	技术创新
范畴	技术领域	技术、经济领域
范围	新技术知识的创造	产品创新、工艺创新、原材料创新、市场创新、组织和管理创新、服务创新等
主体	主要是科研机构和科技人员	企业（企业家）及"销、产、学、研"人员
价值目标	技术的先进性和实用性	创造性和效益性（商业价值）
过程	选题立项→实验研究→综合、总结（撰写论文）	技术、经济构想→技术开发→经济开发（试生产及其产品首次实现商业价值）
产品	知识形态（含样品、样机、模型、工艺方法等）	实物形态（现实生产力）
两者间联系	创新的技术源泉	发明的后续过程

目前在我国，技术创新的主要的形式是技术开发型创新和市场开发型创新。

新产品的研究与开发，是企业在激烈的市场竞争中立于不败之地的重要方面。通过购买专利等手段，从企业之外引入新产品，固然也是一种办法，但是却需面对很大的不确定性、支付较高的费用，且不一定完全适合企业的发展目标和自身条件；实施技术开发型创新就成为企业的选择。要实现技术开发型创新，企业就要在技术行为与产品特征上有很大变化，主要致力于中长期的产品更新换代或创立全新产品。它以相对牺牲部分眼前利益为代价，着眼于用户显性需求质的扩展或潜在需求诱导，为用户提供较高使用价值。这种创新虽然风险性大，但立足开拓，往往是根本创新的先导。具有较强技术力量和经济实力（或得到特定外部支持）的企业特别是新兴产业的企业，常采用此类技术创新。

第三节 创造学和创造教育的发展历史

一、创造学和创造教育的世界发展历史

18世纪以前，人类一般是处在自发的、以保证日常生活需求可以或维持简

单生产而进行的各种创造活动。如人们建造房屋、种植粮食、饲养家禽、家畜，制造必要的自卫武器及生产工具等。

但是，在人类社会的早期，仍然有一部分中西先哲们对于创造有所思考。在中国的春秋战国时期，就进入了创造研究的萌芽时期，在孔子、孟子和庄子的论著中，都有一些创造学研究方面的论述，如智力开发、人格特质、教育的个别差异、心理测量的可行性等。在西方，从古希腊、古罗马时期就已经开始使用"创造"这个概念。公元前300多年，古希腊著名的科学家、哲学家亚里士多德在他著名的著作——《心灵论》中，就曾论述过"想象"的思维形式。公元前3世纪，古希腊的帕普斯在总结前人数学研究成果的著作——《数学汇编》中，首先使用了"发现法"（Heuristics）一词。这些都与创造有一定关联。

以后，人们对于创造学中的一些思维、方法，理解得也越来越深入了。比如，龙沙在1565年发表的《法国诗学要略》中，曾论述了创造的意义，认为"创造是一切东西的本源"英国哲学家培根在1620年出版《新工具》一书，就是对创造的实验方法与归纳方法的总结。此外，伏尔泰1764年出版了《哲学词典》，其中研究了想象力的概念，并把想象分为消极想象、积极想象和创造想象。在这一阶段的末期，德国古典哲学家康德提出了当时认为是完善的创造理论，他分析了创造过程的构成，认为创造性想象力是多样的感性印象与统一的知识性概念之间的联系环节，它同时具有印象的明显性和理解的综合性，想象是直觉和活动的统一，是两者共同的根源。

但是，在一个科学技术和生产力发展较慢的历史时期，对创造的探讨多是从哲学、心理学的角度入手来研究、探索。在具体的创造发明活动，人们所采用的方法，主要还是效率极低的试错法，试错方法特点是：效率较低、风险较大；因此，真正参与其中的人员并不很多。但是，正是由于上述原因，参与试错的先人们是十分值得钦佩的，"神农氏尝百草，日中七十毒"便是有力的写照。因为中国自古以来就是一个发明大国，所以，我国古代创造学研究在古代创造学学科体系中确立了自己的位置。但是，有封建社会的等级制度体系，使工匠和知识分子出于两个阶层，这也在一定程度上影响了我国创造发明的发展。

19世纪至20世纪30年代德国哲学发展为人类提供了辩证思维。在这一历史阶段，德国古典唯心论的代表黑格尔，第一个系统地阐述了唯心的辩证方法，进一步探讨了人类的创造活动，把创造分为科学的创造与艺术的创造，在他死后出版的《美学》著作中，对艺术创造的规律进行了较为深入的阐述。随后，马克思主义唯物辩证法的诞生，对于创造学的发展起了巨大的推动作用。马克思的名言:"在科学上没有平坦的道路可走,只有不畏劳苦沿着陡峭山路攀登的人,才有希望达到光辉的顶点。"就是对创造和科学研究的最佳诠释。

在这一历史时期,对后来的创造学理论研究作用最大的是英国学者高尔顿,他采用统计方法,对历史上各个领域的近千名杰出人物的"家谱"进行了分析研究,于1870年发表了《遗传的天才》一书,这就是被当今创造学理论研究界称为"高尔顿的天才理论"。同时,格式塔心理学派、以弗洛伊德和荣格为代表的精神分析学派、以马斯洛为代表的人本主义心理学派都对创造性思维进行了探讨。

20世纪初,人们对创造学的研究出现了两个方向:一是对创造过程的研究,即将人类的创造过程划分为准备、实施、成功及验证4个阶段。二是对创造性人格特征和动机因素的研究,例如,美国的统计学家J. M. 卡特尔在1903—1932年对3637位杰出人物进行了多次统计研究等。

20世纪30年代以后,由于工业革命已经在西方国家完成,随着科学技术的发展,发明高潮的出现,随着各国在经济发展中竞争的加剧,人们更加对创造发明的本质与机理产生了浓厚的兴趣,并开始专门注意人类创造发明的规律。所以,直到这一阶段,创造学才可能走上科学化、专门化的道路,才可能真正地为科技的发展和生产服务,才可能发展成为一门独立的学科。在1931年,美国的内布拉斯加大学教授R. P. 克劳福就制定了"特性列举法"的创造技法,并首次在大学开设了创造性思维课程。1933年,美国电气工程师H. 奥肯写成了他的发明教育讲义,并申请开办训练发明方法的课程。

一般的观点认为:创造学作为一门独立学科的问世,是以1936年美国通用电气公司系统开设《创造工程课》为标志。在此以后,创造学便以极快的速度发展着并向全世界传播。

而后,在1941年,美国奥斯本出版了《思考的方法》一书,在该书中他提出了"智力激励法",奠定了创造学的基础。1942年,美国加利福尼亚大学韦开教授提出了创造技法——"形态分析法"。1944年,美国哈佛大学康顿教授提出了创造技法——"综摄法"。1948年,美国麻省理工学院开设《创造性开发课程》,创造学正式列入大学教育内容;美国兰德公司等开展"系统分析"研究。1954年,美国的奥斯本发起建立"创造教育基金会"(CEF)。1955年,美国犹他大学首次举办创造学研究学术会议《犹他会议》。

日本作为第二次世界大战的战败国,能在第二次世界大战结束后仅仅30年,一跃成为仅次于美国的世界第二经济大国,在技术研究方面成为美国的竞争对手,并在一些领域超过美国;很大程度上得益于其创造学研究。可以说日本在创造学研究和全民族创造力开发上取得的成功,成为其经济起飞的动力之一。一些经济学家甚至说:"日本从某种意义上说是靠创造发明而成为经济大国的。"日本企业家经常说的一句话是,我们不担心资源缺乏,只怕缺乏智慧和创造性。创造力开发和创造教育使日本在世界性的竞争中进行综合创新,获得了后发优势,形成了世界一流的技术,以先进的技术和高品位的商品争夺国际市场。

日本创造学研究经历了3个阶段:1930—1950年,是其引进和消化西方研究成果阶段;1951—1965年,是其研究领域和方法的扩展阶段;1965年以后,是其创造学研究的独立发展阶段。

自1980年起,创造学研究得到更深更广阔的发展:创造学研究形成了体系;各课题和研究方向正在得到深入;研究者开始进行个别的研究和提出新问题;瞄准国内外尚未进行研究开发的课题,注重课题研究项目开发的独创性,日本科学技术厅制定了"创造科学技术推进制度",并在年龄20~50岁的科研人员中寻找推选有创造能力的项目负责人;研究日本人的创造力,取得了对日本人创造力进行定量统计的研究资料;确定了长远的研究课题,如女性的创造力、意识形态的变化、生活史分析方法、创造性与天赋和智能的关系等。

日本的创造力开发活动成功的经验主要基于以下原因。

首先,政府十分重视创造力开发。1982年福田首相亲自主持会议,提出"立足国内,开发创造力,创造新技术,发展新产业,确保竞争优势"的方针,在决议中确认"创造力开发是日本通向21世纪的支柱",表明政府将创造力开发放到了重要位置。日本把国民创造力作为第一资源来开发,把4月18日定为"全国发明节",这似乎是世界上独一无二的节日。近几年来,日本的科技白皮书和政府文件中,开发创造力和自主技术已成为必不可少的组成部分。

其次,企业热心开发创造力。20世纪80年代以前,日本企业普遍开展的是全员质量管理运动,80年代后已变为"全员创造发明运动"。一些大企业,如松下、日立、索尼等公司都把开发职工的创造力作为一项常年轮训的内容之一,因而有力地推动了企业的技术革新和合理化建议活动,使日本的专利申请每年高达55万件,占全世界的1/3,从1976年起就雄踞世界第一。企业还提倡"一日一案"的创造性建议活动。

再次,全社会普及创造学,倡导发明活动。日本有号称占全国人口5%的发明大军(达600万人),在各城市开设星期日发明学校,连妇女发明协会都有几十年历史了。自1974年创办第一个青少年发明俱乐部以来,已经发展到90多所，计划建立180所以加强青少年创造力开发和训练。日本开发创造力的特点是举国上下重视，相互配合支持，形成了广泛、深入、持久的全民性创造力开发运动，例如，各种发明竞赛都已有几十届的历史，每年都要进行一次全国性表彰大会。

二、中国现代创造学和创造教育发展历史

中国现代创造学研究是从陶行知创造教育研究开始的。

早在1918年，陶行知在《试验主义教育方法》等论文中，提出了改革教育的创造教育思想。在20世纪30年代创立了他的创造教育理论，并对青少年和儿童进行了创造教育试验。1933年在《创造教育》演讲中，进一步提出了创造教育的目的、内容、方法和意义，这些思想在后来的《创造宣言》等论著中及教育实践中不断充实、完善，不仅形成了较为完整的创造教育思想体系，也使陶行知成为世界创造教育的最早探索者之一。

构成一个完整体系的陶行知创造教育思想包括：创造教育的目的任务、基本原则、途径和方法；对受教育者实行"六大解放"，即解放脑、口、手、眼、时间和空间；创造的社会教育；创造的教育方法。

陶行知创造教育思想的先进性，在于它揭示了创造教育的根本目的是"造福全人类"；在于它创立了"实践（行动）——认识（思想）——新价值的产生（创造）"的创造过程理论；在于它发现和论证儿童都有不同程度的创造力，发展了创造力人皆有之的理论；在于他主张培养学生自动、自立学习精神；在于它明确提出了"六大解放的思想"；在于它提出了"手脑双全是创造教育的目的"的思想；在于它特别重视被称为"高级思维"的创造思维。

同时，黄炎培先生创立的"中华职业教育社"提出了"使无业者有业，使有业者乐业""手脑并用，双手万能"的理念，一定程度上改变了几千年中国知识分子述而不作的习惯，也为后来的创造教育发展奠定了基础。

从20世纪70年代末80年代初开始，我国学者便在不断地通过实践探索、理论研讨，进行着创造学的研究。只不过严格说来，真正的独立研究，而不仅是限于消化国外成果的研究，则大约是在80年代中、后期以来，特别是现在，才逐渐成为我国创造学发展中的主要方面。

20世纪80年代初期是我国创造学研究的起步阶段。这一阶段，我国创造学研究的重点在创造工程、创造技法方面资料的引进。1980年，上海一些报刊发表了一系列介绍创造发明方法的文章，其中许立言在《科学画报》上发表的十

多篇介绍创造学及创造技法的文章，产生了广泛的影响，在这些技法的启发下，50多项创造发明成果诞生了，并很快在教育界、科技界和企业中引起重视和反响，一批中国最早的创造学研究者开始了当代创造学的引进和传播。

1983年6月28日至7月4日，在广西①南宁召开了我国第一届创造学学术研讨会，标志着我国创造学作为一门独立的新学科诞生了。在那次会议上成立了中国创造学研究会筹备委员会和中国创造教育研究会筹备委员会。

在引进传播创造学中，还邀请日本创造学家村上幸雄于1983年来华讲学。全国各地的创造学研究者通过举办全国性的创造力开发函授班、创造学培训班、普及班等形式传播创造学。其中较有影响的是1984年中国创造学会（筹）在上海上钢三厂举办的创造力开发培训班。仅半个月的学习和训练，55名学员共提出3560条设想，其中不少付诸实施。

1986—1990年是我国创造学研究的消化推广阶段。这一阶段，有一大批由我国创造学研究者编著的创造学著作问世。比较有代表性的是，我国已故教育心理学家张德琇教授的力作《创造性思维的发展与教学》。这批著作是在消化吸收国外创造学理论、方法的基础上，结合我国的国情，以适合我国读者接受习惯的写作方法编著的。并从不同的角度和侧面，把创造学的推广推向一个新的高度。

在消化推广阶段的著作以总论性为多，说明众多研究者从"引进"到"推广"的思路是希望从总体上把握创造学，以创造心理学等创造学学科分支著作的诞生势头，预示着创造学分支学科研究的时期即将到来。

推广的标志则为大规模和大面积地普及创造学，各种类型的创造学培训以创造力开发、创造发明、创造技法、新技术新产品开发、技术革新和合理化建议等为题，在各行各业举办起来，并收到良好效果，在沈阳，赵惠天、谢燮正、刘武、罗玲玲、于占元、王滨等专家出版了相关的培训教程、并开展了职工培训活动，取得了很好的效果。创造学在学校的推广主要表现为创造教育的开展。一批高校率先开设创造学选修课，出现了"创造学热"。一些创造学研究者还开始在中小学创造教育闯出了一条路。作者的导师罗玲玲教授提出的"三基本一强化五阶段创造教育教学模式"，即是常年以中小学创造教育课为实验基地，同时借鉴国外一些创造教育模式进行理论探索的结果。作者在攻读研究生期间，也在东北育才学校参与了与之相关中学阶段"优才生创造力开发"的科研和教学活动。北京市161中学高级教师刘文明提出的"创造思维训练与创造性学科教学相结

---

① 广西壮族自治区，简称广西。

合"的创造教育模式，则是他在中学实施创造教育10余年所积累经验的总结。有的学者根据继续教育对象往往具有不同背景（如知识结构、专业或职业等不同）的特点，提出了具有启发性的从"培训对象""目标和内容""课程和方式"三侧面着手设计教学的"创造力开发教学实践三维结构模式"，等等。在创造学推广的过程中，一批学术造诣深、讲授水平高、教学作风好、有较高声望的创造学专家、教授在全国各地传授创造学受到欢迎。

1991年至今是我国创造学研究的学科发展阶段。这一阶段，在引进和消化推广的基础上，从20世纪90年代起，创造学以学科创造学研究推广和创造学与市场经济紧密联系为特征向前发展，显示了创造学的生命力和活力。

在创造学著作方面，自20世纪90年代以来，创造力开发、创造方法、技术创新及新产品开发、创造学应用等方面的著作成为创造学著作的主流。

随着我国市场经济发展对创造的需求增长，创造学研究在20世纪90年代最后几年还会给人以更大的欣喜。

创造学的普及在20世纪90年代中期，开始由分散、号召性的培训转变为集中、规定性学习，一些地方已开始由政府主管部门将普及创造学列为干部、科技和管理人员的必修课程，纳入年度计划，以提高各级领导干部和科技、管理人员的创造性素质。

在20世纪90年代，创造学研究的国际交流增加，创造学院（校）和研究中心得到长足的发展，创造教育继续深入发展并喜见成效，1997年普通高等学校国家级教学成果奖中，创造教育成果获1项一等奖，4项二等奖。

创造学学术团体不断发展和学术研究活动以前所未有的规模开展，都使创造学研究进入了一个新阶段。一些创造学研究课题取得了研究成果。除许多地方电视台开播创造发明类的节目外，中央电视台的《科技之光》栏目"发明与创造节目"张开逊教授的讲座和"希望之旅""异想天开"，中国教育电视台的《创想之夜》等栏目的播出，也都使创造学得到更大的普及。

据不完全统计，1978—1996年，我国创造学研究者正式发表的论文数已达1 000余篇，出版的相关著作近300部。尽管这些成果在研究水平上可能有高低深浅的差异，但可以说它们都是在引进或学习国外成果的总前提下所做的尝试或探索。

自20世纪60年代以来，我国台湾的一些学者开始了创造学的引进和研究。还有学者根据美国的创造工程，编写了以工商业者为对象的创造力开发书籍，很受从事经营的读者欢迎。应该说，台湾学者在创造学研究和将创造学用于实际比大陆开始得还要早些。台湾各市大多建立了发明团体，频繁开展活动，在亚洲和世界发明博览会上也多次取得令人振奋的好成绩。常常在世界性发明博览会先后登上领奖台的有来自海峡两岸的炎黄子孙。

我国港澳地区的创造学研究和创造发明活动也很活跃，在促进地区经济发展和教育事业等方面都发挥了很好的作用。香港发明家协会有较大的影响。

目前，我国主要有如下创造学学术团体。

（1）中国创造学会：中国创造学会成立于1994年6月9日，现有团体会员42家、个人会员455名。除设办事机构外，还设立了创造教育专业委员会。我国的创造学研究在中国创造学会的指导、组织和协调下，我国创造学者在理论上有所突破；逐步建立了创造力开发研究系统；在工厂企业中通过创造技法的应用已取得了较好的经济效益；创造学研究与应用已进入了高智能圈；创造学开始进入贫困地区和学校；创造性活动已在创造市场及城市建设中产生效果；建立了一批创造学专业、研究所、培训基地；我国创造学活动已引起了国际学术界的重视，国际交流日益频繁。学会已组织召开了3届全国创造学学术讨论会，代表了我国目前创造学研究的水平，对我国创造学研究的发展起到了重要的作用。学会会刊是《创造天地》（双月刊）。

（2）中国发明协会：中国发明协会成立于1985年10月16日。该协会成立12年来，为推动我国群众性发明创造活动，促进与国际发明界的合作与交流，推动创造学研究，开展创造教育，进行了不懈的努力。中国发明协会在组织全国性发明展览、推进发明产业化与商品化、开展出版宣传、加强国际交流与合作等方面的成绩是众所周知的。由于创造学是研究创造发明的学问，是发明之师，协会一直很重视创造学研究，1988年10月在北京承办了"创造力开发与促进发明活动国际讨论会"。于1990年10月在天津召开了首届全国"创造力开发与促进发明活动讨论会"，并成立了"创造学研究委员会"，我国知名创造学者云集其下，为创造学研究作出了显著贡献。1991年9月在株洲市召开的"全国企事业创造力开发学术研讨暨经验交流会"就开发职工创造力问题交流了经验，对有关理论问题进行了研讨。又由于创造教育旨在培养创造性人才，协会还十分重视创造教育的研究，于1993年10月成立了中国发明协会中小学创造分会，两年后的1995年10月，高校创造教育分会正式成立。两个分会至今已多次召开了学术讨论会，出版了一批创造教育的学术著作和创造学教材。据不完全的统计，目前开展创造学研究与开设创造教育课程的高校有100多所；开展创造教育的中国小学约600所。协会会刊是《发明与革新》。

（3）中国继续工程教育协会：从协会成立时起，就把创造力开发列为继续工程教育的重要内容，把创造力开发作为一项战略措施纳入继续教育的轨道。继续教育主要围绕开发专业技术人员的创造力和创造性思维进行。专业技术人员素质的好坏、水平的高低、是否具有创造力，直接影响着国家经济发展、科技进步。只有努力在继续教育中开发专业技术人员的创造力，才可能有大胆的技术革新思想，才可能大幅度地提高经济效益。为此，中国继续工程教育协会在培养创造力开发师资队伍、编写适用的创造力开发教材、大规模举办各种各类创造力开发培养班、开展创造力开发学术研究等方面取得令人瞩目的成绩。还出版了多种创造学著作、教材和论文集。全国各级各行业的继续教育协会和高校的继续教育学院是创造学研究和创造教育的一支主力军。该协会会刊是《继续教育》。

第四节 创造、创新知识学习活动中值得关注的问题

在开始对艺术类大学生介绍创造创新知识之前，有必要对传统观点中关于创造、创新认识进行分析。

在传统的观点中有一种观点认为：创造、创新是一种天赋，无法教授。

这种观点的最大作用就是可以使人认为创造力开发是没有意义的。然而，中外的种种成功的例子证明了这种观点的局限性。

但是，这种观点的支持者仍然会从一些在人类历史上做出卓越贡献的创造型天才、尤其是那些在自己擅长领域中作用突出的成功者的例子中找到佐证，而且在艺术及科学等领域表现得更加突出。莫扎特、爱因斯坦或米开朗基罗都成为他们的好例子。进而说明对人类历史产生重大影响的天才们是没法制造的。

数学能力、艺术表达能力乃至运动天赋都有各种有用的级别，即使在缺少天才的时候也是如此。

就像一组人参加百米比赛。发令枪响后，比赛开始。必然有的人跑得最快，有的人跑得最慢。他们在比赛中的表现依赖于天生的奔跑能力。现在，假设有人发明了"自行车"，并让所有赛跑者进行训练。比赛改为"自行车"比赛再次开始。每个人都比以前运动得更快。但是，有的人仍然跑得最快，有的人仍然跑得最慢。

如果我们不为提高人类的创造力做任何努力，显然个体的创造能力只能依靠天赋。但如果我们为被训练者提供有效和系统的训练方法，我们就可以提高创新能力的总体水平。有的人仍然比其他人好，但每个人都可以学会创造技能，提高

自己创造性解决问题的能力。"天赋"和"训练"之间根本不存在矛盾。每位教练员或教师都会强调这一点。

事实上，学习创造学理论与方法和学习其他知识之间没有什么区别。一方面，教学可以将人们培训成有创造能力的人；另一方面，受教育者已有的天赋可以通过训练来提高。

因此可以认为"创造无法学会"的观点现在已经站不住脚了。创造力具有"可教性"和"不可教性"。天赋是无法训练的，但训练可以激发潜能。

也许创造教育工作者不可能训练出天才，但是有很多有用的创造并不是天才的功劳，要提高全民的能力，创造教育工作必不可少。

在传统的观点中另一种观点认为：创造来自与传统观点格格不入的思想。

有许多创造是在打破旧有观点、观念基础上实现的，有的人就会产生上述观点。而且，这一观点也很容易在生活中找到佐证。因为，在学校里许多成绩优秀学生似乎属于循规蹈矩派。而在实际工作中有所创造的人往往在学校读书时成绩不佳。有创造性贡献的人必然拥有传统观点有差异的观点，但是，没有前人的积累，有创造价值的观点，又从哪里来呢？难道是从天上掉下来的吗？

没有旧有的事物作基础，任何新事物都无法产生，创造本身就是一个辩证否定的过程。批判地继承绝不等于全面打倒，与传统观点差异更不等同于与传统观点格格不入。

在传统的观点还有一种观点认为：有创造力的人往往在右脑、左脑的使用习惯和开发上有一种明显的倾向性。于是，就产生了左脑或右脑主动性的观点。

这种观点进而认为：惯用右手的人的左脑是大脑中"受过教育的"部分，识别和处理语言、信号，按我们已知的事物应该存在的方式来看待事物。右脑是未受教育的"无知"的部分。因此，在与绘画、音乐之类有关的事中，右脑单纯无知地看待事物。你可以画出事物本来的、真实的面目，而不是按你臆想的来画。右脑可以允许你有更完整的视图，而不是一点一点地构造事物。于是，在提到创造性思维时，这种观点认为，创造只发生在右脑；为了具有创造性，我们所需要做的就是停止左脑思考，开始使用右脑。

事实上，所有这些事都有其价值，但当我们涉及关于改变概念和认知的创造时，我们别无选择，只能也使用左脑，因为这是概念和认知形成和存放的地方。通过 PET（Positive Emission Tomography 正电子发射断层成像）扫描，有可能看出在任何给定的时刻，大脑的哪一部分在工作。在胶片上捕获到的放射线的闪光表明了大脑的活动。可以很清楚地看到，当一个人在进行创造性的思考时，左右脑会同时处于兴奋状态。这正是人们所期望的。

有关创造力开发的误解很多，比较典型的、值得注意的是上述3种观点。

对于如何认识创造的本质的问题，笔者根据一些学者的理论观点，产生一个不成熟的想法，权且称之为"问题反动论"，或者刺激论、问题引导论。

其实，就广义的创造理念而言，创造的本身就是创造性地提出问题和创造性地解决问题，是根据要解决的问题所确定的目的和任务，运用一切已知条件，产生出新颖，有价值的成果（精神成果、社会成果和物质成果）的认知和行为活动。如果我们不苛求"创造性"的定性来对待"问题"，则将"问题"随时随地出现在每个人的生活与工作之中；问题以其"反动"作用（即反作用）阻碍了人的生活与工作的前进脚步。因而除去那些循规蹈矩、随遇而安的人对"问题"无动于衷之外，每个人都必须面对问题、解决问题；在解决问题之中就蕴含着不同程度的创造机理和创造成果。既然生活与工作之中出现"问题"是必然的；因而每个人都必须承担解决问题的任务。针对个人环境和条件，每个人都在从事"创造性"工作，因而每个人也都具有不同程度的创造能力。"创造"与"创造力"对生活与工作中的人既然就有普遍性，因而也就必然存在"可教性"。

在中国发明协会高校创造教育分会组织编写，鲁克成、罗庆生编著的《创造学教程》中有这样的论述："我国创造学界流行着这样一个公式，创造成果=创造欲望+创造思维+创造技法。"

笔者基本认同上述公式，但笔者认为"创造欲望+创造思维+创造技法"是一个纯静态的参数、要获得创造成果，就需要把静态资源整合，而这一工作正是创造性解决问题的工作。

接下来，我们将从创造性解决问题这一目标出发，探讨创造性思维、创造技法和创造性解决问题的相关问题。而关于创造者品格培养的问题将在创造性解决问题部分进行阐述、分析。

第二章　创造性思维方法

创造并不是孤立的，凭空的，它要依赖于大量信息的积累，更受到人的思维习惯和方法的影响。

要提高创造性思维能力，不仅要掌握那些带有创造性思维特点的思维形式，还要掌握基础性的思维形式。

为了更深入地理解上述观点，在本章的开篇，我们首先面对一道看起来很难以解决但又是可以"迎刃而解"的问题：

在一届篮球比赛中。比赛进行到小组单循环比赛最后的争夺出线阶段。交战双方是甲队和乙队，甲队如果获胜，将和同小组的丙队积分相同，但必须在本场比赛战胜乙队的净胜分数在6分以上，才能挤掉丙队获得小组出线权。比赛开始以后，甲乙两队展开了拉锯战，场上你得1分，我得2分，成绩交替上升，比分始终拉不开。直到比赛距终场还有5秒钟左右时，乙队投篮获得2分，这时甲队获得球权，但是只领先乙队2分。显然，不论是从场面上，还是在时间上，在不到5秒钟的时间内，想连续获得5分是不可能的事。此时，甲队教练请求暂停，他把队员招集到场边，面授机宜。等比赛再次开始后，哨声一响，乙队开始缓慢地退守，做出了一个只给甲队一次进攻的机会的态势；然而，一个令人目瞪口呆的场面出现了……

最后，甲队奇迹般地获得胜利，请问甲队教练采用了什么战术？

看到上面的这个题目，如果您马上想出了办法，说明您的创造性思维能力是很强的。但是，如果您觉得这个问题难以解决也不要紧，因为如果您掌握了创造性思维方法，您就会创造性地解决上述问题。如果，您对此有兴趣，就让我们一起进入这个创造性思维开发的课堂。创造性思维方法包括很多种，本章将首先尽量选择通俗的案例阐述典型的创造性思维方法，在此基础上介绍不同的思维方法在艺术等领域中的应用案例，以便于读者进一步深入理解创造性思维的内涵。

第一节　突破传统观念直接解决问题

传说古代的哥丹城内有一个难以解开的"绳结",如果有人能够将它解开就可以为王。后来,亚历山大王到了哥丹城,面对难以打开的"绳结",他抽出宝剑,一剑将"绳结"劈为两半。在传统的思维习惯里,打开的"绳结"就意味着把绳子完全解开,但认为不应该破坏绳子。而亚历山大王则突破了传统思维习惯不应该破坏绳子的干扰信息,用将"绳结"劈开解决了问题。要实现创造性解决问题,就要提高思维能力;而要提高思维能力,就要敢于突破传统思维习惯和观念。

一、突破传统观念思维

艺术作品创作过程中,常常会遇到一些比较复杂的问题。人们似乎认为对于复杂问题的解决,必然是一件复杂的事。产生这种观点的重要原因之一,就是传统观念的影响。要解决这类问题,就要通过突破传统观念来简化问题,使问题得到解决。

由本节开篇的例子中,我们不难发现,复杂性问题并不一定只能用复杂的途径解决,要创造性地解决问题,就需要寻求简洁性解法。事实上,环境心理学在研究行为性时发现,人有"走捷径"的行为习惯;同样,在思维中也存在着"走捷径"的习惯,通过简洁的思维过程一下子得到思维结果,就是以长期经验积累为基础形成的经验自觉。这种经验自觉在大多数情况下是能够保证思维结果的正确性的。而创造性思维方法,正是将复杂问题简单化的有效手段。

由于放弃了复杂性,选择了简洁性,人们只考虑其中的少数几件,而把其中大部分忽略掉了。比如,一个人在决定花钱买车时,考虑到的备选方案可能只限于购买本地区某几家商场里的某几种车,尽管他做抉择的客观环境还包括其他地区的另外一些车,甚至包括把这笔买车钱花到其他用场上去。

要达到简化思维的目标,就要挑战复杂性,这在解决具体问题中有着极其重要的价值。美国发明家爱迪生,年轻时曾和普林斯顿大学数学系毕业的阿普顿一起工作。阿普顿总觉得自己有学问,不把卖报出身的爱迪生放在眼里。爱迪生对阿普顿的自大和处处卖弄学问,内心里感到厌烦。为了让阿普顿把态度放谦虚些,有一次,爱迪生把一只梨形的玻璃灯泡交给阿普顿,请他算算容积。阿普顿拿出尺子上下量了又量,还依照灯泡的式样列出了一道道算式,数字、符号写了一大堆。他算得非常认真，画了一大张草图。过了1小时，爱迪生见阿普顿还在那儿忙个不停，便忍不住笑了笑说："不用那么费事，还是换个方法算吧。"阿普顿仍固执地说："不用换，我等一会就能得到精确的答案了。"又过了半小时，阿普顿还在低头核算。爱迪生有些不耐烦了，他拿过灯泡，倒满了水交给阿普顿说："去把这些水倒进量杯……"不等爱迪生说完，阿普顿已经知道了什么是既简单又精确的方法。

在事物的过程比较复杂时，如果发现所考虑的问题与过程内容及进行方式的细节关系不大，则可以撇开细节（或其各步骤），直接考虑结果，这样就通过选择思维线路使问题简化，比如下面的问题。

[问题1] **131名选手参加淘汰赛，在举行多少次比赛才能赛出冠军？**

甲种解法：131不是2的幂，与131相近的是$2^7=128$，128名选手恰好排7轮，超过此数必须排8轮，大部分选手第一轮轮空。

乙种解法：淘汰赛，赛一次淘汰一人，所以赛130次决出冠军。

[问题2] **两列火车，车速每小时20千米，从相距10千米的两地出发，相向而行；一飞鸟速度每小时40千米，从甲车飞向乙车，到达乙车后立即飞回甲车，再飞向乙车……不断往复，直到两车相遇。问飞鸟共飞行多少千米？**

甲种解法：飞鸟第一次从甲到乙用时间为$10/(20+40)=1/6$小时，飞行距离为$40×1/6=20/3$千米；到乙车时两车距离为$10-2×20×1/6=10/3$千米；飞鸟第二次从乙到甲用时间为$(10/3)×(20+40)=1/18$小时，飞行距离为$40×1/18=20/9$千米。到达甲车时两车距离为$10/3-2×20×1/18=10/9$千米；……看来这是等比级数求和问题。

乙种解法：两车从出发到相遇共用时间$10/(2×20)=0.25$小时，飞鸟飞行总行程为$40×0.25=10$千米。

两例中乙种解法都有只看结果不问过程，与甲种解法相比，显然简单得多。

计算实际上是一种思考和认识事物的方法，有些疑难问题要计算才能解决，而实际上却可以不用计算而用其他比较简洁的方法解决。如果用计算方法，反而更麻烦，甚至出现事倍功半的结果。

[问题3] **有3块铁皮的面积和厚度都相同，为了做容器，它们分别被挖掉一部分（图2-1）。请问哪块铁皮所剩的面积大？**

解法：如果用数字计算，显然是复杂的方法，可以把两块板分别放入水中，比较它们排出水量的多少，排出水量多的板面积大。使用称重量的方法，也可以用天平直接称出较重的一块。这是最简洁的一种方法。

  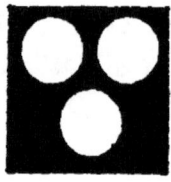

图 2-1　3 块被部分挖掉的铁皮剩余面积

简化问题可以是突破传统观念的目标，但是要突破传统观念，就需要向概念和主导观念挑战。

概念是人们在千百次的社会实践中形成的关于某一事物的大家都接受、认可的特征的认识，实际上就是给这个事物下定义。有了概念，说明我们人类对这个事物认识达到一定的深度，概念所反映的是人们对这个事物在现实条件下认识到的主要的本质的一般的方面。向概念挑战，就是向公众都接受的观点、事物、以及解决问题的公认的适当方法进行挑战，找到新的观念、新的事物、以及新的解题方法。公认的概念，往往会使人们的思维僵化、固定化，从而丧失更好的机会。敢于挑战，就会开辟新的天地。

主导观念是指在人们头脑中占据统地位，起支配作用的观念。

由于主导观念的地位显著，作用强大，几乎抓住了思考者所有的注意力，使人难以想到其他任何别的方法、观念，又由于主导观念可以是某个环境中主宰公众的观念，会使大家心往一处想，而出现泛化。向主导观念挑战就是避开主导观念的思维，它可以在思考者进行解题思考时，找到与众不同的设想，考虑出新颖、奇特、超常的思路、方法。

二、利用直觉直接突破传统观念

李小龙汲取中国传统武术的精华，发明了"截拳道"。在"截拳道"中最核心的理念就是"直接"，为了揭示"直接"的概念，李小龙让他教授的学生配合他做了以下这样一个实验。

李小龙让一个学生把自己的手表交给他，然后，他猛地把手表抛向空中；学生毫不迟疑地把手表接住。针对这个现象，李小龙解释说："你为什么不拉一个架势，而直接把手表接住呢？因为，你要用最快速、最有效的方法去防止手表落在地上摔坏；所以，你才直接用手去接！"

最有效的"直接"解决问题的方法，就是应用直觉思维。

直觉思维法是一种未经有意识的逻辑思维而直接获得某种知识的思维方法。

直觉思维是一种潜意识思维，也是突破传统观念有效手段。人们有时对某一问题的理解，某种认识的产生，并非经过严格的逻辑推理，而是由突然领悟而获得的。直觉是人们在认识过程中，头脑中的某些信息在无意识的状态下经过加工而突然沟通时所产生的认识的飞跃，表现为人们对某一问题的突然领悟，某一创造性观念和思想的突然降临（灵感），以及对某种难题的突然解决。直觉思维是一种从材料直接达到思维结果的认识活动，是一种思考问题的特殊方法与状态。

在艺术领域，很多优秀的创造性成果就来自灵感。

海顿是莫扎特的老师，也是莫扎特在音乐界中最真诚的朋友。慈祥和蔼的他被莫扎特称为"海顿老爹"。两位天才的大师交流音乐的过程中，常会发生一些有趣的故事。

莫扎特是在维也纳发展的时候结识了年长其24岁的海顿，并师从于他进修音乐。而海顿，亦对这位忘年之交欣赏有加。

莫扎特总是有源源不断的灵感去支持他创作。无论是在走路、理发还是睡觉时，只要一有灵感，他便会马上提笔写下。一天，莫扎特又想到一种新的演奏方式，并将他的灵感转化为乐曲。谱写完成之后，莫扎特迫不及待地跑到海顿的家，激动地向他展示自己的新作品。

自信满满的海顿拿起谱子，开始弹奏这首"特别"的曲子，却在演奏到一半时遇到了困难，因为有一个音符无法演奏。在海顿质疑的目光下，莫扎特开始了动情的表演，而演奏到那个"不可能的音"时，莫扎特俯下身，用自己的鼻子奏响了琴音！天才莫扎特这种创新的演奏方法，后来也被其他钢琴演奏者所掌握。

直觉思维有如下几个特征。

第一，直觉思维是在下意识的层次中进行的，是一种潜意识的思维活动，而不是人们意识到的、自觉进行的思维活动。正因为如此，人们往往会在偶然事件中得到一些重大启发，比如散步、沐浴、聊天甚至做梦。

第二，直觉思维表现为一种无意识活动。因此，直觉思维就不可能是自觉地按照严格的逻辑规则进行的，而往往是跃过逻辑程序的飞跃。人们进行直觉思维一般不像进行理论思维那样，对思维过程的每一步骤都了解得那样清楚，往往难以理解为什么从某一问题、某些材料、某种理论能得出某种结论；即使这一结论是正确的，开始时也往往不知道它为什么正确。当然，对直觉思维的这种非逻辑性的认识成果要做具体分析，它一方面可以超越逻辑规则的限制，较为迅速地把握真理；另一方面，由于没有严密的科学逻辑的指导，直觉思维的结果并不一定都正确。

第三，直觉所带来的灵感，往往是突然爆发的，即突然有某一新奇的念头和想法跃入了脑际，一下子便把握了事物的实质或解决某一问题的方法与方向。就是说，经过潜意识的思考之后，某些信息之间的沟通，由潜意识向显意识的转化，往往是在一瞬间完成的，这就是直觉思维的突发性。

而在实际的工作中，直觉思维往往作为一种辅助方法，有时甚至与顿悟、梦境中的思考相关。

直觉辅助法是指人们在解决某个具体问题的过程中，把直觉作为一种辅助性途径的思维方法。直觉辅助法在科学认识活动中具有它独特的魅力。

2000多年前，叙拉古国王艾希罗给阿基米德出了个已困扰他多日的难题。原来，一年一度的盛大祭神节就要来临了，国王给了首饰匠很多纯金，让他打一顶金王冠。王冠打好后，非常漂亮，国王见了爱不释手。他掂了掂，凭直觉感到分量不足。但用秤一称，王冠和他交给首饰匠的黄金质量相同。他怀疑王冠被掺了假，却又没有证据。他请阿基米德想办法替他鉴定一下，看看王冠中到底掺没掺假。阿基米德曾日夜思考如何证明王冠的真实价值，而在一次沐浴时顿悟，解决了王冠之谜。并且，在此基础上进一步研究，提出了以他名字命名的浮力定理。

不仅如此，梦境也可以作为直觉思维的有益补充。如德国化学家凯库勒在1858年就提出了碳原子在有机分子中相连成长链的碳链学说，但这种长链的连接方法怎么也解释不了某分子中6个碳原子是如何排列的，为此他百思不得其解。有一天他在书房里烤火，一阵倦意袭来，不觉睡去，梦中他看见长长的碳链像一条条长蛇翩翩起舞，突然有一条蛇咬住了自己的尾巴，由此他悟出了苯分子中的碳链形成了一个闭合的环（六角环状结构），平时百思不得其解的问题，便在此刻解决了。

梦，虚幻又真实。在梦中，种种偶然的元素杂乱地组合在一起，变化莫测，赋予每个人在日常生活中未曾经历的千万种可能性，这也是艺术家创作灵感的来源和跳脱现实束缚的归所。

著名的超现实主义大师达利十分忠实于自己的梦境，他擅长运用画笔创造怪诞奇妙和幻觉般的形象。他曾深入研究心理学和弗洛伊德的著作，受到弗洛伊德很大的影响，喜欢描绘梦和潜意识。这些物体又经过了扭曲变形，给人一种梦幻般的真实感。

精神分析学认为，梦是潜意识和集体无意识的体现。主体在梦中有着不受控的自由性，这种无须考虑后果的自由性给予了艺术家通过梦来表达隐秘的可能。

人们在思考问题时，借助直觉启示而对问题得到突如其来的领悟或理解被称为顿悟。顿悟属于潜意识思维，它的特征表现为：功能上的创造性、时间上的突发性、过程上的瞬时性和状态上的亢奋性。

在现实生活中，人们往往遇到这种情况：某个问题已经研究很久了，成天苦苦思索，仍然没有解决问题的思路。而在某一个突然的外界刺激，思考者头脑中突然出现了一种闪电式的高效率状态，顿时大彻大悟。一通皆通，问题便迎刃而解了。

顿悟并非是某些科学家、艺术家、文学家所特有的，每个正常人的大脑都具有这种功能，差别仅在于顿悟出现次数的多少，功能的强弱，而不在其有无。顿悟并不是虚无缥渺的，它不会凭空发生，它只是垂青于那些知识渊博、刻苦钻研、经验丰富的人。勇于实践，积累广博而扎实的知识是灵感顿悟产生的基础。产生灵感顿悟的最基本条件是对问题和资料进行长时间的顽强的思考，直至达到思想的"饱和"，同时必须对问题抱有浓厚的兴趣，对问题的解决怀有强烈的愿望，要使头脑下意识考虑这一问题。

启迪是顿悟的关键诱因，它连接各种思维信息，是开启新思路的契机。当主体的灵感孕育达到一触即发的"饱和"状态时，只要有某一相关因素偶然启迪，顷刻就豁然开朗。因此要留心观察周围事物或现象，以便及时起到开窍作用。

灵感顿悟来去倏忽，稍纵即逝，很难追忆，要掌握珍惜最佳时机的技巧，善于捕捉闪过脑际的有独创之见的思想。灵感顿悟大多是在思维长期紧张而暂时松弛时得到的，思考者要养成良好的学习、工作方法和习惯，注意张弛结合。要促进思考者产生顿悟，要创造相对安定的环境，否则不相关的信息太多，根本无法进入研究、探索的境界，也不可能造成灵感顿悟产生的境域。

创造思维的灵感、顿悟好像是刹那间从天而降。其实人的潜意识活动在一定范围内得到显意识功能的合作，经历了一个孕育的过程，当孕育成熟时即突然沟通，涌现于意识，终于灵感顿发。正因为它有一个客观的发生过程，所以灵感顿悟并非是神秘莫测、不可捉摸的。在人的灵感产生以前的反复思考、思想活动的高度集中，已经把思维从显意识扩大到了潜意识。思维在潜意识里加工，偶然和显意识沟通，得到了答案，就表现为灵感。周恩来总理用8个字，很好地概括了灵感产生的认识论基础，这就是"长期积累，偶尔得之"。直觉、灵感的产生，都是创造得经过长期观察、实验、勤学、苦想的结果，没有这个基础，灵感是不会飞进你的大脑的。科学创造中的灵感、想象往往是模糊的，如果不重视这种模糊的思维，就可能让灵感白白溜掉。

从上述的例子，我们发现，直觉思维不会凭空而来，而是与专业知识背景紧密相连。因此，直觉、顿悟、乃至于在梦中产生的想法，都必须以一定理论知识背景为基础，那种认为直觉、顿悟可以解决一切的想法是十分不切合实际的，这种观点常常存在于对于艺术专业理解不够深入的人群中。

三、利用想象突破传统观念

人的创造性思维来自丰富的想象，创造想象是创造活动的先导和基础。好的创造成果无不起源于新颖、独特的创造想象。它像大厦的蓝图，在大厦建造以前就勾画出了建造的后果。

公元2世纪时，东汉丞相曹操得了一只大象，他手下的人都来看这个稀罕的大动物。有人说这只象足有1000斤①重，也有的说它约有2000斤。究竟有多重，谁也说不出来。因为那时候没有那么大的量具，又不能把大象分成几块上秤称，所以测定象的重量便成了难题。曹操提出悬赏条件，要寻找能够称出大象重量的人。大家你望着我，我望着他，谁也想不出办法来。

这时，曹操那不满10岁的儿子曹冲正在旁边玩耍。他对测定大象的重量却是别有一番心计。曹冲征得父亲的应允之后，差人把大象拉到一只木船上。象上船后，船身自然有些下沉。他把这时候的水面位置刻在船帮上。让象离开木船以后，这个刻痕便高出了水面。随后，他又叫人一块又一块地往船上搬运碎石。每搬上一些碎石，木船就向下沉一点，直至使船下沉到刚才刻画的水面位置为止。这时小曹冲犹如大功告成地说："好了！你们一筐一筐地称船上的那些碎石吧！那些碎石的总重量就是大象的重量。"后来从产象的那个国家知道，这只象的重量果然就是曹冲称得的那个数值。

通过这个大家都十分熟悉的例子，我们发现合理的想象是创造性思维的有效保障。

人们在思考问题时，除了运用概念进行判断、推理外，还依赖于想象。广义的想象包括：联想、猜测、幻想等。想象把概念与形象、具体与抽象、现实与未来、科学与幻想巧妙结合起来。

科学的想象，要根据现有的科学知识与事实，发挥高度的抽象与联想能力，

---

① 东汉时1斤约为现在的223克。

猜测未知的客观规律，设想未知的变化过程。

科学家爱因斯坦在16岁时产生过这样一种想象："如果我以速度C（真空中的光速）追随一条光线运动，那么我就应当看到，这样一条光线就好像是在空间里振荡而停滞不前的电磁场。"正是凭借这种惊人的想象力，使他在科学上建立了伟大的功勋。无怪乎在他总结自己的科研经验时，深有感触地说："想象比知识更重要，因为知识是有限的，而想象力概括着世界上的一切，推动着科学的进步，并且是知识进化的源泉。严格地说，想象力是科学研究中的实在因素。"[①]

由于想象描绘与勾画了未来的远景，所以它不仅为科学发展指出了前进的方向，而且激励着人们为之奋斗，推动人们去向客观世界探索，寻找把理想变成科学理论与现实的道路。

但值得注意的是：想象的东西在没有为实践证实之前，始终是想象而不是真理。要把想象变成现实，既要有一定的条件，也要有一定的过程。想象是带有某种程度的猜测性的，它至多是一种科学预测而已，而猜测或预测不一定都能实现。因此，我们在倡导想象，提倡培养自己丰富的想象力的同时，必须对想象保持清醒和不同程度的怀疑态度。

想象本身是以人类旧有的经验为基础，通过对这些经验的有意识重组，进而创造出一个崭新形象来的心理过程。

人们在分析和解决问题时，可以通过一系列具有逻辑上因果关系的想象活动，来改善特定的思维空间，从而选择到解决问题手段的思维方法。

联想是想象的核心，也是在艺术创作中经常使用。

联想是通过事物之间的关联、比较，扩展人脑的思维活动，从而获得更多创造设想的思维方法。联想可以通过对若干对象赋予一种巧妙的关系，从而获得新的形象。运用联想，可以使风马牛不相及的事物联系起来。

联想是培养创造性心智机能的一种有效的方法，是通向新知识彼岸的桥梁。它可以在已知领域内建立联系，也可能从已知领域出发，向未知领域延伸，获得新的发现。不少成功的创造创新，往往是通过联想获得的。

联想不是一般的思考，而是思考的深化，是由此及彼，由表及里的思考。一个人如果不学会联想，学一点就只知道一点，那他的知识不仅是零碎的，孤立的，而且是很有限的，如果善于运用联想，便会由一点扩展开去，使这点活化起来，举一反三，闻一知十，触类旁通，产生认识的飞跃，出现创造的灵感，开出

[①] 《论科学》，《爱因斯坦文集》第一卷，商务印书馆，1976年版，第284页。

智慧的花朵。

1832年秋天，美国画家莫尔斯和医生杰克逊同乘一艘轮船从法国返回。一天，杰克逊向莫尔斯展示了一块电磁铁，并讲述了它的原理。莫尔斯听后，在脑海中涌起了新奇的联想——如果用电磁铁传送信号，岂不是在瞬间能把消息传到千里之外？相隔千里的人们一瞬间就能沟通思想，这对人类是多么大的贡献啊！于是，他决定不再继续作画，转向研制物理学的新发明。

他把从前的画室改成了实验室，把写生簿当作设计本。经过半年的研究，制成了输入和输出装置。这样，从输入处不断发出电信号，通过电线和电磁铁，就可以在输出处收到相应的磁信号，并把信号记录在纸上。

传递消息的另一个问题是人的语言或文字变成电信号。莫尔斯想出了用电路"接通"与"断开"的不同组合代表不同的字母以及必要的符号。这就是后来所说的"电码"。

1837年，莫尔斯用自己的双手，成功地制造出了世界上第一台传送电码符号的机器，并起名为"电报机"。尽管这台机器的通信距离只有13米远，但它是人类历史上第一台电信工具。为了加大通报距离，莫尔斯组织建设了从华盛顿到巴尔的摩长达64千米的有线电报线路，并改进了收报装置。1844年5月24日，莫尔斯在华盛顿国会大厦向巴尔的摩发送了电报，并取得成功。这个日子就是后来公认的电报发明日期。

联想能够克服两个概念在意义上的差距，把它们联结起来，从而发现某些事物的相同因素或某种联系，揭示出事物的本质。普希金对联想法十分崇尚，他说："我们说的机智，不是深得评论家们青睐的小聪明，而是那种使概念相近，并且从中引出正确新结论的能力。"

联想不是想入非非，而是在已有知识、经验的基础上产生的，是对输入到头脑中的各种信息进行编码、加工与换取、输出的活动，其中包含着积极的创造性想象的成分。

联想能力是人脑特有的一种能力。不过，并不是每个人都能因联想而有所创新，要使联想导向创造，必须懂得联想的类别和规则。

按人脑反映事物之间的关系不同，可把联想分为接近联想、类比联想、对比联想、因果联想和自由联想等。

接近联想，是由在空间和时间上接近的事物形成的联系，而由一种事物想到另一种事物。例如，由江河想到桥梁，由天安门想到天安门广场和人民大会堂，这是对在空间上接近的事物的联想，叫作空间联想。又如，由日落联想到黄昏，由"八一南昌起义"想到"秋收起义""广州起义",这是对时间上相接近的事物的联想,叫时间联想。

类比联想,也叫相似联想,是基于具有相似特征的事物之间形成的联系,而由一事物想到另一事物。例如,由春天想到新生,由冬天想到冷酷,由攀登高峰想到向科学现代化进军。文学作品中的比喻,仿生学中的类比,都是借助于类比联想。

对比联想,由具有相反特征的事物之间的联系引起,由一种事物想到另一种事物。例如,由寒冷想到温暖,由黑暗想到光明,由物体"高温膨胀"想到"深冷收缩"。

因果联想,是基于事物之间的因果关系,由一种事物想到另一种事物。例如,由加压想到变形,由高质量想到高销售等。

自由联想,是对事物不受限制的联想。例如,由宇宙飞船在太空航行想到建立空中城市,想到在其他星球上安家落户。

为了训练思维的流畅性,还可以运用急骤式联想法。这种方法要求人们像暴风骤雨那样,在规定的短时间内迅速地说出或写出一些观念来,不要迟疑不决,也不要考虑答得对不对,质量如何。评价是在训练结束后进行的。例如,要求学生说出砖头的各种用途,学生可以答出:砌房子、筑路、磨刀、填东西、敲捶物品……又如,哪些是圆形的东西?学生回答:皮球、纽扣、缺口、茶杯、锅盖、圆桌、车轮……答得越快,越多,表示流畅性越高。这是 20 世纪 60 年代,美国心理学家提出和推广的训练学生思维流畅性和灵活性的方法。实施经验表明,采用这种快速联想法的训练,对于学生的思维能力,不论从质量方面,还是从流畅性或灵活性方面,都有很大的益处;同时有助于创造性思维的发展。

猜想是想象的重要形式。猜想是指人们发挥思维的能动性,对事物发展进程和未来关系进行预测、设想的一种思维方法。

猜想法基于既有经验、又不受既有经验束缚的跳跃性。科学史上新的认识成果往往都首先来自科学家的某种大胆假说和猜想。大胆假设、小心求证,最后付之验证,获得真理性认识,是科学发展的有效途径。由于假说和猜想主要应用于科学研究领域,在此就不做展开叙述。

第二节 保障逻辑思维的严密性

有这样一个题目:在一个完全封闭并且没有窗户的房间里,没有窗户的大门紧闭，从房间外面无法看到房间内的一切。房间里有3盏灯，在房间外边有3个开关分别控制着3盏灯。你可以在门外随便打开或关闭开关，在进行完操作后，推开房间的门，进入房间，然后判断哪一个开关是控制哪一盏灯的。

上述问题的解决方式是：在门外将3个开关分别编号；接下来，打开其中两个开关；然后，关闭已经打开的两个开关中的一个，并记下编号。在完成上述任务后，进入房间，房间内的3盏灯应为两盏灯关闭，一盏灯亮着。亮着的那一盏灯是受打开而没被关闭的开关控制。用手去触摸两盏关闭着的灯的灯头，其中，一盏灯的"灯头"比另一盏的"灯头"要热一些，这盏灯就是受打开并被关闭的开关控制。另一盏灯则是由一直没有被打开的开关控制的。

表面上看，这个问题有一些难度。因为，灯与开关是一一对应的，而灯的状态只有开着和关闭两种状态。要解决这一问题，就要在灯与开关之间找出3组对应的逻辑关系。

创造性思维是以非常规的思维为基础，但是，真正的创造性的人类成果最终必须是符合逻辑的。因此，要想提高个人的创造性思维能力，就要提高其逻辑思维能力。

人们对事物的把握，由浅显到深入，由低级到高级，由现象到本质或从抽象逐渐到具体的过程。因此，比较典型的逻辑思维方法就要由表及里、层层深入、抽丝剥茧。

马克思的鸿篇巨著《资本论》采用的正是层层深入法。《资本论》在思维形式上的特点类似自然科学中的理想方法，即根据事物抽象形态来考察事物，从抽象逐渐到具体。最初暂时撇开各种复杂而次要的因素，从论述对象的最一般的本质和规律出发来把握事物，然后随着分析的深入，再逐渐地把一些具体的因素加入进去加以考察。从整部《资本论》三大卷的思路结构看，第一卷最为抽象，它撇开流通过程，在纯粹的形态下，从最简单、最基本、最抽象的环节着手来揭示资本主义生产的本质。在第二卷中则是从资本的内部关系转到外部关系的研究，加进了产业资本的流通因素，将生产过程和流通过程统一起来考察，从比较具体的形态进行研究，更加接近于资本主义商品生产的实际。第三卷的第一到第三篇，补充了各产业部门的不等利润以及由于部门竞争而导致的平均利润规律。第四篇讲商业资本及其两个亚种商品经营资本和货币经营资本的运动规律。第五篇在分析过的产业资本和商业资本运动规律的基础上，进一步说明生息资本的特殊运动规律。第六篇深入研究级差地租和绝对地租。第七篇则是全书的总结。《资本论》的思维进程为两条抽象到具体路线的交叉进行。从范畴看：商品—货币—资本—利润—利息—地租；从规律看：价值规律—剩余价值规律—平均利润规律和利润下降规律—利息规律—地租规律。这里，我们可以看到，马克思惊人的逻辑思维能力，来自对层层深入法技巧高度娴熟的运用。

掌握逻辑思维方法，不仅要学会层层深入，还要善于比较，善于应用比较思维。所谓比较思维是把各种事物和现象加以对比，来确定它们的异同点和关系的思维方法。

任何事物性质的优劣、发展的快慢、数量的多少、规模的大小等，都是相比较而言的。没有比较，就没有鉴别。比较是一切理解和思维的基础。人们认识事物，把握事物的属性、特征和相互关系，都是通过比较来进行的。只有经过比较，区分事物间的异同点，才能识别事物，把它归到一定的类别中去。

比较，一般可分为两种类别：即同类事物之间的比较和不同类事物之间的比较。同类事物之间进行比较，找出其相同点，可以揭露事物的共性；找出其不同点，可以揭露事物的特殊性。不同类事物之间进行比较，找出相同点，可以揭示事物之间的联系；找出不同点，可以揭示事物之间的区别。

比较，一般可采取顺序比较和对照比较。顺序比较是把现在研究的材料和过去的材料加以比较。这是一种继时性的纵向比较。如今与古比较，新与旧比较等。这种比较，容易说明新事物的优越，新阶段比旧阶段进步等；同时还可以发现优越之特性，进步之表现，从中寻求规律、拓宽思路，预测未来事物的发展进程。对照比较是把同时研究的两种材料，交错地加以比较。这是一种同时性的横向比较。此种比较，可以对空间上同时并存的事物进行对照，以认识事物的异同和优劣。

横向比较，必须在同类事物之间进行，如国家与国家比，人与人比，单位与单位比，地区与地区比。进行这种比较时，一定要注意它们的可比性。如在比较社会主义制度和资本主义制度时，只能比那些可比的因素，不可比的因素应当排除在外，这就是所谓"异类不比"。同时，应采取客观、公正的严肃态度。

不论是纵向比较还是横向比较，都要明确为什么而比，并站在正确的立场上，运用正确的观点去比。通过比较作出科学的历史的具体分析。因此，比较中的纵向可能导致单纯地回头看，产生满足现状或今不如昔的偏向；比较中的横向则可能变成现象间的简单笼统的对照罗列，或者导致对自己、对别人、对事物的全盘否定或全盘肯定，得不出合理的科学的结论。

要更好开展思维活动，进行有效的比较对照，就要关注如下几种形式的比较：首先，进行新知识与旧知识的比较。在比较中了解新旧知识的异同，把新旧知识联系起来，使新知识的掌握建立在旧知识的基础上，加深对新知识的理解。其次，进行新知识与新知识的比较。在比较中认识事物之间的共同性和特殊性，揭示事物之间的联系和区别，使学生所掌握的知识深刻化和精确化。再次，进行旧知识与旧知识的比较。在工作中，把已经拥有的知识相互比较，以加深理解，加强巩固，并把知识系统化起来，形成解决问题的方案。最后，进行理论与事实比较。使思考者根据事实了解理论，并检验理论的正确或错误，把理论和实际联系起来。

一般地说，确定事物之间的相异点比确定事物之间的相同点要容易一些，经常一些。所以，在进行比较时，最好先从寻找相异点开始，再过渡到寻找相同点，最后，明确异同之所在，达到既能看出同中之异，又能看出异中之同。

在对事物进行比较时，必须围绕着主题进行。当比较事物某一方面的特征时，不能把其他方面的因素掺杂到里面去。要经常注意找出哪些是事物的主要因素，哪些是事物的次要因素，不能将事物的次要因素当作主要因素。分清了事物的主要因素和次要因素，有利于把握事物的本质特征。

逻辑上的层层深入和比较分析仅仅是创造性思维的基础，而提高理解力、判断力则是创造性解决问题的关键。

所谓"理解"就是对某个问题、某件事搞懂了、弄明白了。而"理解力"就是衡量一个人对这个问题、这件事搞懂、弄明白所用的时间长短。用时短，相对来说这个人理解力强，反之则这个人理解力弱。一个人的理解力大小、强弱不是天生的，它是人类在从事各种社会实践中不断学习、不断处理与解决各种问题，不断总结正反两方面经验所取得的。在各种实践中，锻炼了人的智力，使人不断聪明起来，从而才有可能使人类的理解力不断提高。这里要指出的是，一个人应该养成坚持学习，热爱学习的良好习惯，坚持活到老、学到老，这样才能给一个人持久地保持敏捷的理解力提供良好的智力基础。所谓判断力是通过人类对某个问题或某些现象的观察、分析，然后进行综合和推理，得出正确与否、是非与否，或者通过观察、分析、综合和推理又延伸得到新的结论。人类的历史证明：一个人的理解力和判断力的大小是人类取得创造成果或事业成功的重要的先决条件。

1971年9月13日，林彪阴谋武装政变失败后，仓皇北逃，自取灭亡，这就是当时绝密的"9·13事件"。然而，这件事却被日本防卫厅很快察觉。1971年9月20日日本防卫厅官员对记者说："中国国内发生了重大事件。"那么日本军界是如何得出这样的结论呢？原来，防卫厅二部特别室发现中国无线电通信异常,"9月13日以来,中国所有军用、民用飞机都停飞了。这几天中国正把成千上万份内容相同的电报,由北京发往全国各地,命令正在探亲、休假的官兵火速归队。那么中国与苏联是否又要发生边界冲突呢？不是。因为我们也发现了苏联的无线电通信没什么改变,苏方没有异常军事行动"。因此,日本军界通过观察、分析进行判断,得出了"中国国内情况反常,中国发生了大事"的正确结论。这是国际上对我国"9·13事件"的最早反响。

日本对"9·13事件"的判断,就是基于获得的很少的信息,通过我国的某些蛛丝马迹来分析判断,进行合理的逻辑推理,得出的结论。

掌握思维的方向是更好地运用逻辑思维的关键。要掌握好思维的方向,就要应用循踪追迹思维,沿着一个不被人关注的现象进行逻辑思考。

循踪追迹思维法指在科学研究或其他工作中,对于呈现在面前的某种现象紧追不舍,作深入细致的观察和寻根究底的研究,从而透过现象揭示事物的本质和规律的一种思维方法。

应用这种思维方法,有助于人们做到有所发现、有所创新、有所前进。例如从事细菌学研究的英国科学家弗莱明在1928年某日上班时,忽然发现在葡萄球菌的培养器皿中,有一小块如土碴一般的尘埃物,培养液受到破坏。通常的处理方法是,清除污染,重新培养。弗莱明则不然。他并不轻易放过这个现象,认真地加以观察,进而发现"土碴"周围的球菌不仅没有生长,而且变成一滴滴露水的样子,于是他反复思考这"土碴"为什么对球菌有特殊的抑制作用？"土碴"里面究竟含有什么东西？最后他终于从中分离出一种能抑制球菌生长的抗生素——青霉素。后来根据这项发现,人们研制成一种新药——青霉素针剂,用于医学临床,对于球菌感染引起的疾病有特殊疗效。有人估计,青霉素的发现使全人类的平均寿命延长了10岁。弗莱明对人类的重大贡献终于在1945年获得了诺贝尔医学生物学奖。弗莱明此项重大发现同他应用循踪追迹思维方法是分不开的。

同弗莱明形成鲜明对比的是日本科学家古在由直,他对这种青霉素现象的发现早在弗莱明之前,然而他没有从中发现青霉素,这同他没有应用循踪追迹思维方法有关。他认为这种污染现象是一种普通的熟悉的现象,这是由于被污染的霉菌迅速繁衍,消耗了器皿中的养分而导致球菌的消失。因此,本来具有重要研究价值的现象,就悄悄地在自己眼皮底下溜走了。

更好地运用逻辑思维就要加强对外界信息的收集,并充分利用这些信息进行分析,做出判断、预测、决策。这一过程,被称为反馈思维。反馈思维又可以分为前馈思维、后馈思维。

反馈思维是指控制系统把信息输送出去，又把其作用结果运送回来，并对信息的再输出发生影响，起到控制调节作用，以达到预定目的的思维方法。

反馈是自然界的一种普遍现象。在自然现象中，人和动物必须呼吸，吸进新鲜氧气，呼出二氧化碳。如果没有绿色植物吸进二氧化碳、放出氧气这样一种"反馈"，生命运动就会停止。在人体运动中，大脑通过信息输出，指挥人的各种活动，同时，大脑又接收来自人体各部分与外界接触所发回的反馈信息，不断调节并发出新的指令。如果没有反馈信息不断输入大脑，那么人体运动就是不可设想的。在生产体系中，从投入原料到制成产品，历经各道工序，每道工序在半成品输出后，都要检验样品，并把检验数值与计划指标、技术参数做对比，得出误差数值，然后反馈到有关工序。有关工序根据偏离程度，及时调整工艺，使次品消灭在生产过程中。

反馈思维方法被广泛应用于自然科学、社会科学等各个领域。任何一个系统，只要通过反馈信息，才能实现控制，达到预定的目标。没有反馈信息，要实现调节、控制是不可能的。例如，人类复杂的反射活动，都是通过神经系统的反馈而实现的。实现反射活动的神经通路，叫反射弧，它包括感受器、传入神经、神经中枢、传出神经和效应器（肌肉和腺体）5个环节。前3个环节（感受器、传入神经、神经中枢）的任务是接收信息，后2个环节（传出神经和效应器）是执行机构。但复杂的反射活动，并不是一次单向传导所能完成的，而是经过传入和传出部分来回就近传导，借助大脑多次反馈调节的结果。正是依靠这种反馈调节，才保证了人类对外界精确、完整、连续的反应和对自身活动的准确控制。人的任何有意识的活动，无不含有反馈。简而言之，没有反馈，就没有生命，更谈不上人类的智慧和创造。

人学习知识的过程，首先是获取大量信息，然后由大脑对它们进行编码、改造，而后将思维的产物，利用各种途径输送出去，公之于众，收回外界对它的评价，从而检验学习效果和学习深度，进而在原有知识基础上，有针对性地进行再学习，再思考，再创造，使之更趋全面和成熟。这一过程也就是反馈思维过程。对一个学习者来说，通常存在两种反馈信息：一是由输入引起的感受器官的反应，称为"内反馈信息"；二是通过输出（即知识的运用），获得来自外界的反应，称为"外反馈信息"。无论哪一种反馈都具有调节学习和激发动机的功能。当反馈信息揭示了学习中的不足时，它就能为调节学习、重新制订学习计划、改进学习方法提供依据；当反馈揭示了学习的成效时，它便能激发学习的积极性，起到鼓舞和鞭策作用，使学习兴趣更浓，信心更足，也更大。

成功的创新者，都善于进行反馈思维。例如，他们在掌握知识的过程中，能向能者求教，交流探讨，并运用知识于实践，发现问题，总结经验；又能把别人对自己知识的评价，加以整理分析，提取有益成分，反馈至知识的输入端，实现对学习内容、方法和学习目标的选择和控制。由于他们能勤于输出信息，从中获取反馈，所以能获得成功。

总之，反馈思维可以使学习和创造者找到不足，弥补缺陷，改进方法。同时寻找良师益友，加以指导，少走弯路，找到捷径。所以，反馈思维法是加速学习成功的要诀，是人才创造活动的重要智力因素。在学习和创造中，为了取得成功，必须学会反馈思维，如主动质疑，寻师求教，不耻下问，运用知识、同学间相互切磋等，都是强化反馈信息的有效方法。

以反馈思维对已有的现象进行分析，就可能发现矛盾；而以矛盾分析为基础，就可以揭示新的现象，引发新的发现。亚当斯和勒维烈发现海王星就是这样一个典型事例。

开普勒总结出了行星运动定律以后，人们对于行星如何围绕太阳运动这个问题已经知道得相当清楚了。

19世纪初，法国天文学家布瓦尔受法国当局委托，计算了木星、土星和天王星的"星历表"（星历表就是预报一批星球每天某些时刻处在天穹上什么位置的数据表格）。对于木星和土星，计算结果与观测十分相符。唯独对于当时所知道的最远行星——天王星，其计算结果不能令人满意。布瓦尔的表是在1821年公布的，过了9年，表中的数据就和观测结果差20″，而到了1845年，这个差值便超过了2′。

面对这种计算与实测不符的现状，科学家们有不同的猜测和想象：一种猜测认为，牛顿万有引力定律不适用于遥远的天体，因而根据这个定律计算出来的"运行时刻表"与事实有差异；另一种则想象在天王星以外，存在着一颗人们尚未观测到的行星，是这颗行星的引力影响了天王星的运行规律。虽然持后一种观点的人是多数，但是没有人能拿出确凿的证据。

英国剑桥大学的学生亚当斯，1843年他才24岁的时候，开始对这个问题进行深入的研究。在此之前，人们所解决的问题都是根据观测到的已知行星来计算它的轨道；而现在所要解决的是：根据天王星运行的偏差，反过来推算这颗未知行星的位置，这是前人所未遇到过的逆向推理课题。1845年9月，他根据对天王星"运动失常"的研究，推算出该未知行星的轨道、质量和当时的位置。1年后，他又改进了这个结果。

住在巴黎的法国天文学家勒维烈，在不知道亚当斯的研究工作的情况下，也钻研着同一难题。1846年8月，勒维烈发表了他的研究结果。实际上，他所预言的未知行星位置与亚当斯所预言的只相差1°。勒维烈写信给欧洲的一些天文台，请他们在宝瓶星座中黄道经度326″的地方，用望远镜寻找这颗未知的行星。

当年9月23日，柏林的青年天文学家加勒在收到来信的当天晚上，按照勒维烈指定的位置，果然搜索到了这颗前所未知的行星。这就是现在所说的海王星。

后人风趣地说："别的星球都是用望远镜发现的，唯独海王星是在纸上推算出来的。"

在创造活动中，具有创造性的想象、联想是重要的，但是要形成现实的有创造性地发现或发明，就必须通过翔实的考察、考证、搜集、推理、实验等诸多实际工作，在这些工作中，反馈思维是使考证、推理得以顺利进行的有效保障。这些实际工作往往非常艰辛浩大。人们在发现天王星的运行与星历表不一致以后，产生了"在天王星之外还有一颗行星"的创造想象。然而真正捕捉到这颗亮度很低的行星，还需通过亚当斯和勒维烈的以反馈思维作引导实施的创造性计算。

有些人在学习中，很少有成果输出，遇到难题，往往闷在肚子里，不敢进行质疑，其主要原因，就是缺乏输出的反馈意识，或者缺乏自信，怯于"现丑"，长此以往，不仅使运用知识的能力受到抑制，而且对自己掌握知识的程度也不甚了解，因而无法实现自我控制，达到预期的学习目标。要改变这种状况，只有增强反馈意识，克服怯于输出的不良心理，才能做出有创造价值的成果。

反馈思维按照思维方式可以分为前馈思维、后馈思维。

前馈思维指人们在工作过程中，注意在客观情况发生新的变化之前，争取时间，搜集信息，从中洞幽察微、见微知著，从而超前构思相应的对策，超前做好必要的调节控制准备的一种思维方法。也称超前反馈思维方法。

前馈思维方法早就引起古人的注意。所谓"凡事预则立，不预则废。"我国春秋后期的范蠡就是善于预测市场供求和物价的变化而取得成功的。他发现"贵上极则反贱，贱下极则反贵"的价格摆动现象，进而提出了"水则资本，旱则资舟""夏则资裘，冬则资絺"的策略。本，指桑木，即农业。絺，意为薄的东西。范蠡这段话的意思是：靠江河湖水的地方，渔业变得普通，那么养桑种田的人反而能把农产品卖个好价格。缺少水的地方，撑船打鱼的人更能挣到钱。夏天，别人都卖夏衣，只有你卖冬衣，冬天，别人卖冬衣，你卖薄薄的夏衣。物以稀为贵，反向经营反而得大利，这就是事物变化的辩证法。

受到当时的生产条件的影响，古人的前馈思维大多数是经验型的，现代的前馈思维必须与科学地分析、推理相关联。

20世纪60年代初，日本人敏感地发现，北京大街上公共汽车上的煤气包不见了，这表明中国汽油缺乏已告缓解，但中国是从何处采出石油的，日本人一直蒙在鼓里。1964年4月20日，《人民日报》发表文章《大庆精神大庆人》后，日本企业界才知道中国有了新的油田，而且在大庆，但大庆在哪里呢？两年后，日本人从《中国画报》上看到刊登铁人王进喜的照片。从他戴的狗皮帽子判断出大庆在东北，他们又利用到北京洽谈生意的机会，观察原油火车上灰尘的厚度，估算出大庆到北京的距离。1966年10月，《人民中国》又登出王铁人同石油工人扛着钻机部件行进在风雪中的照片。从照片中依稀可见小火车站名"马家窑"，日本人查遍中国东北地图也找不到这个地方，但是，日本人分析，如果要将钻机人拉肩扛运抵井位，可以断定油田离火车站不远。他们沿中国东北铁路线逐段估测，比较准确地推知大庆油田是在中国东北松嫩平原人迹罕至的地带。日本人还推测出中国大庆油田开发时间是在1959年以后，因为中国报刊登载国庆10周年王铁人从玉门到北京观礼，从那以后他便在报刊上消失了。而在此之前，1960年7月《中国画报》曾刊登了大庆炼油厂的图片，日本企业界人士从中推测炼油塔的外径和内径，从而判断出其加工能力，估算出大庆年产原油约3600万吨。日本企业界根据上述蛛丝马迹，断定我国要大规模开发油田，必须进口技术和设备。事实证明：日本人不但比西方人想得早，甚至比中国人还想得早。结果，4年后我国就炼油成套设备向国外招标，其他国家在一无所知的情况下参加竞投，日本人却轻易夺了标。

1982年在我国足球队参加第十二届世界杯"亚大区"出线权的决赛阶段比赛，最后和新西兰队争夺最后一个出线名额，在新加坡参加附加赛失利、举国为之震动。邓小平同志随即做出了："足球要从娃娃抓起"的重要批示。江苏省一个从事橡胶业生产的乡镇企业的负责人在报纸上看到这一消息后，就和专家们一起共同分析，预测到我国将会兴起儿童足球运动，于是做出了一项超前决策，研制了标准型中国儿童足球"贝贝球"；并不惜重金，通过各种渠道做广告，扩大影响，使该企业名声大振，蜚声域外。仅仅几年时间，产值就从176万元增长到6000万元，出口额600余万元。

该企业在儿童足球生产上取得成功后，马上抓住了我国有12%~15%的少年儿童是扁平足这一现象，开发学生运动鞋市场，又获得了成功。

后馈思维就是用历史的联系、传统的力量和以前的原则来制约现在，使现在按照历史的样子继续重演的思维方法。

后馈思维又可称为习惯性思维，是一种循轨思维。它面向历史，总是用过去怎么做、祖先怎么样、以前的经验怎么样来要求现在。

故后馈思维也是一种反馈式思维，它是思维的一种惯性运动，把思维方式固定化、绝对化。后馈思维总是要把"现在"反馈为"历史"的重复。所以，它也是一种"滞后型"的思维。它的向心力和惯性力的基础在历史。后馈思维的一般模式如图 2-2 所示。

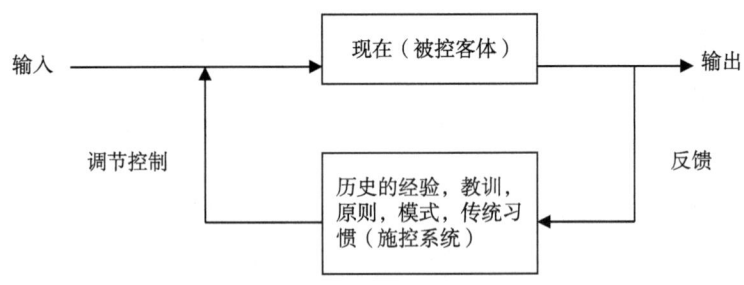

图 2-2　后馈思维的一般模式

后馈思维具有的典型的特点是指向性。一般来说思维都具有一定的指向性，所不同的是，后馈思维是把现在往历史上引导的指向性思维。它的"兴奋中心"总是历史上的某个阶段、某种情况，是一个通过"想当年""要恢复到某某时的情况"的思维过程。后馈思维的指向性产生两种结果：一种是对现在的缺陷、弊病感到不满，要以历史的成功经验和优良传统"改变"现在，这是积极的；因为，创造是必须以固有的事物为基础。后馈思维的另一种指向性是对历史"理想化"，"厚古薄今"，其结果是以历史来"今变"现在，这是消极的。对此，要进行具体分析。当一件事情已经发生，而对于事情的某些细节不十分清楚，而又要求了解这些细节的时候，就需要以后馈思维对已有的现象进行分析。因为，在后馈思维的指导下，人们就可以进行适当的还原性的模拟工作。这一方法，在科学研究工作中应用十分广泛，在地球演化研究中还原性的模拟作用巨大。不仅如此，在刑事案件的侦破过程中，在后馈思维的指导下的还原性的模拟也十分有效，下面的故事就是这样一个典型事例。

东汉时期，句革县衙受理了这样一桩人命案：弟弟状告嫂子谋杀亲夫，要求偿命。而嫂子披麻戴孝泣不成声，疾呼喊冤。并且边说边哭"丈夫命苦！"说是丈夫醉酒后睡在床上，家中失火，丈夫没有跑出来，被烧死了。

原告则完全不理会这些陈词，一口咬定是嫂子害死了哥哥之后，故意纵火烧房子，以制造假象。

原告被告各执一词，僵持不下。

按照当时衙门里的惯例，知县可以下令对被告施刑，逼她招供。但是审判此案的知县张举却没有这样做。他用了一个非常科学的办法，明断了这桩案件的真情。

张举叫差人弄来两头猪。杀死其中的一头，另一头还活着。把它们都放在猪圈里用柴火烧。烧完以后，拿来做比较。结果发现：那头活活被烧死的猪嘴里有灰，而事先杀死的那一头，嘴里没有灰。根据现象分析，活着的猪在被烧死之前还一口一口地吸着带烟的空气，而被杀死的那头猪没有这个过程。这样，张举就得到了判断死者是否被害的客观标准。

根据这个标准再去验尸。发现死者嘴里没有灰。因此，张举断定被告是先害死了丈夫，而后再烧的房子。在事实面前，被告再也抵赖不了，承认了自己的杀夫之罪。其他官吏、差人，以及附近的老百姓，也都为张举创造了这样一个明断真情的办法而赞叹不已。

知县张举根据人和猪的共性，想到用猪做实验的模拟方法。从死猪和活猪被烧后的对比中，找到了它们之间的差异。断案使众人心服口服。特别是故事发生在近2000年前，他发明的这种断案新技术就显得更具创造性。

后馈思维既有消极因素，也含有一定的积极成分。我们要发挥它的积极作用，联系客观实际，正确对待传统的文化遗产，以实现思维的创造性。

很多人认为艺术及体育领域人才都是这个领域有天分的人，比如一名乒乓球运动员的回球都是符合运动力学规律的，但是比赛中却没有哪一个运动员在回球之前要做一次受力分析；于是，有人因此得出艺术及体育领域人才在创作和比赛中往往通过直觉去解决问题，逻辑思维起的作用不大的结论。

其实，这种观点是片面的，往往是对于艺术及体育工作规律了解不深入。运动员在比赛中做出符合运动力学规律的反应，看上去属于直觉，但却是日常勤学苦练积累形成的本能反应，而且这种反应已经直接变成符合逻辑的动作，这在科学上被称为"肌肉记忆"。

人体肌肉获得记忆的速度十分缓慢，但一旦获得，其遗忘的速度也十分缓慢。

对乒乓球来说，肌肉记忆效应有好处也有坏处。最典型的，比如某个人的拉球动作就是他大量重复而形成肌肉记忆的结果,这个动作无论正确还是错误,想要改变是十分困难的。

在比赛的时候,肌肉记忆也或多或少地起着时好时坏的作用。就拿我自己来说吧,我打顺的时候经常会一顺再顺,拉冲命中率极高;而不顺的时候则是失误频频,有时候更是连发球都没感觉,想发个下旋出来的却总是侧旋。原因:当我用正确的拉球动作冲上几板球之后,我的肌肉就对这个动作有了记忆;另外,对方搓球或推挡的动作因为记忆效应导致过来的球往往是相似的,这两方面一综合,就使我拉冲的命中率高了。失误频频也往往是因为自己的肌肉对错误动作有了记忆效应而造成的。

再说说发球。发球其实是一个全身的配合动作,不仅仅只是小臂和手腕在发力,它牵扯到人体全身的肌肉。质量越高的发球往往难度更大,而难度更大也意味着需要身体很多处肌肉的细节配合。所以这个大量肌肉的记忆效应是很难遗忘的。有时候全身肌肉配合好了,加上记忆效应的协助,每一个球的质量都会很高;有时候某一处肌肉在细节上出现了问题,在记忆效应的作用下,就怎么发都不会有高质量的球出来。

如何发挥肌肉记忆效应的优点,消除其缺点?如果自己拉球的命中率高,那么就多运用拉冲,而且加快比赛节奏,这有助于加强自己的肌肉记忆,同时不给对方集中精力消除自己的肌肉记忆的时间。如果自己拉球失误频频,最好的办法是给自己叫个暂停,集中精力消除掉错误动作的记忆;在没法叫暂停的情况下就减少拉球比例,多运用搓球、推挡等过渡和控制技术,同时放慢比赛节奏;或者就放弃这一局,因为每局间是可以休息的。

至于发球,应该至少有两套不同动作的发球,在第一套发球不顺的情况下,立刻换用另一套,以尽快建立起新的肌肉记忆,遗忘原先的。同时,要尽量减少拿球就发的情况,在抛球前集中精力想想这个发球要注意身体的哪几部分肌肉的细节配合,要怎么样才能发出我要的旋转长短和落点。

第三节 变换思维角度

阿西莫夫是美籍俄国人,世界著名的科普作家。他曾经讲过下面这样一个关于自己的故事。

阿西莫夫从小就很聪明,在年轻时多次参加"智商测试",得分总在160分左右,属于"天赋极高"之列。有一次,他遇到一位汽车修理工,是他的老熟人。修理工对阿西莫夫说:"嗨,博士! 我来考考你的智力,出一道思考题,看你能不能回答正确。"

阿西莫夫点头同意。修理工便开始说思考题:"有一位聋哑人,想买几根钉子,就来到五金商店,对售货员做了这样一个手势:左手食指立在柜台上,右手握拳做出敲击的样子。售货员见状,先给他拿来一把锤子,聋哑人摇摇头。于是售货员就明白了,他想买的是钉子。聋哑人买好钉子,刚走出商店,接着进来一位盲人。这位盲人想买一把剪刀,请问:盲人将会怎样做?"

阿西莫夫顺口答道:"盲人肯定会这样——"他伸出食指和中指,做出剪刀的形状。听了阿西莫夫的回答,汽车修理工开心地笑起来:"哈哈,答错了吧! 盲人想买剪刀,只需要开口说'我买剪刀'就行了,他干吗要做手势呀?"

阿西莫夫之所以答错,就在于他在思考问题时没有及时变化思维的角度。

古人在《题西林壁》诗中这样写道:"横看成岭侧成峰,远近高低各不同。不识庐山真面目,只缘身在此山中。"在实际的生活中,人的思维正如诗中写道的那样,往往受到自己所处的环境和传统思维习惯的影响,而不善于变换思维角度。请看图 2-3 和图 2-4 两幅歧义画。

图 2-3 歧义画——鸭子和兔子　　图 2-4 歧义画——年轻的妻子和岳母
(J- 亚斯德罗,1990)　　　　　　(W- 希尔,1930)

图 2-3 中,图的左侧,既可看作鸭子的喙,又可看作兔子的长耳。图 2-4 中,如果把埋在大衣领间的白色部分看成是没了牙的嘴巴和下颌,接着向上看去,就会看到一个戴白头巾穿毛领大衣的老太婆。如果把老太婆的鼻子看成一个侧过去的脸的下颌,将老太婆的嘴巴看成脖子和套在脖子上的项链,老太婆的眼睛被看作耳朵,于是,就出现了一个漂亮的少妇像,虽然大衣和头巾对于头有些比例失调,但是谁也不会计较这一点。又是少妇,又是老妪,一个形态被看成了两个不同的形象,只有变换思维角度,才能看到这样两个不同的形象。

要实现创造性思维,就要适当改变思维的方向、变换思维的角度。传统的思维是一种正向的思维方式,要变换思维角度,用好发散和收敛思维、逆向思维、侧向思维、合向思维与水平思考法等增加思维形式,促进思维的多样化。

一、发散思维与收敛思维

发散思维与收敛思维概念,最早是美国心理学家吉尔福特(J. P. Guilford)从创造能力的角度,按照思维进程的方向,根据创造者在创造过程中表现出来的思维形式而提出来的。严格说来,发散思维与收敛思维两个概念的内涵,主要包括思维形式和思维方向两个层面,而在具体思维过程中还需借助于其他所有的思维方式进行思考,来寻求思维的结果。因此,可以说发散思维与收敛思维是以其思维形式实现各种思维形式与方法的综合思维。

（一）发散思维

发散思维(Divergent thinking,又可译作辐射思维)是指在解决问题时,不拘一格地以仅有的信息为起点,突破已知领域和规范约束,充分发挥探索性和想象力,朝着各个方向去探寻各种不同的解决问题途径和答案的思维方式。如图 2-2 所示。

1. 发散思维的特点

发散思维作为创造性思维的主导方式之一,具有以下特点。

第一,流畅性。发散思维,在思维表达上很少阻滞,对刺激也能很流畅地做出反应,扩散量也较强。

第二,变通性。也即发散的灵活性,它反映了创造主体转移思维方向的能力,思维方向的转移是思维对象质的转移,也易于促进创造主体进入创造性思维的灵感境界从而创造出新的思维形式和适应点。变通性越强,创造性可能越大。

第三,广泛性。广泛性是发散思维方法的根本特征,具有双重含义:一方面,广泛性反映创造主体的经验知识和所处的环境,可以使思维的触觉,不受时间和空间的限制,朝多种多样的方向(多结构、多机制、多功能、多信息、多方向……)探索。另一方面,广泛性也为思维对象本质转移,拓展了空间和提供了更多的机会,更好地完成解决问题的目的。

第四,独立性。独立性增大创造灵感产生的机会和产生独特想法的可能性。

爱迪生在发明灯泡时碰到最大的难题是灯丝材料问题,既无经验可以借鉴,也无理论可以指导;他尽可能地运用发散思维,共试用了 1600 余种耐热材料,6000 多种植物纤维,连头发丝也未放过;最后终于找到了比较实用的材料,成就了发明的结果,也提高了灯泡的寿命和实用价值。事实说明,多方探索是解决问题必不可少的思维方式，探索方向越广、范围越大、成功的可能性也越高。

2. 发散思维的运用

应用发散思维，尽可能把研究现象或问题相关的所有因素和可能的解决方案都找出来，以便从"问题领域"把握问题的性质和规律，探索未知的世界；并通过新信息、新认识与观念的重新组合，找出尽可能多的相关因素和解决方案，寻求最佳结果。

发散思维不强调事物之间的相互关系，不受理论与传统经验的约束，也不寻求答案的唯一性。在某种程度上讲，发散思维过程相似于有"引导点"的直觉思维。

一切创造活动都是有目的的活动。采用发散思维方式，可以拓展思维时间和空间；但是绝非漫无目的的遐想，正如图 2-5 所示，发散思维是以"问题中心"为起点进行发散思维的。运用发散思维需要做好如下几方面工作。

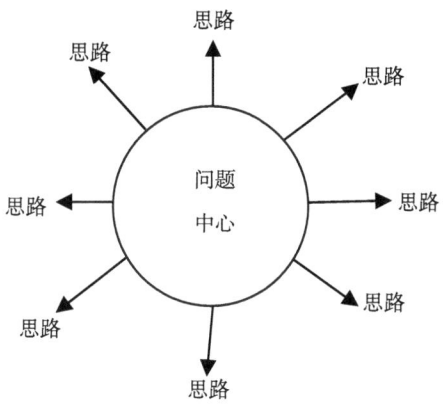

图 2-5　发散思维

（1）明确思维的起始点——问题中心。面对问题，创造主体的头脑中总要对研究的事物或现象有一个最初始的判断，并表明对它的态度。所谓明确思维的"起始点"就是针对所研究的问题，现象或创造目的做出初步定性判断，明确进行发散思维的宗旨和基本态度。通俗地讲，就是尽可能简捷地表述要干什么，形成问题的中心，就是发散思维的起始点。例如，美国有一座有上百年历史的自由女神铜像，翻新后，现场留下 2000 吨废料，废料既不能就地焚化，也不能就地深埋，清理运输到垃圾场，运费又十分昂贵。正当许多人一筹莫展之时，一个叫塔斯克的人，自告奋勇地承包了这场苦差事。他运用发散思维，对废料进行分类利用，把废铜皮铸成纪念币、用废铝做成纪念尺、把水泥碑块做成纪念小石碑……一文不值，难以处理的垃圾竟成为含义深远、品种繁多、内容丰富的纪念品，一举身价百倍，即使还有要清除的残剩垃圾，也是微乎其微了。上述事实无疑是利用发散思维的典型事例。如果深入分析我们就会发现清除垃圾→有效利用→纪念性产品 3 个递进的思维起点，这一实质的抽象过程，当然也是运用了发散思维。有了思维起点，也就使发散思维有方向可循而不是费力的"海阔天空"。

（2）不断地变换思维角度。思维角度受主客观两种因素影响。从客观的角度分析，事物之间都有其系统性的内在联系，每一思维角度联系一条思维主线；从主观角度看，不同的创造主体有不同的社会理念和科学修养，因对同一事物也有不同的认识，从而形成的不同的思维角度，而且随着时空条件的变化，思维角度也会随之改变。当我们对事物做出基本判断，明确主体的基本态度，便会把这个判断，拓展到整个事物和思维的各个方面。然而，客观世界是没有"纯而又纯"的事物，也就不可能有"纯而又纯"的思维。因此，对于某种事物、现象或问题的思考能够从"肯定""否定""待定"多种视觉进行思考，就会避免偏差和狭隘，从而有效地拓展思维，发现更好的解决问题的方法和发现人所未知的新东西。前例中，如何有效利用和生产什么样的纪念产品，都应用了变角度思维方式。

（3）采用多种思维方法。严格地说发散思维，只能说是典型的思维方式。在运用发散思维时可以尽量采用行之有效的思维方法如直觉思维、想象思维与逻辑思维等，以提高思维的效果和效率。

（4）产生尽可能多的想法及尽可能不同的想法。发散思维不仅有广阔的思维空间，也有多种思维角度。主客观的条件和差异，从特性、规律、功能等因素出发尽可能寻求和产生尽可能多的想法和不同类的想法。以便于比较、分析产生好的、更多的创造结果。

中国古代有一个传说，柳下惠与盗跖（窃贼）兄弟，同时见到一罐蜂蜜，柳下惠以道德标准经验知识，想到的是可以养老，以颐养天年；而盗跖出于职业习惯认为蜂蜜可以粘门闩，认为用蜂蜜可以起润滑作用，以减少开门的响声。二者从不同的思维角度，有不同的思维结论，而两种结论也是客观和现实的；由此可见发散思维使之产生尽可能多的想法以及不同的想法是可能的。

（5）试着想出与众不同的主意。独创性是创造性思维的基本出发点之一，有创见的人往往提一些与众不同的见解和主意。用独创的方式思考尽管有很大的困难，但是，并非可望而不可即。主要的办法是注意掌握相关信息，特别是科学技术前沿信息，这样一是可有的放矢明确思维取向，二是有判断的标准，不仅帮助决定取舍，也可及时调整思维角度。以争取最理想的结果。

（6）集思广益与别人讨论，博采众长、诱导新思路提出新见解。发散思维的结果，并不是都是有价值的，其中有些结果还可能有错误。然而这一切不能影响我们的发散思维，正与误、价值大与小都是比较、判断的结果。只有充分发挥发散思维的作用并对其结果作审慎的分析、判断，就会为创造活动开辟更好的途径。

（二）收敛思维

收敛思维（Convergnt thinking，又译作辐集思维，聚合思维）是指在解决问题的过程中，能尽可能利用已有的理论知识和经验，把众多的信息和解题的可能性逐步引导到条理化的逻辑系列中去，从接收的信息中产生逻辑的结论思维方式。收敛思维如图 2-6 所示。

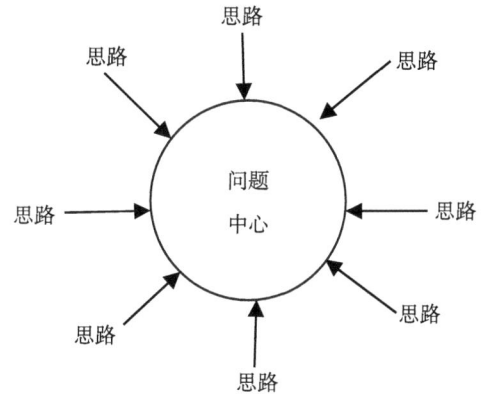

图 2-6　收敛思维

1. 收敛思维的特点

（1）集中性。发散思维的思考方向是以问题为原点，分散的指标向四面八方，那么收敛思维则是把发散思维的结果，以相反的方向向问题中心集中，从众多方案中选择一个（或几个）比较合理的方案。通过评价选择的优化过程，向最优或次优方向发展以获得一个满意的结果。

（2）连续性。发散思维的思维过程是跳跃或有间断性，思维角度也在不断地变化；而收敛思维的结果或要素之间是相关的，具有目的性和层次性，受因果链的支配，因而是一个连续过程。

（3）求实性。求实性反映了两个方面的问题：其一是目的与功能的统一性，收敛的最终的目标，是达到创造的目的并通过功能性体现出来，是客观的和现实的；其二是可行性，寻求的结果，必须是在客观条件下能够实现的结果，对在发散思维中得到的结果，比照规划进行必要的筛选和扬弃。

（4）逻辑性。收敛思维实际上是一种按照逻辑程序进行思考的方法，离不开逻辑思维常有的分析、综合、抽象、判断、概括、推理、归纳、演绎等思维形式，是一种有条理、有范围的思维，具有明显的方向性、判断性、稳定性和服从性。

2. 收敛思维的运用

（1）选择恰当的收敛时机。发散思维是开放性的，无明显的止境，属一果多因的思维结果。寻求的影响因素太多，会增加比较的难度；如果影响因素太少，又影响决策的效果。因而，必须选择恰当的收敛时机。例如洗衣机的发明与革新。问题的中心机理是使脏物与衣料"分离"，利用发散思维可以得到：搓（手搓、洗衣板搓）、刷、用棒槌打、漂洗、冲洗（压力水）、化学分离、振动分离……在此基础上进行收敛思维。对各种洗涤方法进行分析和综合，结合现有技术条件（权衡技术可行性、经济性、功能性等），寻找可行方案。经过比较、优化，寻求满意的结果。

（2）把握收敛思维的度。收敛思维过程要根据现实情况，恰当而可行，尺度太宽，难免结果良莠不齐增加了最后决策的难度；过严，又可能把有发展前景的方案舍弃，而失去了良好的创造机会。例如一些实战坦克都备有两个油箱和油路迅速切换装置。从表面分析是一种冗余，设计既浪费了工时、原料、也增加了操作难度。但是，审慎思维就会发现这种冗余方案是应实战需求切实可行的；试想，如果只有一个油箱，被子弹击穿漏油或切换不及时使空气进入油路都会造成发动机熄火，在战场上其后果是不堪设想的。

（3）善于积累和运用知识与经验。知识与经验是收敛思维的基础，是建立设想与中心问题联系的桥梁。只有经过知识理论的充分调整，才能形成切实可行的方案，并为实施提供更大的可靠性。

3. 收敛思维与发散思维的区别与联系

收敛思维与发散思维的区别与联系。体现在以下几个方面。

首先，思维指向相反。收敛思维是集中，由四面八方指向问题中心；发散思维是拓展，是由问题中心指向四面八方。

其次，收敛思维是一种求同思维，要集中各种想法的精华，达到对问题系统全面的考察，认识事物的规律与特性。为寻求最有实际应用价值的结果，而对多种想法和相关因素进行梳理、筛选、分析、综合、统一认识、指向目标。而发散思维，是一种求异思维，尽可能在广泛的领域中探索，拓展思维空间，寻求尽量多的，不同的预选方案和解题方法。

再次，收敛思维是一种逻辑思维，发展方向是线性的，其结果具有必然性；发散思维为非逻辑思维，是间断的、跳跃的思维，其结果有或然性。

最后，收敛思维与发散思维是一种辩证关系。没有发散思维的多方搜索、广泛收集的结果，收敛思维就没有加工对象，收敛思维也就无从谈起；反之，没有收敛思维的理性思考、精心归纳、判断，发散思维的结果也不可能形成有意义的创造和发现，众多设想也将"付诸东流"。只有两者交替作用形成辩证的统一结果，创造结果才能圆满。

二、逆向思维

有这样一个题目：有两支香，粗细、长短各不相同，但它们的完全燃烧完毕的时间都是1小时。现在除了火柴以外没有任何工具，请测出半小时和45分钟。

上述问题的解决方案是：用火柴同时点燃两支香，一支香点燃一头，另一支香点燃两头；当点燃两头的一支香燃烧尽时，将另一支香的另一头点燃。这样，第一支香燃烧尽时，时间为半个小时；第二支香燃烧尽时，时间为45分钟。

在习惯的思维里，香是从一个方向点燃并燃烧的，而使香从两个方向点燃并燃烧，需要的不仅仅是突破思维习惯、更需要变换思维角度。而逆向思维就是一种典型的变角度思维。

逆向思维也叫反向思维，是一种创造性思维，它强调要从事物的反面或对立面来思考问题。逆向思维与正向思维相对应。正向思维是指人们运用过去的知识和经验，在已有理论指导下思考问题和解决问题的一种能力或方法。正向思维在人们日常思考和科学研究中起着巨大的作用。但是，由于人们受心理倾向、心理定势的影响，即在思考问题时，采取特定的思路一次，下一次采同一种思路的可能性就越大。在一连串的思想中，一个个观念之间形成了联系，这种联系紧紧地建立起来，以至于它们的联结很难破坏，这样，就容易导致人们形成一种固定的思维模式，即习惯性思路或思维定式，如"守株待兔"的千古笑谈就是其中一例。

逆向思维则需要突破这种习惯性思路或思维定式。它是从事物常规的相反方面去探索思考问题和解决问题的一种思维方法。根据唯物辩证法的基本原理，事物都存在着正反两个对立面，所以，人们在对待事物的时候就需要既看到正面也要看到反面，既看到前面又看到后面，既看到外面又看到里面。这就是逆向思维得以成立的基础。

人们的思维，在主流上正向思维，即凭借以往的经验、知识、理论来分析和思考问题，这是人类文明得以源远流长和发扬光大的内在源泉，也是每一个体系得以逐步完善的根本所在。但是，其中的负效应也助长了人们思维定式或习惯思路的形成：知识越多，经验越丰富，思路也就越教条、越循规蹈矩。天才和聪明人正是心中藏着逆向思维才获得成功的。相反，一个知识或经验十分丰富的人，如果堵死了逆向思维的通道，遇到难题就只能一条思路走到底，最后陷入死胡同而不能自拔。由此可见，逆向思维对于开阔人们的思路是非常重要的。

在体育领域，依据逆向思维开展运动员的选择是一个很有意义的话题。正如本书绪论分析的那样人类的左脑和右脑负责的工作是不一样的，于是，就会产生一个体坛永久的话题：左撇子的敏捷。由于专长于感知空间和知觉功能的右脑指挥左手，使左撇子的运动方式更易于发挥视、空间感知功能，出手快、准、狠。从神经传输的速度看，由"看"到"动"，右撇子走的是"大脑右半球-大脑左半球-右手"的路线，而左撇子的路线是"大脑右半球-左手"。在神经传输的过程中，左撇子走了一条捷径。大脑通过中枢神经传递信息到身体的左侧比传递到右侧要快15‰秒，这使左撇子的动作更敏捷。

在研究体育历史不难发现，对于不需要进行面对面搏斗的运动，如游泳、田径、射击等，左撇子运动员占的比例较其在人口中的比例并不高。然而，对于那些使选手在比赛中靠得更近的面对面搏击项目，如击剑、乒乓球、篮球等，左撇子运动员比例远远高于右撇子在人口中的比例。乒乓球顶级运动员中左撇子很多，网球长期左手族称雄，美国的 NBA 职业篮球比赛，也是左撇子特别突出就是这个道理。

首先，在思维活动中，通过正视事物矛盾的对立认识和把握事物。事物都包含着对立的两方面，人们的认识和主观思维必须符合事物的实际，如果只注重一个方面而忽视了另一个方面，只看到矛盾的正面作用或正效应，而忽视了矛盾的反面作用或负效应，就会在实践中碰壁。只有看到事物矛盾着的两个方面，在事物对立着的两极中思维，才能全面而正确地反映事物、认识事物，在实践中取得成功。爱因斯坦正是有意寻求对立双方的同时存在和相互联结的情形，才能从对立事物中找到完美的统一，从表面上看来似乎不合逻辑的情况提出合乎逻辑的假说。

其次，在思维过程中，通过从事物矛盾的反面来思考，以达到认识事物、表达思想、进行创新和实现科学决策的目的。

事物都有正面和反面，相反的方面不仅相互排斥，而且可以互相联结，具有同一性。从事物的反面进行思考，比起从事物的正面进行思考来说，显得思考的角度更加广泛。认识事物不是只有一个角度，也不是只有两个角度，而是可以从多个侧面、多种不同的角度来揭示。各种事物、现象之间既有必然的联系，又有偶然的联系；一种原因可以产生多种结果，一个主攻方向上屡攻不克时，应研究背逆以往的分析、解决问题的途径，把问题的重点从一个方面转向另一个方面，从而打开一条新的思路。也就是说，思维在一个方面受阻时，就可以从相反的方向试试；反向思考如果不能解决问题，还可以再改换一下角度，另找几个侧面去试探。就如打仗一样，正面攻击敌人不利，就可以从后面或侧面发动进攻。

圆珠笔漏油问题的解决就充分显示了从事物的反面进行思考的巨大作用。早期生产的圆珠笔，由于笔珠磨损导致漏油而未得到广泛应用。为了解决这个问题，人们按照常规的思维方式进行思考，即从分析圆珠笔漏油的原因入手，来寻求解决问题的办法。漏油的主要原因是由于笔珠受磨损而蹦出，油墨就随之流出。因此，人们首先想到的解决办法就是增强圆珠笔的耐磨性。于是按照这个思路，人们在增强圆珠笔的耐磨性的研究上投入了大量的精力，甚至有人想用耐磨性极强的宝石和不锈钢作笔珠，经过反复试验，这种思路又引发了新的问题，由于笔芯头部内侧与笔珠接触的部分被磨损，仍然可以使笔珠蹦出，也能导致油墨流出，漏油的问题还是没有解决。正当人们对漏油问题一筹莫展之时，日本发明家中田鹰三郎打破了思维常规，运用逆向思维解决了圆珠笔漏油问题。他认为不管使用什么材料作笔珠，圆珠笔都会在写到2万多字的时候开始漏油，那么，解决问题的关键便不是选取什么材料作笔珠，而如果控制圆珠笔的油墨量，使所装的油墨量在漏油前已经用完，不就可以解决漏油的问题了吗？于是他便改变圆珠笔的油墨量，使所装的油墨量只能写到1.5万字左右便用完了，漏油的问题迎刃而解。从这个例子里，我们不难体会到逆向思维的巨大作用。

在社会生活中，从反面来思考，有时是通过利用人们的逆向心理来实现的，逆向心理即抗拒心理，也叫心理抵抗，是指人们对某种行为、思想或宣传采取方向相反的态度，或仍保持原来的状态。有人认为，逆向思维与逆反心理无关，其实这种说法有些欠考虑，因为逆反心理正好为逆向思维提供了社会心理基础。三国时诸葛亮玩"空城计"，也正是在一筹莫展之际，充分利用了司马懿的逆反心理而获得成功的。司马懿以为诸葛亮向来用兵谨慎，怎么会在此设一空城呢？想来必有伏兵，赶快撤退，恰好中了诸葛亮的计策，过后司马懿追悔莫及。

最后，凡做一件事情都从反面想想，可以弥补只从正面思考的不足。

在分析问题、进行决策时，逆向思维的作用不可低估，人们常用"凡事预则立，不预则废"的古训来提醒自己，这里的"预"，也包括把事情反过来想一想。

日本的丰田第一任老板田章一郎说：我这个人如果说取得了一点成功的话，是因为我对什么问题都倒过来思考。倒过来思考，才能不断提出新问题，比别人想得更深、更全面，找出更多的"第二正确答案"。对于一个濒临破产的企业，如果能找出第二种正确答案，就能起死回生，卷土重来。一个优秀的企业家往往能突破单一的思维定式，找出第二个正确答案，使企业在竞争中立于不败之地。

在体育比赛中更是如此，正如奥斯本所说，最好莫过于提出这样的问题：我们的竞争对手为了超过我们会做什么？1981年世界杯之前，中国女排为了迎战世界强敌苏联队，主教练袁伟民专门从全国男排冠军队——江苏男排调来3名主力队员，模仿苏联队的打法给中国女排作陪练，从技战术等方面加强自己队伍。终于在该年度的世界杯赛中战胜了前苏联队，第一次夺得了世界冠军。众多的球队在比赛之前，都是把对手的比赛录像拿过来反复研究，包括球队惯用阵型、打法乃至每个队员都进行分析，从而制定出克敌制胜的奇招。

美国微软公司的总裁比尔·盖茨在开始创业之时，只是一个大二学生，既无资金，也无厂房。当时，大型计算机几乎控制着整个计算机行业，而小型机也只是刚刚占有一席之地，微机还是个人可望而不可即的奢侈品。比尔和他的同事另辟蹊径，把注意力放在个人计算机系统的开发上，开发出个人计算机不可缺少的操作系统——DOS，使个人计算机的使用上了一个新台阶。而后，他又大胆地逆向思维对DOS不加密，占领市场，当个人计算机普及之时，他利用独有的市场条件，提出了与个人计算机捆绑销售的策略，获取了巨大的财富。

让我们回到本章开篇的问题。甲队想在不到5秒钟的时间内，连续获得4分是几乎不可能的事，因为从正向思考，5秒钟获得4分，理论上的可能性只有一种可能性，即发球直接长传到前场，投入3分且造成对手犯规。事实上，制约甲队要想获得6分的净胜分的最关键因素是时间不够，甲队要达到目标，就要获得时间。而篮球比赛的规则是双方在比赛结束时打平，就要进行加时赛。因此，甲队只需要向自己的篮筐里投入2分，使双方打平，将比赛带入加时赛，就为自己赢得了机会。

总之，逆向思维告诉我们，在优越感中要警惕危机的因素，而在危机中又要看到优越的所在；在顺利的环境中要看到逆境的存在，在逆境中要看到顺利的可能；在成功中看到有失败的部分，在失败中更要看到成功的基因；富裕和贫乏，团结和分裂，前进与倒退等都是相互渗透、相互依存、相互交融的。

逆向思维好比开汽车需要学会倒车技术一样。如果不学会倒车技术，一旦你的汽车钻进了死胡同，就出不来了。思考问题时，人们有时也会钻进死胡同出不来，逆向思考就能帮你退出来。正像我们用不着总开倒车来显示自己的倒车技术一样，我们也用不着总使用逆向思维方法，但是一旦需要时，如果不会使用它，你就会陷入困境。

逆向思维主要表现为思维逻辑逆推、方向、位置、顺序等的逆向思考。在具体的应用过程中，主要有如下表现形式。

第一，思维逻辑逆推。所谓思维逻辑逆推，就是指从要解决问题的结果出发，从结果推向解决问题的方法。邓小平理论中的很多论断就是这种逆向思维。

1978年10月开始，在中国大地上展开了一场关于真理标准问题的讨论。这场全党全国范围的大讨论，冲破了"两个凡是"的教条主义禁锢，推动了全国性马克思主义思想解放的运动，也为邓小平理论的创立提供了条件。在研读小平理论时，我们不难发现小平理论的许多论断都体现着逆向思维的特点。

一方面，"三个有利于"标准体现着典型的逆向思维。1992年春，邓小平同志在南方谈话中，精辟地分析国际国内形势，科学地总结了党的十一届三中全会以来党的基本实践和经验，明确地回答了经常困扰和束缚我们思想的许多重大认识问题。并且郑重告诫全党全国人民：判断是非的标准，应该主要看是否有利于发展社会主义生产力，是否有利于增强社会主义国家的综合国力，是否有利于提高人民群众的生活水平。这"三个有利于"后来被写进党的十四大报告和中国共产党党章总纲，成为判断各方面工作是非得失的根本标准。从这里我们不难发现这样一个模式，如图2-7所示。

"三个有利于"目标 ⟹ 判断是非的标准条件

图2-7 逆向思维模式

从图2-7我们可以清楚地看到这"三个有利于"标准体现着典型的逆向思维。因为一个社会主义国家的目标便是发展生产力、增强综合国力、提高人民群众的生活水平。所以，我们可以从这个目标出发，逆向推出我们应该采取的路线、方针和政策，然后再按照已经确定的路线、方针和政策去实现我们的目标。

另一方面，逆向思维在邓小平理论中是以总的目标为前提的，是决不可以理解为实用主义的。

邓小平理论中有许多很风趣的论断，在认识中我们争论最多的就是"黑猫白猫，抓住耗子便是好猫"的论断。"猫论"是典型的逆向思维观点，这是不言而喻的。但有人认为"猫论"中体现着实用主义的哲学思想，这是对"猫论"这一问题的曲解。

"猫论"这一问题的最早提出本身就是在明确目标的前提下完成的。在中原野战军挺进大别山的战斗中，"中野"血战南汝河，刘伯承元帅提出必须打过南汝河，并且以"猫论"举例。这里我们可以清楚地认识到"猫论"的首次提出便是在战胜敌人的总前提下的产物。

而在新的历史背景下，邓小平同志提出"猫论"和"三个有利于"都是在"一个中心两个基本点"不动摇的前提下提出的。因此，我们说在社会主义方向性的关键问题不动摇的前提下谈"猫论"本身就和实用主义不沾边。

第二，方向反向。所谓方向反向就是通过改变事物的方向，来解决问题。我国北宋大臣、史学家司马光在幼年时候砸碎水缸救人就是利用方向反向，从逆方向思考获得成功的典型实例。

儿时的司马光，和许多同龄的孩子们一起玩耍。一次，一个孩子不慎跌进了盛满水的水缸里，眼看就要被水淹死。在场的孩子们都因为没办法救他，急得手足无措，哇哇乱叫。只有小司马光沉着冷静地举起一块大石头砸向水缸。水缸被砸破了，缸里的水流了出来，跌进缸里的孩子得救了。为什么多数孩子急得手足无措呢？那是他们习惯于传统的正向思路：想把被淹的孩子从水里捞出来。孩子们没有那么大力气，也没有那么高个子，所以只是着急。司马光的砸缸救人，就是从反方向考虑，实现了位置方向的反向：不必让人躲开水，而是叫水躲开人，同样能够达到救人的目的。用这种方法救人，只要用石头把缸砸破就行了。

第三，位置反向。所谓位置反向就是通过改变事物中组成部分所处的位置，来解决问题。日本在修筑大阪城时，解决从海岛搬运重量巨大的原材料——"巨石"的办法就是典型性的位置反向。

在日本，有个著名的"巨石载船"故事：日本大正十一年（1522年），丰臣秀吉平定了战乱之后，准备修筑大阪城。为了把大阪修成一座固若金汤的名城，需要很多巨大的石头。经过调查，得知在日本西部的一个海岛上可以采到合格的石块。它每块有50张席子那么大，搬运很不方便。特别是装船东运时，一装船，就要把船压沉到水下，试了几次，都不能把这样的巨石运走。就在大家无计可施的时候，一个人站出来说："看来用船载石是不可能了，那就用石载船吧！"大家按照他的说法，把巨石捆在船底，使石头完全淹没在水中，而船却有一部分露在水面之上，这样果然顺利地把石头运到了大阪。

为什么这样能使船正常地航行呢？大家知道，水作用于物体的浮力，等于该物体所排开的水的重量。石头在船上时，如果石头很重，船所排开的水不足以使其浮力与总重量达到平衡，船必然沉入水下。而石头在船下时，首先把大体积的石头全部淹没，产生了相当的浮力，而后船体再排开一部分水，又产生一定的浮力，这样，总浮力就可以和总重量平衡了。

巨石载船的妙计，就是打破传统思路，运用逆向思维的结果。

第四，顺序反向。所谓顺序反向就是通过改变事物顺序来解决问题。下面的例子就是一个典型的问题。

海南省崖县的农民孙会照，1982年开始养鸭，每只都养到3~3.5千克以上才出售，结果因鸭大而滞销，顾客嫌一次性花钱太多不想买。孙会照反向经营，变大为小，把鸭养到1~2千克左右就上市，滞销变畅销。通常情况下，人们的思路是鸭养得越大越能赚钱，如果滞销了，只会怪顾客中吃鸭的人少了。而孙会照不仅细细琢磨顾客的心理，还来个逆向思维，巧妙地解决了这个问题。

后来，孙会照又从市场供需中得到启示，每年鸭上市，都集中在夏秋两个季节，这时鸭旺价贱，旺季一过，价格回升。能不能再进行逆向思考，反季节养鸭呢？于是，他通过大胆实践，饲养的鸭在淡季上市，从中获得较高的效益。

孙会照所使用的方法叫时差反弹——与季节相进，推出产品。目前在北方比较流行的反季节蔬菜种植也是典型的顺序反向。物以稀为贵，反向经营反而得大利，这就是事物变化的辩证法。

第五，优缺点反向。中国有句古话，叫作"有则改之，无则加勉"。就是说，有了缺点和错误，一定要想办法改正；即使没有缺点和错误，也要时刻提醒自己，不要犯类似的错误。因此，一提到"缺点"，人们就习惯地报以否定的态度。有谁会喜欢缺点呢？然而世界上没有十全十美的事物，因而事物的缺点在所难免。如果我们能化解对缺点认识的抵触情绪，想到巧用缺点的办法，不但能将损失降到最低点，而且有可能取得意想不到的效果。

詹姆士·杨是新墨西哥州高原上经营果园的果农。每年他都把成箱的苹果以邮递的方式零售给顾客。有一年冬天，新墨西哥高原下了场罕见的大冰雹，一个个色彩鲜艳的大苹果被打得疤痕累累，詹姆士心疼极了。"是冒着会被退货的危险呢，还是干脆退还订金？"他越想越懊恼，歇斯底里地抓起受伤的苹果拼命地咬。忽然，他发觉这苹果比以往更甜更脆，汁多味美，但外表的确非常难看。

"唉，多矛盾！好吃却不好看。"他辗转反侧，夜不能寐。一天，他忽然产生了一个创意。第二天，他根据构想的方法，把苹果装好箱，并在每个箱子里附了一张纸条，上面写着："这次寄奉的苹果，表皮上虽然有点受伤，但请不要介意，那是冰雹的伤痕，这是真正在高原上生产的证据呢！在高原因气温较低，因此苹果的肉质较平时结实，而且产生一种风味独特的果糖。"在好奇心驱使下，顾客莫不迫不及待地拿起苹果，想尝尝味道。"嗯，好极了！高原苹果的味道原来是这样！"顾客们交口称赞。

陷入绝望的詹姆士·杨所想出来的创意，不但挽救了他重大的危机，而且大量订单专为这种受伤的苹果而来。

追求完美，是人之常情。对于事物的缺陷，是否就该一概排斥呢？詹姆士·杨的成功给了我们一个特别的启示：巧用缺陷也是一个能助你走向成功的好方法。

优缺点反向也称"缺点逆用""巧用缺陷"，它的目的是要化弊为利。使用这一思维方法，首先要发现事物可利用的缺点。一般说来，发现事物的缺陷并不困难，要找可以利用的缺陷却不容易。因为缺陷多是人们在特定场合要排斥的，所以，人们往往习惯地认为在其他场合也应加以排斥而不考虑运用。在发现可利用的缺陷后，紧接着要分析缺陷，抽提出这种被认定为缺陷的现象后面所隐藏的可以利用的原理和特性。在一定科学原理的指导下，便可构思巧用缺陷或设想的方案了。

第六，无用、有用反向。无用、有用反向就是把无用之物变成有用之物，生活中有很多物品往往由于为它寻找到新的适用位置而获得新价值。也可以说是变废为宝。

战国时惠施有一次对庄子说：别人送给我一个大葫芦种子，我种下后结出个100多斤重的大葫芦，用它盛水，重得拿都拿不动，剖开做瓢，又想不出该用它盛什么，实在是大极了，因为没什么用我就把它砸碎了。庄子听了之后说：其实每件事物都有它自己的用场，你认为它无用，是因为你没把它安排到合适的位置，假使有朝一日派上用场了，无用的就能变成有用的了。像你的大葫芦，如果让它浮在江湖之中，做个盛酒用的酒器不是很好吗？

1859年，只有20岁的美国药剂师切斯博罗在参观宾州新发现的油田时，遇到了一件值得思考的事；在油田里，石油工人们非常讨厌"杆蜡"，说杆蜡是油井抽油杆上的蜡垢，是一种毫无用处的废物，工人们必须经常清除这种废物，才能使抽油杆有效地工作。

切斯博罗想，杆蜡是和石油一起生成的矿物质，说不定在什么地方会有用的。于是便进一步问道："这东西难道真的一点儿用处也没有了吗？"工人们告诉他说："杆蜡对钻井或许是一无是处，但用它来治疗烫伤和割伤倒还有点用。"切斯博罗听了心里一动，他收集了一些杆蜡的样品带了回去。

他研究提炼、净化这些渣滓的方法。终于从这些石油渣滓中提炼出了一种油脂，并把它净化成半透明的膏状物。这膏状的油脂有什么用呢？因为他是个药剂师，自然往医药方面想得多一些。

有一次，他的手腕碰伤了，找来一盒药膏准备敷伤。可他打开药盒时，发现药膏变质了，上面有绿色的霉点。他向卖药的药房主管询问，主管说："药膏是用动物油和植物油调制的，时间长了就要腐坏。"切斯博罗听了心中豁然开朗，连声说："谢谢，非常感谢！"捂着手腕就往回跑。药房主管非常诧异，心想：药膏变霉不要求赔偿，还说谢谢，真是个怪人！

切斯博罗弄来了一些药物，开始用他制作的油膏做调制药膏的实验。第一个被试验的就是他自己。他把这种药膏涂在自己的手腕上，很快就养好了。为了完善这项发明，他还不止一次地把自己割伤、刮伤、烫伤，看看这种药膏对不同伤口的作用如何。经过一些改进，效果也都不错。

1870年，他完成了研究工作，建立了第一座制造这种油膏的工厂，并把油膏定名为"凡士林"。

现在，凡士林油膏行销140多个国家，消费者找出了上千种方法使用它。

应用逆向思维要注意以下几方面问题。

首先，逆向思维的运用有其限度，这个限度就是要符合逆向思维的方便性原则。即在正向思维能充分起作用的限度内，一般不动用逆向思维，只有在正向思维使用不灵便时才起用逆向思维。在数学的证明中就充分体现出这一点，只有当直接证明不能实现时才使用间接证明。正如反证法的运用：先假定需要证明的问题为假，然后由此推导出逻辑矛盾，从而得出原假设论题为假，即原命题为真。反证法是直接证明方法的有效补充，是逆向思维方法的典型应用。

其次，逆向思维的作用方式有其规范性。虽然，逆向思维可以从事物矛盾的反面进行逆向思考；但是，其反面必须与事物矛盾的正面相关，否则这种逆向思考将不成立。对待不同的具体需要进行不同形式的逆向思维。

最后，逆向思维的作用具有不扩散性。逆向思维并不要求对任何的小事都来一番思考，恰恰相反，在大量常规场合，都是正向思维在起作用。比如一个企业的规章制度在制定之后，必须坚决地加以执行，这与逆向思维并不矛盾。

总之，我们在使用逆向思维时，需要的是科学的怀疑态度和叛逆精神，而不是逆历史潮流而动；需要的是敏捷创新，而不是畏缩不前，左右摇摆而不进。

三、侧向思维

在20世纪50年代，有一次外国记者问周恩来总理，"中国银行有多少钱？"面对这一不友好的询问，若从正面无论怎样回答，都不会产生良好的效果。只见周总理坦然地笑笑说："中国银行嘛，共有拾捌元捌角捌分钱，人民币是中央人民政府发行的货币，具有极高的信誉。"在场的中外人士经过短暂的惊讶而反应过来之后，立即钦佩地报以热烈的掌声。因为当时流通的人民币共有10种面值，即：拾元、伍元、贰元、壹元、伍角、贰角、壹角、伍分、贰分、壹分，它们相加面值总和正是"拾捌元捌角捌分钱"。外国记者本意是想让总理说中国银行里没多少钱，进而产生尴尬局面，但周总理改变思维方向运用侧向思维作出的巧妙回答，可谓语惊四座。这种出神入化的思维既无懈可击，又极大地维护了中国金融的威信。

发明家莫尔斯在发明电报的过程中，遇到了一个极大的问题，即电报信号在长途传输过程中发生衰减现象。他一直陷在苦思冥想之中。一天，他坐驿车从纽约到巴尔的摩，一路上都在思考他的问题，当驿车到达驿站时，车夫更换了马匹，又重新以极大的速度奔向前方。莫尔斯望着奔驰的骏马，望着飞快掠过的路面，眼睛一亮：驿站换马，解决了马在长途奔跑中力量衰减的问题，那么在电报的线路沿途设置放大站，不断放大信号，不就解决了电信在长途传播过程中的衰减问题吗？他经过实验，终于获得了成功，发明了电报。驿车换马与电报信号传输，原本毫不相干，但由于"驿站换马"这个诱因的刺激、启发，引导了莫尔斯向另外的方向去思考，侧向思维使发明家产生灵感，联想到电信传播，从而解决了问题。

所谓侧向思维是指从其他离得很远的事物中，通过联想，获得启示，从而产生新设想的一种创造性思维方法。

我国杰出的科学家、地质学创始人李四光，有一次看见家里的狗跟小猫钻洞，但怎么也钻不进去，急得汪汪直叫，他的女儿跑来赶狗，李四光笑着说："你是否学学牛顿，在这个洞口的旁边再开一个阿龙（狗名）可以通过的大一点的门呢？"一提到牛顿，当时正在进行地质力学研究的李四光受到启发，想起了反作用力，从而提出"地应力"这个概念。

研究免疫力而获得诺贝尔奖的俄国生理学家梅契尼科夫，曾为机体同感染作斗争的机理问题绞尽脑汁。一天，他对海盘车的透明幼虫进行观察，还把几个蔷薇刺投进一堆幼虫中，那些幼虫马上把蔷薇包围起来吞食掉。他立刻联想到刺扎进手指时，白细胞就把刺包围起来，把这个异物溶解掉。经进一步研究，于是产生了吞噬作用学说，从而揭示了高等动物身上的吞噬细胞，在发生炎症过程中起着保证机体的作用。

自古以来，西瓜的瓜蔓都是趴在地上，长出来的西瓜也是躺卧在地上。中国有句古谚："瓜田不纳履，李下不整冠"（出自汉朝古乐府）。说明西瓜匍匐在地上的现实至少存在1800年了。长久的存在，使人们认定这是一种必然现象。

河北省新乐市邯邰镇是个产西瓜的地方。为了改善西瓜的质地和产量，镇政府组织科技人员和老瓜农成立了专题研究组。他们从黄瓜、丝瓜、冬瓜等都是在架子上开花结果的现实，联想到西瓜也有这种可能。并且想象，西瓜一旦爬上了架子，由于光照的均匀和空气的畅通，西瓜的质地和产量都将大幅度提高。就是根据这些基本设想，从1996年开始，他们进行了试验研究。

经过3年试种，他们积累了丰富经验，创造了奇特的业绩：①躺卧在地上的西瓜，在和地面接触的地方有一块颜色浅淡，这里面瓜瓤口感欠佳。而在架子结的西瓜处处都非常鲜美。引来许多瓜商千里迢迢前来订购。②爬架的西瓜种植密度高。平均亩产由原来的3000~3500千克增加到5000千克左右。③上市时间提前。按1999年的情况，爬架西瓜上市时间提前了20天，经济效益显著提高。

由于研究组的创造性工作，爬架西瓜种植面积年年扩大，群众受益不断提高，种植西瓜成了邯邰镇的支柱产业之一。

由于他们能冲破传统观念，源于和有关事物类比的联想，发现了新规律，创造了新办法。

邯邰镇的科技人员和老瓜农从西瓜和黄瓜、冬瓜的类比中，根据它们的共性和个性，创造了种植爬架西瓜的新技术，使产量和质量都大幅度提高。

侧向思维法不仅在科学创造发明中起着非常重要的作用，也是艺术创造的一个重要思维方法。如19世纪俄国著名作家列夫·托尔斯泰在他的世界名著《安娜·卡列尼娜》中，详细地描绘了出色的肖像画家米海依洛夫的一个创作故事。一天，米海依洛夫着手作画，他想画出一个人的盛怒面孔，可怎么也画不好。这时他想起了以前曾画过一幅类似的画，也许可以做些参考，便让小女儿把那幅弃置一旁的画取来。他眯起眼睛，盯着这幅沾满蜡烛油渍的旧作，忽然，他从油脂污点的奇形怪状中得到启发，随即信手挥毫，妙笔所至，画中人平添了几许怒色。这是侧向思维法帮助艺术创造取得成功的一个例子。

侧向思维方法的一种有效方法是趋势外推法。趋势外推法又称趋势外括法或趋势分析法。是一种属于探索型预测的思维方法。

趋势外推法的前提是：过去发生的某一事件，如果没有特殊的障碍，在将来仍会继续发生，它是依据于事物从过去发展到现在再发展到未来的因果联系，认为人们只要认识了这种规律，就可以预见未来。正因为如此，在运用趋势外推法时，对于事物的未来环境并不作具体的规定，而是基于这样一种假说，即影响过去时期发展的主要因素和趋势，在推测时期中是基本不变的，或其变化的趋势和方向是可以认识的。因而未来仍将按从过去到现在的趋势发展下去，人们也就可以从现实的可能出发，从现在推向未来。

趋势外推法是以普遍联系为其理论根据的。根据普遍联系的观点，客观世界的事物都是相互联系，彼此影响的。从横向看，每一事物都处于普遍联系的链条中，都是普遍联系的一个环节，认识和把握其中一个环节，可以认识到其他的事物；从纵向看，每一事物都有其自身发展的历程，即都有过去、现在和将来的发展过程。可见，趋势外推法有以下两个方面。

一方面，趋势外推一般从横向联系来预测事物发展的趋势。著名历史小说《三国演义》里"孔明借东风"的故事就是一个生动的例证。曹操大军已到江边，迫使孙刘联合。由于敌强我弱，不能硬拼，只能智取。于是决定用火攻摧毁对方的船只。但火攻须借助风力，当时真是"万事俱备，只欠东风"。正在这关键时刻，孔明答应可以"借东风"。结果到进攻敌人那一天，果真刮起了东风，一举烧毁了曹操的船只。孔明为什么能"借东风"？因为他精通天文地理，能根据天气的变化趋势，预测到哪一天具备刮东风的条件。

另一方面，要更好地实现侧向思维，仅仅可以通过"趋势外推"是远远不够的；而通过加强外界刺激来促进思维方向的转移则是更有效的策略，而要更好加强外界刺激就要寻求诱因。寻求诱因是以某种信息为媒介，从而刺激、启发大脑而产生灵感的创造性思维方法。

寻求诱因方法往往是以某个偶然事件（信息）为媒介，它通过刺激大脑而产生联想，豁然开朗，产生创造性的新设想而解决问题。当一个问题百思不得其解时，诱发因素是极其重要的，所谓"一触即发"，就包含了诱因的媒触作用。

诗仙李白的诗人人皆知，百读不厌，他的许多绝句都是在饮酒时创作的。李白只要一喝酒，灵感就会迸发，因此有"李白斗酒诗百篇"之说。

非艺术类院校开展艺术作品创作过程中，侧向思维作用就很重要。北京市某二类本科高校参加第四届北京市大学生戏剧节获奖作品《杀鸡》的创作过程就是应用侧向思维寻找诱因指导艺术创作的典型案例。

剧本是戏剧艺术创作的基础，参赛剧目的指导教师首先面对的任务就是剧本创作。剧本是以文字形式表现未来剧目内容的一种文学式样，它是所有戏剧作品的文学基础，其优劣取决于作者的素养及对戏剧特性和社会生活的熟悉程度，属于戏剧文学创作范畴。剧本的创作过程，大的方面与小说创作相似，同样需要丰富的生活根基和写作技巧。其表述与结构，则要求精练严谨，要有很强的视觉形象感。完美的戏剧剧本，可以使人像是在观赏一组活动的画面，可以激发起丰富的想象和创作激情。

演员的选择和剧本同样重要，在专业的影视和戏剧创作中，往往都是先有剧本后有演员。从演员本身的素质来讲，演员有"本色演员"和"性格演员"之分。性格演员是指善于运用表演技巧来塑造各种各样不同性格的人物演员。这类演员具有很强的可塑性，戏路较宽，擅长通过独特的表演进行人物形象的再创造，塑造出的角色不同于演员自己，不同于自己扮演过的其他人物形象，也不同于其他演员扮演过的同一人物形象，同时每一个形象都具有不同的性格。本色演员是指演员的形象比较接近于生活。在普通高等院校没有艺术表演类大学生，非专业演员中很难挖掘出"性格演员"，只能寻找"本色演员"。不仅如此，还要根据学生熟悉的情况开展文学剧本的创作。

指导教师充分考虑普通大学生没有演技也没经过专业训练的实际情况，选择让学生演自己身边的事情或人物是取得成功的关键。因此，在准备时间十分紧张的情况下，运用了侧向思维第一时间邀请非艺术教师举办了剧本创作座谈会。

发挥专业优势服务社会，是各个高校具备的特色；但是，演员主体是低年级本科生，没有参加结合专业开展的社会实践活动，第一个方案在创作之初便被否掉。这时一位参加座谈的教师提出：低年级本科生虽然没有参加本专业的社会服务应该还参加过支教活动，可否成为创作方向？沿着这个思路进一步分析，就会发现，学生参加的支教活动对象是北京农民工子弟学校的课外活动，典型性不强。为了挖掘典型性材料，创作人员开展了文献调研。

在查阅大学生支教优秀事迹的过程中，创作人员发现了赵小亭的事迹。赵小亭（1990.5.21—2010.7.21），女，汉族。1990年5月21日生于江苏如皋。武汉大学电气工程学院大三学生、支教志愿者。赵小亭把她年轻的生命永远留在了贵州那片她倾注了无限热爱的土地上——2010年7月21日，赴贵州支教的赵小亭被一块飞落的山石砸中头部遇难。武汉大学校团委、武大青年志愿者协会决定，追授赵小亭"武汉大学杰出青年志愿者"荣誉称号。2010年7月26日，湖北省委常委、宣传部部长李春明作出批示，盛赞赵小亭是全省乃至全国青年志愿者的楷模，要求深入推进向赵小亭学习的活动。赵小亭先进事迹也改变了社会对于"90后"的偏见，人物形象也容易被学生演员所理解；但是，没有深入了解也不可能创作好人物形象。经过头脑风暴式的讨论，一个方案逐步形成以其他支教大学生在得知遇难后的表现为主题进行创作单本剧《杀鸡》的创作框架：2010年7月22日，一个静静的夜晚，发生在贵州省都匀市平塘县拉全乡的一间破旧的小屋里，4名来支教的大学生各自做着事情。他们或静卧在床上，或翻动着本子，或择菜，或烧水，一只被绑着的老母鸡即将宰杀下锅。面对一天前赵小亭突然遇难，没有社会经验的大学生产生恐慌心理是正常的，于是一个装病的支教女大学生成为故事的焦点，就此引发的不同环境、家境、地域下生长起来的4个大学生不同的心理活动，或虚伪或现实。通过剧目，演绎了大学生关于理想、社会、人生观多层面的思考。

在剧目排练阶段。学生对剧本的理解是最关键的一环。虽然，在开始排练之前，指导教师邀请了本校参加支教活动时间较长的学生介绍组织农民工子弟学校课外活动的体会；但是，学生还是对贫困地区吃住条件较差理解得不够深刻，甚至有个别学生提出了北京超市一只鸡价格并不贵的疑问。为了解决这一问题，指导教师再次运用侧向思维为学生系统介绍胡焕庸线及其相关问题形成帮助学生理解剧本的诱因。

胡焕庸线，即中国地理学家胡焕庸（1901—1998）在1935年提出的划分我国人口密度的对比线，最初称"瑷珲—腾冲线"后因地名变迁，先后改称"爱辉—腾冲线""黑河—腾冲线"。该线从中国东北边境的黑龙江省黑河市（原名"瑷珲"）一直延伸到中国西南边境的云南省腾冲市，大致地划分出了中国人口在区域上的分布，体现了中国人口东南和西北的分布区域之悬殊差异。"瑷珲—腾冲"线，在中国人口地理上起着画龙点睛的作用，在地理学（特别是人口地理学与人文地理学）以及人口学上，具有重大意义。它是一条奇特的线，也是中国历史与地理发展的一个分水岭。

首先，它是一条人口地理的分界线。由东北至西南，从黑龙江爱辉到云南腾冲作一直线，就是我国的人口地理分界线。以此线为界，约有96%的人口居住在约占全国土地面积36%的东南部地区，约4%的人口居住在约占全国土地面积64%的西北部地区。

其次，它是一条自然地理的分界线。它基本上和我国400毫米等降水量线重合，两边地理、气候迥异，所以它不仅是我国人口民族地理分界线，也是我国自然地理分界线。线东南方以平原、水网、丘陵、喀斯特和丹霞地貌为主要地理结构；线西北方人口密度极低，是草原、沙漠和雪域高原的世界。

再次，它是历史地理分界线。从历史上看，这条线是中原王朝直接影响力和中央控制疆域的边界线，是汉民族和其他民族之间战争与和平的生命线，还是中国历史地理分界线。从这条线的周边，可以清晰寻找中国的疆域、今天我们称之为中华文明的影响是如何从中原地带，一点点拓展到西部与北部的踪迹。

最后，这条线不仅是人口的分界线、地理的分界线、气候的分界线、历史的分界线，它还是一条文明分界线：它的东部，是农耕的、宗法的、科举的、儒教的……一句话，是大多数人理解的传统中国；而它的西部，则是或游牧或狩猎，是部族的、血缘的、有着多元信仰和生活方式的非儒教中国。以北方为例，大多数蒙古族人都信仰萨满教；以新疆①为例，穆斯林是那里的主流；以西藏②为例，佛教在那里的传播，已经长达几千年。当下，这条看不见的线仍然主宰着中国东部、西部的人口地理分布，与提出时相比，西部有些地区的人口增加了，但东多西少的格局基本上没有什么太大的变化。

教师在向学生介绍上述背景知识后，进一步要求学生查阅贵州省、都匀市、平塘县3个层面的GDP和人均收入，文化环境等数据；这样学生虽然没有机会去实地体验生活，却比较容易理解剧本创作者所要表达的思想，为学生在评比和后期展演活动过程中把握人物形象，取得演出成功奠定了基础。

科学史上，牛顿从苹果落地展开侧向思维，导致了万有引力定律的提出；哈维借鉴大自然中水的循环体系而提出人体的血液循环；邓禄普在浇花草时由水管的弹性受启发而制造了轮胎。在文学史上，秦观受到苏东坡"投石于水"的提示而对出了苏小妹的对联等，都是由于偶然事件的刺激，而产生创造性思维。表面上看，有诱因就可以解决一切问题，似乎"机遇就可以带来成功"。事实上，诱因并不是引发侧向思维的关键，"机遇可以是导致成功的重要因素，但机遇绝不是导致成功的完全因素"。面对诱因，只有保持高度敏感、并且积极调动自己的固有知识。而侧向思维并非在任何情况下都能发挥作用，必须具备一定的条件。这个条件就是：所面对的问题必须成为研究者孜孜以求、坚定不移的研究目标，一直悬念在心。只有在这种情况下，人的大脑皮层才会建立起一个相应的优势灶。由于优势灶有两个基本特征，即神经细胞对刺激的敏感性大大提高和脑细

---

① 新疆维吾尔自治区，全书简称新疆。
② 西藏自治区，全书简称西藏。

胞长时间保持兴奋状态，因此，一旦侧向思维受到某个偶然事件的刺激，就容易产生与思维相联系的反应，从而对所解决的问题形成新的设想，或者提出新的问题，使侧向思维在创造活动中发挥重要作用。这一点，正如法国化学家巴斯德所指出的："机遇偏爱那些头脑有准备的人！"

四、合向思维与水平思考法

有一个古老的寓言故事。有位神秘的智者，具有非常丰富的知识和洞悉事物的前因后果的能力。他答复任何问题从来不会答错。

有一个调皮的男孩对其他男孩子说："我想到了一个问题，一定可以难倒那个智者。我抓一只小鸟藏在手中，然后问他，这只小鸟是死的还是活的？如果他回答是活的，我就立刻将手里的小鸟捏死，丢到他脚边；如果他说小鸟是死的，我就放开手让小鸟飞走。不论他怎样回答，他都肯定是错。"

打定主意之后，这群男孩子跑去找到那位智者。调皮的男孩子立刻问他："聪明人啊，请你告诉我，我手上的小鸟是死的，还是活的？"

那位长者沉思了一下，回答说："亲爱的孩子，这个问题的答案就掌握在你手中。"

智者的回答看起来好像是一个两头堵的方法，而实际上却考虑了事物的一切可能，是一个典型的合向思维。

优秀的乒乓球运动员王涛，整体技术以近台为主，正手快攻结合弧圈球动作小，能和反手的生胶近台发力结合起来，防守也多以快带弧圈为主，坚持不退台，借对方球弧圈球的力量和旋转来实现反攻，常常让对手猝不及防，同时也保证了极高的命中率。他的反手是其技术体系的一大核心，生胶水准至今乒坛无人可出其右，反手弹击出手快、突然性强，线路灵活，速度和质量都不错，且注重技巧变化，尤其是对于对方的弧圈球，往往能实现直接回击。占据左手的优势，王涛的接发球多主动搓长球到对方的正手大角度，以发挥出自己的反手弹击弧圈球的优势。

王涛在一场男子单打比赛中曾经遭遇到15∶20落后的不利局面；当发球权轮换到王涛后，他用5个不一样的发球，打乱了对手的阵脚，把比分扳平，最后赢得了比赛。事后王涛接受采访时介绍，在准备发球的时候，他就想第一个球如何发，如果第一个球获胜第二个球如何发，依次类推，直到第五个球。正是这种快速、系统的思考，使王涛可以在不利的局面下反败为胜。

沈括在他的名著《梦溪笔谈》之中记录这样一个典型事例：宋朝真宗年间

(11世纪初),皇宫曾经被焚。皇帝急命大臣丁渭负责重建,限期完成。丁渭深知重建皇宫的工程浩大:一要从城外取来大量泥土做地基;二要从外地运来大批的建筑材料,最后还要把用剩下的废料污土运出城外。工作量惊人,时间又紧,无论是工程质量出问题,还是延误了工期,都是要杀头的。怎样完成这个浩大的工程呢?他想,如果能统一筹划,在实施第一步工程的同时,为第二步工作做好准备;在进行第二步工作时,又为下一步工作打下基础。这样,各项工作互相补充、互相依存,就可以达到既快速又保证质量的目的了。于是,他制定了以下的统筹方案,进行建设。一开工,丁渭就命令民工"借道铺基",在城里通往城外的大道上取土,用来铺设皇宫的地基。土沿着大道运来,没几天就把地基铺好了。这时大道成了又宽又深的大深沟。接下来,"开河引水"。就是把取土造成的大沟和城外的汴水河挖通,使原来的大道成了一条河,这条河和汴水河通着。于是,外地的大批建筑材料可以沿着这条河一直运到工地旁边,使取用材料极为方便。在这样的条件下,工程建设日夜不停,进展很快。最后,在皇宫建成之后,丁渭命令"断水填沟",就是把汴水河与大沟截断,在排水之后,把一切废料、垃圾全部扔进大沟。很快,大沟又变成了一条新的大道。

丁渭的这一套妙计创造了投入少、工期短、质量合格的工程建设奇迹。按现代的说法,就是创造性地应用"运筹学"的典范。1000年前,世界上还没有运筹学这门科学,当时我们的祖先运用这门学科的思想就已经很娴熟了。

丁渭的这一成果,从科学理论应用角度看属于"运筹学"应用,而从思维角度看则是典型的合向思维方法应用。所谓合向思维就是将思考对象有关部分的功能或特点汇集组合起来,从而产生新设想的一种创造思考方法,又称合并思维法、组合法。

现代艺术创作活动也需要进行大量的调研,掌握思维方法提高调研、决策效果十分必要,KJ法是在调查、决策活动中常用的一种典型的合向思维方法。KJ法是日本东京工大教授川喜多二郎在尼泊尔喜马拉雅山从事多年的探险所积累的经验的产物。1964年提出来以后,作为一种新的思维方法,被广泛运用。KJ是川喜多二郎英文名字的字头。这种方法,首先将收集到的大量事实以及与课题有关的分散想法进行组合、归纳、整理,找出课题的全貌,从而发展成一种新的想法。KJ法的程序如图2-8所示。

这种方法,一般多用于全面考虑一个问题时使用,在使用这种思维方法时,往往要考虑的问题是较为复杂的。且参与的人员较多,尤其是有许多评价要参与其中时使用。KJ法应用的范围很广,使用此方法可以使原来零乱的材料自然地

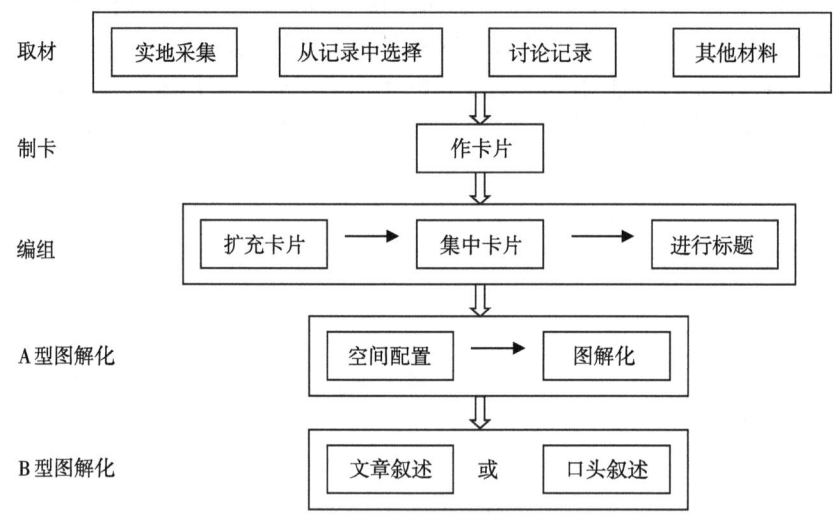

图 2-8 KJ 法程序

编成整体,从细碎的情报中挖掘潜能,使用此方法可以使使用者养成重视收集零星材料的习惯,提高分析和综合问题的能力。

例如,对一个待解问题的方案进行评价,就可以采用该方法。一般在应用的时候采用如下步骤。

第一步,取材。即通过多种渠道,采取各种方式调查搜集与该课题相关的情况和材料。

第二步,制卡。参加评价的人员制作卡片,通过所掌握的材料,将自己的分析和结论写在卡片上,但作者在卡片不署名。卡片制作好以后,主持人将卡片收起来进行混合,再发给每个人;这时,要尽量使每个人拿到的不是自己的卡片。然后,主持人任意叫一个人读手中的卡片,读完后,问有没有与此相同的卡片,如果有,也读一遍,以加深印象,再将这些内容相同的卡片放在一起,重复这一过程,直到所有卡片都读完为止。这一过程结束后,对每一组卡片进行总结,确定一个标题。

第三步是 A 型图解化,将这些分好组的卡片放在一张大白纸上,内容有联系的放在一起,然后再将各张卡片贴在纸上,按照评审方案的标准,划出各张卡片的范围。这样,通过空间配置和图解化,对方案的评价结论就基本上出来了。

第四步是 B 型图解化。将卡片上的意思写成书面材料或者作口头叙述,得出对这个方案的评价结果，以确定该方案的去留。通过 KJ 法，一方面对方案进行评价，另一方面，在评价过程中使参加评价的人员培养了自己的思维能力。

人们在思考问题，一般采用垂直的思维方法；而要创造出更大的成果，就要改变思维习惯，分析与待解问题相关的一切因素，建立一个新的思考体系，这就是水平思考法，前文提到的处理美国自由女神铜像翻新后废料的案例就是一个典型的应用水平思考法解决问题的实例。水平思考法与逆向思维、侧向思维、合向思维有许多相似之处，但从本质上说又是上述 3 种思维的综合。

根据水平思考法的提出人英国学者爱德华·德·波诺的观点："水平思维与认知联系紧密。在水平思维中，我们努力提出一些不同的观点。所有观点都是正确的，可以共存。不同的观点不是从彼此中衍生出来，而是独立产生的。从这个意义上来说，水平思维与探索有关，正如认知也与探索有关一样。你绕着一幢大楼行走，从不同的角度摄像。每个角度都同样真实。因此，水平思维这个术语可以以两种意义来运用。一个狭义，一个广义。狭义：一套系统的方法，用来改变并产生新的概念和认知。广义：探索多种可能性和方法，而不是追求单一的方法。"

"水平思考"是相对于以逻辑学和数学为代表的"垂直思考"而提出来的。垂直思考需要一步一步地分析，既不可逾越，也不可出现步骤错误。所谓水平思考法，就好比掘井碰到石头时，不再继续往下挖，而是换个地方再挖。水平思考法是一种既非逻辑性又非因果性，而属于超越性的思考方法。

常规逻辑关心的是"事实"和"是什么"。水平思维和认知一样，关心的是"可能性"和"可能是什么"。当今，在信息产业界，这类信息处理被正式称作"模糊逻辑"，因为不存在明确的对错界限。水平思维与改变概念和认知直接相关。在某些方面，改变概念和认知是与新想法有关的创造的基础。这和与艺术表达有关的创造不一定相同。水平思维是基于自我组织的信息系统的行为。因此，从广义上讲，水平思维与探索认知和概念有关，但是从狭义或创新的意义上讲，它与改变认知和概念有关。

水平思维方法的有些方面完全符合常规逻辑，另一方面水平思维方法与发散思维有许多相似之处。

使用水平思维方法解决问题时，一般要思考者的思维中做出一个非常简短的有意识或无意识的停顿，来考虑是否可能有替换方案或其他的做事方法。在思考或讨论一般问题时，有许多事被认为理所当然。在创造性地解决问题过程中，停顿的实质是促使思考者稍做停顿去考虑某件事。

在思考常规问题时，人们只会考虑被研究问题的现状和困难以及解决途径。要实现创造性地解决问题，就要关注其他人都忽略了的事情来获得思路。创造性的质疑是水平思维最基本的策略。创造性质疑的核心理念是："这是唯一可能的方法吗？"创造性的质疑，假定由于过去存在、现在可能存在也可能不存在的原因，我们以某种方式完成了某件事。但是，还可能存在更好的做事方法。创造性的质疑可以针对事情本身，也可以针对关于这件事的传统思维，还可以针对随时进行的思考。通过质疑，人们就可以发现原来被自己忽略的方面或者被遗忘的解决问题的办法。

使用水平思维方法解决问题时，另一种有效的方法是选择并启用替换方案，它是水平思维的精髓。选择并启用替换方案是指思考者在没有明显的需求时候，停下来寻找替换方案，甚至在下一步合理而有效时停下来寻找替换方案，做出努力寻找更多替换方案、而不是满足于已经找到的替换方案的做法（对于实际的事情，在搜索中需要有中断点）。通过改变状况、而不是满足于"分析"给定的状况来"设计"新的替换方案，从而更好地解决问题。

我国台湾的苍翠山麓，有个清水水力发电厂，从发电厂往山上走七八千米，是一座水库。看守水库的职工吴元来经常捕蛇，一天，他在水库边捕到一条百步蛇，兴冲冲地把蛇装进布袋提回了家。到家后，在他松开布袋提那条百步蛇的时候，不料，那蛇腾空而起，一口咬住吴元来的一个手指。面对这突如其来的攻击，吴元来还没来得及想出急救的方法，就汗流满面地倒下了。

眼看着他那被咬的手指在迅速红肿，吴的妻子慌了手脚。如不及时送往医院，蛇毒攻心，丈夫的命就保不住了。可是，从山上到山下，无论如何快捷，也要个把小时。抬人下山或请医生上山都来不及了。这时，她想到人称"智多星"的电厂厂长叶日良，用电话把紧急情况告诉了他。

叶日良果然急中生智，在电话中先叫吴妻用绳子把吴元来的手腕扎紧，用口把血吸出来吐掉。随后，叫她取来监视所的救生圈捆在吴元来身上，捆好后，把吴拖到引水隧道的入水口，推下水去任其漂流。虽然这个办法看来让人担忧，但却是救命的最快方法。

几分钟后，吴元来在1300多米以下的隧道出口半沉半浮地出现了。守候在出水口处的叶日良和同伴们一起把他抬上汽车，送进了医院。由于救助及时，吴元来奇迹般地重获生命。

叶日良的创造性主意在千钧一发之际救人一命。报纸、电台争相为这个绝妙的主意叫好。

人们在过没有桥的河时，往往会选择一块可以用脚去踩踏的石头，这块石头就被称为垫脚石。使用水平思维方法解决问题时，要使用垫脚石；就是在思考问题时，一定要以旧有的方法为基础，因为根据否定之否定原理，任何新方法都是以原有的方法为基础，吸收原有方法的优点，对原有方法的缺点和不足进行扬弃和改进。这样，就会产生新的有益的方法，并最终获得最佳的解决问题的方案。

让我们再次回到本章开篇的问题。制约甲队要想获得 6 分的净胜分的最重要关键因素是时间不够，这一点甲乙两队都十分清楚，甲队暂停布置战术时，乙队教练是比较容易认为甲队会是投 3 分且造成对手犯规，这样乙队会有两个选择：第一个选择是让自己的队员全部站在 3 分区内，让对手投 3 分而不产生犯规；第二个选择，就是等对手传球到前场直接犯规，送对手罚球，这两种选择都是不会让对手达到 6 分优势。充分考虑到对手的思路，再做出基于己方思路的逆向思考选择，就是典型的水平思维方法。

人类历史上，第一次完全由民间投资且获得盈利的奥运会——1984 年的洛杉矶奥运会的策划人尤伯罗斯先生的成功经验是应用水平思维方法又一个成功案例。

美国政府曾对 1984 年的洛杉矶奥运会进行过测算，多次测算认为需要亏损 5 亿美元。于是政府对这项巨大工程进行招标。一家旅行社的小老板尤伯罗斯在中标后组织了这次奥运会。结果，不仅没有亏损，还盈余了 2 亿美元。当记者采访，问他有什么锦囊妙计时，他说，我没有什么特别的妙计，只是用了英国的德·博诺教授提出的"水平思考法"。

尤伯罗斯研究了历届奥运会的资料，发现历届奥运会花钱和耗费精力最多的是要造许多高标准的运动场和大批运动员住房。尤伯罗斯把各运动场的基建任务分别交给了要做广告的几家大公司，若承担一个运动场的基建，就可以免收或减收广告费。这样一来，奥运会总部只需把图纸和要求告诉厂商，到时候去验收就行了。节省了大批工作人员和总部开支，使奥运会工作人员的总数创造了前所未有的最低纪录。

过去的奥运会，对参加接送火炬的每一个人都要支付劳务费。火炬在全国各省市巡回接力，每到一地，都要有几十人到上百人的接送队伍，这笔开支也要几十万美元。尤伯罗斯在这次奥运会上反其道而行之，对参加接送火炬队伍的人要收几十美元的报名费。因为参加奥运会火炬队是一种荣誉，电视台也天天报道火炬的传递情况，所以还是有很多人愿意参加火炬队。然而对于奥运会的组织者来说，却是把开支变成了收入。

第四节 观察、想象与构绘

观察、想象、构绘能力是比较典型的创造性思维能力,这三种能力在艺术领域的创新活动中作用更加突出。

一、观察能力及训练

一个艺术家要创作出好的作品,就要深入社会体验生活,这个过程就需要观察。

通常意义上的观察,就是利用各种感官有意识地去了解周围的事物。一般来说,训练有素的艺术家在观察能力上高出常人;而这种观察能力也是逐步培养才形成的。人民币是每一天都使用的,可是经过调研就会发现很多人对于不同币值的人民币背面的图案都说不全。

出现这种现象的原因是多方面的。第一个原因是输入信息浩如烟海,人的能力不可能如数接收。第二个原因是人的主观干扰。自以为看了多少遍,都有了解,其实经常是在用过去的经验代替当时的看。有个医学教授带着学生做实验,他把手指伸进糖尿病人的尿样里,又放在嘴里尝了尝。然后,他让学生同样做一遍。学生皱着眉头,只好照办。其实教授伸到尿里的是食指,舔的是中指,学生犯了的先入之见的毛病。而老师正是以这种办法教他们学会观察的基本功。第三个原因是缺乏动机。在自然状态下,人们只对那些更加重要的、更加奇异的信息或适于视觉记录的事物看得更清晰。如想到买双鞋,就一直在注意鞋,其他信息不会在意,除非具有吸引力的、美的东西,能激起人们的情绪反应,才会引人注目,且经久不忘。

绘画、摄影都可以提高视觉观察能力。要画树,首先要观察树。要拍树,也得围着树转上几圈,寻找最好的角度和最恰当的细节。正是这种系统的训练使艺术家的观察能力强于常人。

(一) 用动手和思考辅助观察

在观察图2-3和图2-4两幅歧义画时,必须要通过主动思考才能实现鸭子和兔子、年轻的妻子和岳母的转换。在创新活动中,艺术家往往都是一边思考、一边画草图;这时,观察、想象、构绘是一个系统。所以,要提高观察能力,就不仅仅是用眼睛来观察,而是要眼、脑手结合,拓展观察的视角。

在生活中,人们经常利用一些实物结构来表达自己的想法;雕塑家用空心泡沫描述他们想象的世界，儿童玩七巧板拼出他们脑海中的幻想。通过动手可以实现观察者视觉思维外化，进而实现观察者把想法由抽象变得具体，由模糊变得清晰的目标。在艺术领域的创新活动中不是仅靠想象就可以完成，因为模型适合于一边想象、一边制作，所以利用一些工作模型来帮助我们进行观察是一种非常直接且行之有效的办法。

针对同一件事物的观察，不同的人会得出不同的结论；不仅如此，同一个人在不同的时间，也会有不同的感受。产生这种现象的原因，就是观察并非只是靠眼睛实现的，思维同样起到巨大的作用。

例如，观察图 2-9，通过图—底关系的变换，采用不同的推理，可以有完全不同的两种认识，既可被看作一个花瓶，又可以看成是两个人的侧面。

图 2-9　图底转换图案

格式塔心理学对伴随思维的视觉观察进行了分类，认为观察有如下几种特点，这几种规律如图 2-10 所示。

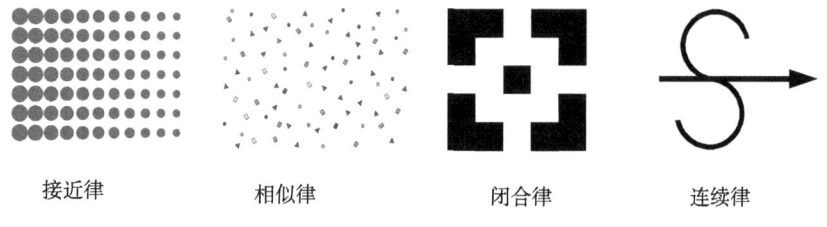

图 2-10　视觉的组织原则

第一，接近律。观察者按刺激物间距离关系而组成知觉经验的心理倾向叫接近性。如很多观察者会把图 2-10 中第一个图形看作由小圆点组成的 7 行横线，由于接近性原则，不会看成竖线。

第二，相似律。观察者倾向于把刺激物按图形大小、形状相似和颜色相同分类识别，这种知觉经验叫相似性。很多观察者会把图 2-10 中第二个图形看作中间有一个正方形的图形。

第三，闭合律。所谓闭合性是指观察者运用自己的经验，主动补充刺激物之间的关系，在知觉上达到闭合或完整的心理倾向。由于闭合性，很多观察者会把图 2-10 中第三个图形看作中间黑色小正方形外面被一个白色的正方形和一个黑色的正方形包围，尽管它们不是封闭的，但人的视觉倾向于把它们看成封闭的。

第四，连续律。所谓连续性是指观察者的心理倾向于把不连续的事物看成是连续的。因此，很多观察者会把图 2-10 中第四个图形看作一条箭头和一条曲线相交而成，很少有人把它看成两个弧线与箭头相交。

（二）实现全新的观察

训练有素的观察一般是从整体把握，然后再由点到线，由线到面，由面到体，由比例到尺度，由轴线到对称，由实体到空间。越是经过训练的观察者，在开展观察时，原有的思维方式、思维角度、记忆的信息量对观察的质量影响非常大，这时需要跳出原来的圈子，重新审视观察对象。"守正出新"是艺术领域取得突破的重要原则，实现全新的观察拓展观察空间十分重要。

观察是由许多层面构成的，要获得全新的观察，就需要观察者在观察的时候尝试着从不同的角度用不同的推理去观察同一事物；这样，可以使观察者的观察结果更加全面。这种全面的观察总可以让观察者发现新的东西，使观察者对事物持有一种持久的新鲜感。

现代社会信息量很大，密集的信息铺天盖地而来；因此，在一般情况下，观察者观察到的事物会是粗略的，必须要从大量信息中作出选择，只能对那些符合观察者暂时需要的信息作出自动反应。事实上，观察过程中涉及的大多数事物，并不能在观察者的脑海中存留印象。因此，观察者应该努力通过对某个焦点事物更多的细节的认识来加深对事物的理解。

"观察"包含两个概念，所谓"观"就是用眼睛的看，所谓"察"就是利用多种感官去感知。因此，在观察过程中，观察者应努力使用听觉、触觉、嗅觉、运动觉等其他的感觉丰富观察所能获取的信息，进一步丰富视觉效果，实现加深加强观察者对事物的理解的目的。

实现全新的观察的方法有如下几种。

第一，重新分类。在一般的分类方法中，家用物品会按照电器、家具、床上用品、厨房用品等方式分类。为了实现全新的观察，观察者可以打破常规，分别用色彩、造型、质感进行分类，也可以随机把不关联的两种事物分在一起成为一类，例如，把红色与床分为一类。这种新的方式很容易使艺术工作者获得一些全新的体验。

第二，颠倒。找一个熟悉的要观察物品，将其倒置，就可能从中发现原来没有观察到的新信息。在画一张画，可以改变作画的方向，不要想画上画的是什么，把注意力集中到线条的走向。画好后，再把画好的画方向反转过来，就有可能得出一张不一样的画；这就是倒画的作用。

第三，有意忘记。找一个熟悉的观察对象，先在纸上写下一些特征。然后，将纸条揉成团儿，扔进纸篓，再拿出一张纸，忘记他（她）的一般特征，重新观察要观察的对象，看是否能得到你过去从未注意到的一些特征。这样就实现了全新的观察！

第四，运用比例观察。运用比例观察是一种形式方面的专业化训练方法，具体的步骤如下：首先，把一白纸剪成许多2厘米宽的带，用眼睛估计比例，把带剪成下述尺寸的矩形：2厘米×2厘米，2厘米×4厘米，2厘米×8厘米，2厘米×16厘米。剪之前，想象矩形的宽度由各个方格的边长重叠而成。其次，用一直尺量每个矩形的长边，找出比例的偏差，重复进行直到偏差最小为止。再次，另取一张白纸，画相似的矩形，用纸带对比检查精确与否，标出矩形的偏差尺寸。最后，用一直尺量每个矩形的长边，找出比例的偏差，重复进行直到偏差最小为止。

二、想象能力及训练

想象是一种高级的认知心理过程，也是创造性思维最主要的形式，想象可以表现在一切科学、艺术的创造活动之中，因此，可以说，没有想象就没有科学、艺术。想象是思维的一种特殊形式，即想象者在头脑里对记忆表象进行分析综合、加工改造，从而形成新的表象的心理过程。想象能使艺术工作者超越时间和空间的限制，借助表象去触摸感觉不到的世界。想象力取决于存储表象的丰富和意象加工能力的水平，因此内在意象的调动至关重要。

在很多情况，想象者头脑中原有视觉形象的贫乏限制了其想象力和设计能力的发展。艺术工作者创造性设计就需要对头脑中储藏的固有形象进行再加工。许多优秀的艺术工作者的成功就在于他们的想象是源于生活中的经验积累，这样丰厚的心理素材供想象发挥形成创作的基础。为了提高想象力，一方面，要加强观察和体验，体验就是亲身到环境中去感受，这样就可以把读书的平面的、间接的信息变成立体的信息。另一方面，观察到的信息被大脑用多种信息方式储存后，在使用时可以通过多种渠道调动信息进行加工，为创作服务。因此，提高想象力还要善于调动头脑中存储的信息，借助于联想，把孤立的片段连成有用的信息。

视觉表象、听觉表象、触觉表象、嗅觉表象、味觉表象等都是想象所要加工的表象，其中视觉表象约占80%；但是，在创新活动中，其他感觉表象调动和运用，同样具有重要意义。环境的设计不仅具有视觉的意义，还会使用者丰富感知体验的空间，能唤起想象者具体的感觉经验的想象最能吸引人的注意。在设计中能调动自己的感知表象的艺术家，往往能创作出使别人产生丰富体验的产品。

在人类的创新实践中，想象的作用主要表现为如下几方面。

首先，想象引发意象的加工和变化。优秀的艺术家和设计师不仅需要借助画出来的图进行思维，也需要具有在头脑中加工形象的能力，控制意象的变化。想象的时候，脑海中出现的那些形象可以旋转，可以产生身体运动的感觉，还可以消亡又再生，还可以重新组合。许多做出杰出成果的艺术领域人才，都一再提到想象过程中视觉形象的重新组合和再生，这就是内在意象的控制和变化。有意识地进行控制形象变化的训练，会大大提高人的想象能力。因为想象可以把认识运用到尚未出现的事物中去，所以想象能预测现实计划的未来结果，所以想象也可以控制行为。这种控制既有整体的控制，又有具体的控制。一个人对自我形象的想象能很好地从整体控制他的行为。每个人都会意识到自己是什么样的人，同时也自然地想象自己将是什么样的人，并且为实现这个想象而努力。理想，就社会来说，是社会成员的集体想象；就个人来说，是个人对自己未来的想象，所以理想激励人的行为。一个想象自己能实现创新的人，要比想象自己不能实现创新的人，更有自信去迎接困难和挫折的挑战。想象对人的具体行为的控制，体现为对具体问题发展趋向的想象影响行为。如想象下今后某一时期所要做的事情，预见其结果，为正式的行动做到准备。

其次，想象实现的情感体验和审美。利用意象的加工，不仅能有助于创新者发现问题和构思，还能帮助他们以感性的方法去想象作品欣赏者在作品面前中将会有什么体验。这是一种带着感觉的预想。光带给欣赏者的感觉不仅仅有视觉的，还有触觉、温度觉、人类依赖太阳的天然感觉和文化崇拜。一个优秀设计师进行设计不仅限于形态的塑造和色彩的运用，还会利用光影的无穷变化带来细腻的情感变化和高级的审美体验。这就是艺术家在创作时，更加钟情于对情感意象的激活的原因。

再次，想象可以超越时间和空间。人类最大胆的想象是幻想，幻想可以超越时间和空间的局限，可以打破物种之间的界限，淋漓尽致表达人的主观意愿。一个优秀的人才，在思考的时候，可以把任何要素放进大脑，随意地进行重新组合和变化，尝试着会出现什么，思索事物变化的原因，为实现创新奠定基础。

虽然，在梦中和无意识状态下的表象加工，与有意识状态下产生的体验和清晰的表象加工有很大差异，但是，这两种状态下的表象加工都可能产生创新成果。但是，需要指出的是，无意识状态下的表象加工是释放潜意识，产生灵感和顿悟的极好机会。因此，人在梦中的想象是最大胆的。

梦中产生灵感不是天上掉下来的馅儿饼，是创新实践过程中长期苦思冥想，各种信息高度集中后的一种飞跃，但释放的方式是通过靠精神放松后，从潜意识中得到。如果没有前期的努力，也没有后来的灵感。

幻想、童话、神话是培育思考着的想象力的重要途径。幻想的最大优点是启发人的思维，使人的头脑异常活跃。历史上许多科学家，发明家都是幻想小说迷，甚至本身就是幻想小说家。像把美国第一颗人造卫星送上太空的最著名的火箭专家冯·布劳恩、英国著名天文学家兼优秀科幻小说作家霍铱尔、美国生物化学家及世界著名科普作家阿西莫夫等；无数的科学家，发明家都是在科学幻想的摇篮中长大的。他们在从事科学研究和实验中自然也离不开幻想对他的影响。

印度著名建筑师多西设计的侯赛因—多西画廊（图2-11）是一座具有表现主义倾向的龟形建筑，采用鼓起的壳体结构类似印度传统宗教建筑湿婆神龛的穹顶，可以让人联想到洞穴、山体、乳房及佛教的窣堵坡、支提窟和毗诃罗，碎瓷片的屋面做法被延缓，室内支撑屋顶的柱列引发人们对森林的联想。多西称这个设计的灵感来自一个梦的启示：作为毗湿奴化身的龟神对他设计画廊的启示。多西认为只有把形式、空间和结构融为一体，才能创造出有生命力的建筑。

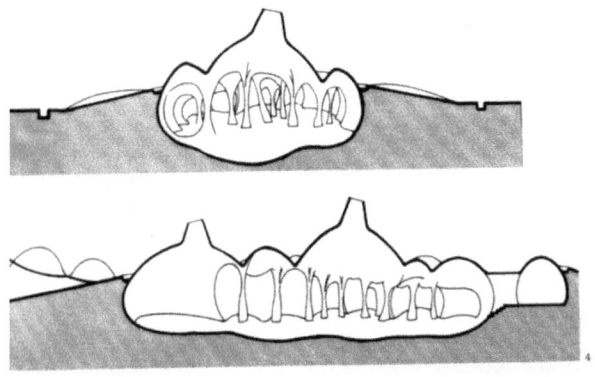

图2-11 多西画廊

有时，一些不切实际的荒唐的想法，也能刺激我们的想象力。在平时，大家喜欢开玩笑，说些稀奇古怪的想法也没人在意，可是在正式的解决问题的场合，却对不着边际的想法很不以为然，甚至讽刺人家说梦话。实际上，有些奇怪的主意也可能含有合理的成分，或者其大胆的想法能打破陈腐之见，给新设想鸣锣开道。所以，艺术家和体育工作者不要以怪为怪。例如，在足球比赛中，前锋背对球门拿球要射门是比较困难的，有人认为要背对球门射门除非脑后长眼睛，而如果能够用身体感觉大致位置，可以踢出合理的力量，于是，足球界才有了"倒钩射门"这种技术。

最后，想象可以实现探究和建构功能。人类构绘的产品也会头脑中形成意象，所以，艺术家在构思过程中，既要运用具体形象的加工，也要运用图式意象的加工，发展自己的设想。对图式意象的加工是一种高级的想象。

除了对图式意象以外，想象的加工对象还可以包括一些抽象的形式，例如一些只包括结构本质不包括感觉细节的表象。基本的几何图形，就是对具体形象的抽象。在体育竞赛领域，象棋大师们不是凭自己对每一局的所有细节的记忆，来积累比赛的经验，而是凭着对整个棋局一种模式的领悟来获得经验。这种意象既是形象的，又是抽象的，只有结构，没有细节。

想象的价值主要体现为如下几方面：首先，因为视觉表象是想象的基本素材，所以，视觉表象是否丰富，决定了创新者的想象力是否丰富，其次，表象的充实程度，决定了想象的生动和鲜明。再次，情感介入的强弱程度，决定了想象的大胆和幽默。最后，是否能加工图式表象和抽象表象，决定了想象水平的高低。

抽象的表象有时可以弥补具体表象的不足。抽象的表象加工对科学概念的形成具有重要意义。表象的清晰性有时有利于思维的加工，但也有时会阻碍抽象的、综合的、更具有可操作性的表象的变化和加工。复杂的思维操作一般需要加工抽象的表象，这时，抽象的表象比具体的表象更重要。因为，抽象意象与具体意象具备互补性；所以，想象对表象的加工于创造的意义在于想象的建构性。想象能操纵结构，转化结构，预见结果和功能，所以想象具有探索性，是人类最高智慧的源泉。

抽象模式的想象是一种高级的想象，有着相当复杂、变幻无穷的模式。空间艺术存在大量抽象模式的想象，在人类文化的历史上留下了很多成果。例如，在建筑设计中，特定的空间序列和造型符号就可以唤起深深积淀的文化基因。

三、设想构绘

设想构绘就是利用图画和模型等手段表达和记录想象的结果,并促进观察和想象深入开展,从而完善设想的一种方式、手段。设想构绘是想象的延伸,是运用视觉符号来捕捉和记录设想,并促使设想发展的手段,这是设想构绘的主要含义。

思考数学问题要用到数学符号和算式,表达观点和见解就要用语言文字,在视觉思维中要用到图画和模型。

在与视觉艺术设计有关的专业,都会学习如何表达设想,就是这个原因。不仅如此,其他专业同样也可以使用图和模型来表达想法,设计师就可以用图不时地记下各种构思。

模型也是记录想法的工具,图 2-12 是生物学家所做的病毒的模型。用以向民众说明病毒是如何破坏人的健康细胞。提到模型,不同领域的艺术家会有不同的看法,雕塑家会想到黏土,设计师会想到使用纸板、吹塑纸板、泡沫塑料加工、组合制作模型。他们每个人都通过观察、接触、移动、加工材料,在一个具体物品上外化他们的精神活动过程。

图 2-12　病毒模型

和语言一样图和模型也是外显的思维的一种,在记录着创新者的思维。古老的中国玩具——七巧板,就是一种用于外化思维的二维工具。它把一方块纸片切割成 7 小块。在玩七巧板时,要严格遵守的规则,必须使用所有的七块板,组成一些给定的剪影。如图 2-13 所示,这是一只用七巧板拼出的狗。当用七巧板构造这样的剪影时,就会体会到移动图片实际上是在表达自己的思维。

不仅如此,外化思维还具有另外一些重要优点。首先,直接地感觉材料可以

图 2-13　用七巧板摆的小狗

为思考提供富有营养的食粮。其次，利用实物结构进行思考，使人能得到突然而至的快乐感和出乎意料的新发现。再次，思考所看到的、接触到的和感觉到的直接内容，能造成更直接的和实际的感想。又次，外化的思维结构，提供了一个可供评价、可为大家共享的实物。最后，外化思维的紧张感，开动了人脑的右半球，当思考受阻于一个词汇或一个符号的时候，它是不可思议的解毒药。

当创新者需要用图画来表述想法时，会不自觉地根据思考对象的不同用到抽象绘图语言（图 2-14）和具体绘图语言（图 2-15）。

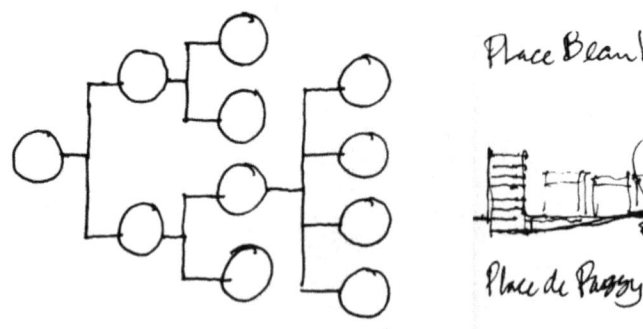

图 2-14　方框图　　　　　　　　图 2-15　具体图

事实上，两类图画之间并没有十分明确的区分，如果图画试图表达的是一种可以被视觉感受到的形象，那么就是具体的绘图语言；如果图画要表达某种意图，示意某种区别，或探索事物之间的关系，那么就是抽象的绘图语言。

不同的绘图语言需要不同程度的绘画技巧，越接近视觉真实的绘图语言越难以操作。图 2-16 是姜文在拍摄《阳光灿烂的日子》时，导演脚本中的一页。在电影中视觉冲击力很强的画面,在导演的计划中其实只是一堆图画和文字。

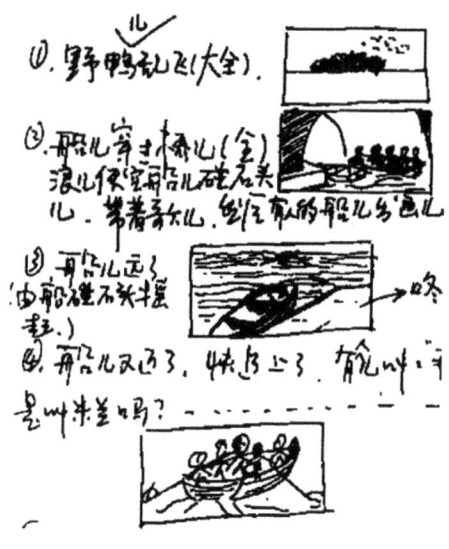

图 2-16 姜文导演脚本

运用绘图语言的目的是辅助思维。虽然同样是画画,对思维草图和美术作品的要求却是截然不同的。美术作品要的是美,要能够引起视觉的愉悦;思维草图是功能性的,要求的是思维清晰准确地表达。作家和书法家同样要用到文字,对书法家的要求是字写得好看,字体本身的艺术性是成为书法家的必要条件;在手写时代,作家的文稿常常随意涂抹,誊抄也只是为了让别人看清字迹,文字所表述内容的艺术性才是成为作家的必要条件。绘画对于艺术家就如文字对于作家一样,是工具而并非目的。视觉思维中绘制的草图不必追求漂亮,就如作家在自己的文稿中不必注意字体的优美一样。

设计过程中绘图的作用是表达设想,虽然不要求画得漂亮,但要画得自由顺畅,能够通过操作各种绘图语言快速、清晰、完全地表达和记录自己有关设计的各种设想。如果绘图技能不熟练,可能会因为画出的图不能很好地表达想法而不被他人接受,从而自己也失去了信心;或是在构绘的过程中由于精力集中在绘图上,只为图画得好,而停止了思考,只绘图不构想,失掉了绘图在构想过程中辅助思维的作用。

所以熟练掌握绘图语言,对设计者是十分有益的。要达到顺畅自如地操作绘图语言,就必须经过训练。提高操作绘图语言能力的最好方法,是在随时的设计思考中充分地运用，不断地练习。

绘图语言的选择是灵活的，绘图的工具的选择亦可任凭设计者的爱好和习惯。钢笔、铅笔、单彩、色彩、透明纸、不透明纸、绘图、模型、手工、电脑，都可以。但不同的工具有其各自的优势和局限，比如铅笔绘图，工具简便、快速，易重复修改，但限于平面又需要较高的表现技能；做模型，直观易懂，对建筑表现全面，但费工耗时，不便重复修改；计算机辅助，动态全面，材质、光影真实模拟，易重复修改，但对工具性能要求高，且难以熟练掌握。在设计过程中要能根据不同设想表达的需要，调动各种绘图工具的优点，为设计本身服务。

能够自如地运用绘图语言的设计者的草图常常具有明显的特色，表现出独特的美。这种个性化的美往往是自然而然产生的，源自设计者的绘图习惯，有时甚至是某种局限。就如每个人写字都有自己的笔体一样，个性化的绘图也是在专注于思考时，下意识流露的。与书法家和画家的风格不能混为一谈。所以不要去刻意地追求自己的风格，更不要盲目地模仿他人的风格。

所有的思维工具，语言、符号和图画的作用都是帮助思考者把想法表达出来，这样才可以从客观的角度清楚地表达的想法，并且能够根据目标来评价作品，从而为改进和完善典型基础，当需要再次借助语言和符号时，表达的想法就更进一步。这样就形成思维的回路和思维的循环。在思维的循环中，想法不断地得到发展，直到实现目标为止。

当运用视觉思维解决设计问题时，思维同样要经历从表达到检验再到表达的循环过程（如图2-17）。艺术家只有有意识地按照思维发展的客观规律去做，将问题纳入思维的循环中去解决，才能找到解决问题的最佳途径。

评价是审查构绘效果的重要环节，通过评价可以发现有价值的设想，发现不同设想有价值的部分，也可以发现不足，进而明确下一步的构想目标。一般情况，评价在初步设想构绘结束后，详细设想构绘开始之前展开。

在进行评价时，要认真审视每一张草图。如果是自己进行评价，就要变换角色去审视，用一个非专业人士的眼光、投资者的眼光、审批者的眼光、批评家的眼光，去评价每一个设想；当然如果条件允许也可以寻找上述人士直接征求意见。这样用陌生的眼光，怀疑的眼光，初次见到作品的眼光去看待草图。比较设想可以发现优劣；不同的角度，不同的层面可能会出现不同的结论。每一个评价，不要只停留在头脑里，要像构绘一样准确记录下来，但是要更多地使用语言文字，也可以用不同颜色的笔使表达更清晰。

在对每一个设想的评价都进行充分评价后，就可以整理资料，并努力使评价

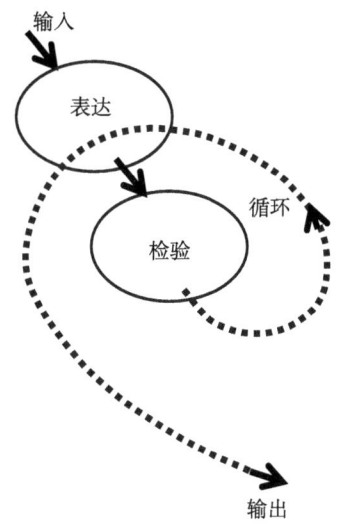

图 2-17 构绘的循环

的标准系统化：对于设想每一方面有几个标准来衡量，确认哪些标准，哪些方面是主要的，哪些是附属的，有没有被忽略的标准。这样就可以形成一个清晰的评价框架，在构绘循环的各个评价环节运用；同时，经过调整完善，引用到其他的设计过程之中。

第三章 创新方法概述

要提高人的创造力,仅仅掌握良好的、有利于创造性决问题的思维方法,拥有良好的思维是远远不够的。还必须有切实可行的方法。

伟大的古代科学家阿基米德曾经说过一句令人振奋并被广为传颂的名言:"给我一个支点,我将撬起整个地球!"千百年来,人们在学习杠杆原理的同时,都被阿基米德的豪气所感动。而我们仔细分析阿基米德的观点就会发现,这只能是对某种理论观点的形象而夸张地描述而已。因为,即便阿基米德是他所在的那个时代的举重冠军,他的力气仍然是十分有限;支点能否找到暂且不论;就算找到了支点,如何制造和生产一支足够长且足够坚固的供阿基米德使用的杠杆却是更大的难题。而现实生活中,人们要解决实际问题,就只能关注的是解决问题的结果,而不是那些理论上可行,而现实中无法实现的理论方法。

因此,要提高创造力,就要研究创造技法。按照美国加利福尼亚州立大学教授吉尔福德(J. P. Guilford)的思维分类法,思维可分为:"扩散思维"(Divergent Thinking)和"集中思维"(Convergent Thinking)。因此,我们可以沿着这一思路把创造技法分为扩散发现技法和综合集中技法。扩散发现技法的主要作用是寻找问题所在,然后提出设想。综合集中技法的主要作用是收集情报,或者用于按照顺序来解决问题。思维激励法、收集情报技法、预测技法为等方法是艺术领域开展创新活动常用的。下面以思维激励法及相关技法为例介绍扩散发现技法,以收集情报技法、预测技法为例介绍综合集中技法。

第一节 思维激励法

人是创造主体,也是有血有肉有感情的认识主体,许多细微的心理活动影响着主体的创造活动的结果。创造是外部心理环境与主体心理体验相互影响的过程。好的心理环境使碰撞产生新的火花,不好的心理环境使创造的火花熄灭,这就是创造心理场效应问题。创造技法中除了含有促进思维创造的机制，还存在促进创造心理环境优化的机制。典型的改变创造心理环境的技法就是思维激励法。

思维激励法，主要通过类比、相似和相反这3种联想来提出设想，实现激励思考者、促进思维开阔的作用。比较典型的思维激励技法是头脑风暴法。

一、头脑风暴法

最典型的思维激励法，就是头脑风暴法。

（一）头脑风暴法概述

"头脑风暴"（Brainstorming）原意是"突发性的精神错乱"。该技法的发明者 A. F. 奥斯本（Alex. F. Osborn）是美国大型广告公司 BBDO（Batten Barton Durstine and Osborn）的创始人，他在介绍该技法的命名过程时写道："1939年，当时在我担任经理的公司里，首先采用了有组织地提建议的方法。最初的参加者把它叫作闪电构思会议。这一名称相当确切。因为，在这种场合所说的闪电构思是针对突击解决独创性问题需要开动脑筋而言的。这就是说，每一个人都要像突击队员那样勇敢地向共同的目标突进。"

"头脑风暴法"这个名称虽然最初是为集体举行献计献策会议而制定的。其后，由于人们发现，应用相同的原则和规则，即使是在单独想问题的时候，它也十分有效。于是，在集体会议以外的场合，也使用"头脑风暴"这个名称。奥斯本从广告界引退后，在美国纽约州的布法罗创立了"创造教育基金会"（Creative Education Foundation），并成为该会的理事长，献身于创造教育事业，把"头脑风暴"当作创造教育体系中的一个部分，并且对创造技法的本质进行了研究。奥斯本去世后，布法罗大学的 S. 帕内斯伯教授继续进行研究和教育实践活动。他对"头脑风暴"阐述如下："为避免语义上的混乱，应提出延迟判断（在解决问题的设想探索阶段要延迟判断）这一基本原则。集体遵循这一原则时的过程就叫作智力激励。"

（二）"头脑风暴法"的两个基本特征

"头脑风暴法"有以下两个基本特征。

（1）延迟判断（Deferred Judgment）。所谓延迟判断，是指在提出设想阶段，只专心提出设想而不进行评价。

（2）量变引起质变。据奥斯本在他的论述中指出：在同一时间内思考出多达两倍的设想的人，可以产生两倍以上的好设想，并且，即使是在同一献计献策会议中。后半期也可以产生多达78%的好设想。由此可见，该原则不仅是概率论方面的问题，而是显示出量变产生质变的问题。

（三）"头脑风暴法"的4条基本规则

在进行"头脑风暴"时，还必须遵循4条基本规则。这4条基本规则是2条基本特征的具体化，其他附加的规则可以根据具体情况而相应地发生变化。正因为这4条规则是基本原则的具体化，所以，违反这些规则的就不能称为"头脑风暴"，并且，也无法得到"头脑风暴"所能产生的效果。这4条规则如下。

（1）不做任何有关优缺点的评价。如果对自己的设想提出疑问，那么，这个人往往会保持自己的设想，而不去考虑新的更好的设想。

（2）欢迎"自由奔放"。这样可以开拓通往有独创性的独特设想的道路，同时要进行自我控制，不要说废话，以免浪费过多的时间。贯彻这一原则，一方面要防止会上出现那些束缚人思考的扼杀句。如"这不可能""这根本行不通""真是异想天开"等。同时，也要禁止赞扬溢美之词的出现。如"妙极了！""你这个想法简直绝了！"另一方面，一些自我扼杀的，即自谦的语言也要避免。如"我的想法不一定对，请大家指正""我提一个不成熟的想法，目的在于抛砖引玉"。这种自谦之语虽然没有直接压制别人的意思，但与会议活跃，热情、畅所欲言的气氛不谐调，会影响别人敢想敢说的情绪。此外，主持人对每个人所提设想的评价，如"挺好！""不错！"以及他的目的、神情所流露的肯定或否定的态度，都会不同程度地起到扼杀设想的作用。

（3）追求设想的数量。这是基本原则的直接应用。

（4）鼓励巧妙地利用或改善他人的设想。对已经产生的设想进行综合和修正，可以不断地引伸出好设想来。

（四）"头脑风暴"行之有效的5条原因

（1）根据禁止批评的规则，消除了过去妨碍自由想象的各种清规戒律，这一点在4条基本规则的（1）和（2）项中得到了双重的保障。

（2）让过去从各自的专业角度参加献计献策会议的成员，站在怀有共同目标的同一立场上提出设想。这一点可以由基本规则的（3）和（4）项来体现。

（3）在开会时增添一些余兴，使会议有轻松愉快的气氛。

（4）把他人的设想加以综合和修正，造成敢于打破清规戒律的局面，因此，通过综合而进行设想就变得轻而易举了。

（5）如能理解规则（心理障碍自当别论），那么，在技术上就不会感到太难。

（五）使用"头脑风暴"的注意事项

"头脑风暴"会议的成功或失败在很大程度上取决于领导者掌握会议的方法。领导者应当特别注意以下问题。

（1）必须彻底地实行4项规定。

（2）必须注意保持会上的活跃气氛。

（3）必须注意让全体成员都能很好地参加，等等。既要深化头脑风暴的经验，又要充分掌握问题的性质。要事先准备好问题性质的检核表，当会议将要偏离方向的时候，主持人要委婉地示意引导。

（六）使用"头脑风暴"的步骤

1. 第一阶段，准备阶段

准备阶段要选择主持人，理想的主持人应对此法的运用和要解决的问题熟悉，能在必要时恰当地启发和引导大家。

2. 第二阶段，会议人员的遴选

参加头脑风暴会议的人数以5~10人为宜，一般包括主持人和记录人员在内，以6~7人效果为最好。可根据待解决问题的性质确定人员。人选的原则是：专业构成合理，但不宜有很多专家。专家过多容易在头脑风暴过程中发生评论的现象，影响自由思考。多数是熟悉专业和有经验的内行，少数是来自其他专业的"外行"；成员之间的知识水平和"职务"不应相差太悬殊；成员之间年龄差异不宜过大；注意选择对问题有实践经验的人，这对提高会议的效果有益。

指定人员负责会议记录，记录人员要把会上提出的设想全部写下来。会议的记录最好有2名记录人员同时记，以保障会议的顺利进行。主持人自己也可以承担记录工作。

因为会议参加者提出的设想是供改进的素材，必须放在全体参加者都能看得到的地方。所以要把纸张挂在大画架上，或者将质地较好的纸贴在壁上。也可以写在黑板上，不过这要另外有人同时做记录，当然还可以用录像机录像。记录时一定要对提出的设想标好序号。

应选择安静的开会地点，要讨论的题目由主持人在头脑风暴会议的两三天前通知参加人员。同时要加以必要说明，以便于参加人员有收集适当资料和把握正确方向的思想准备。指定课题的范围不宜过宽，使参加人员能够朝着同一目标集中努力。

如会议主题为"新颖电扇的构思",则可做如下提示:从外观上考虑,赋与奇特、典雅或豪华的新设计;从方便上考虑,使装拆、收藏、维修等简便,能控制或自动控制;从价廉物美上考虑,如节电、采用新材料、工艺上的改进;从增加辅助功能考虑,能否更富装饰性,兼有照明功能,能产生香味等;从保健角度考虑,模拟自然风,使风的方向、速度均可自动变化,让人体更感舒服。

如果由委托人直接向头脑风暴的参加者解释题目时,在解释完了后应当离席,完全听凭头脑风暴小组自行处理。

3. 第三阶段,热身活动

为了让与会者尽快进入"角色",减少会议中僵局冷场的时间;制造轻松的气氛很重要。可播放音乐或放些香烟、糖果,茶水等,使与会者放松心情。之后,主持人便可提出一个与讨论课题对象无关的简单而有趣的问题,以激活与会者大脑的思维。比如讨论"如何纠正孩子迷恋上网的习惯?""如果出差到了一个陌生的城市丢了钱怎么办?"之类的既与会议议题无关又需发挥想象力的问题。待与会者全都积极地投入进来,气氛也活跃起来了,主持人便可调转话题,切入正题。

4. 第四阶段,明确问题

首先主持人向与会者简明扼要地介绍所要解决的问题,之后,可让与会者简单讨论一下,以取得对问题的一致理解。在这一过程中,把准备好的设想提完,再进一步地把来自经验和记忆中的想法也全部提出。从这阶段开始就要按照适用、调整等提出新的设想。

其次是重新叙述问题,即改变对问题的表述方式。目的是加深对问题实质了解,使问题的重要方面不致被遗漏。同时,启发多种解题思路,为提出设想做准备。在此要鼓励与会者从多方面、多角度去审视问题,然后对每一方面都用"怎样……"语句来表述。例如,假定要解决的问题是如何增加某商场的营业额,则可重新叙述如下:怎样降低成本?怎样扩大货源?怎样战胜竞争者?怎样做广告宣传?怎样完善售后服务,怎样推销高档或滞销商品?等等。这些新的提问方式,要由记录员记下,按顺序编号,并置于醒目的地方,让与会者随时从中受到启发,全面思考。

在这一阶段,要注意两点:一是不要急于提出设想;二是应鼓动与会者尽可能多地对问题提出重新叙述形式。

5. 第五阶段,自由畅谈

这是头脑风暴法的核心步骤。要求与会者突破种种思维羁绊,克服种种心理障碍,任思维自由驰骋。应借助于与会者之间的知识互补,信息刺激和热情感染,并通过联想和想象等思维形式提出大量创造性设想。

6. 第六阶段,加工整理

会议提出的解题设想大都未经仔细斟酌,也未作出认真评价,尚须加工整理使之完善才有实用价值。

首先,设想的增加。会议的第二天,主持人应及时收集与会者在会后产生的新设想。因为通过会后的休息,思路往往会有新的转换或发展,又能提出一些有价值的设想。有的会议提出了百余条设想,第二天又增补了20余条,其中有4条设想比头一天提出的所有设想都更有实用价值。

其次,评价筛选。首先提出评价标准,诸如新颖性要求。实施条件要求,经济条件限制,市场需求等,然后可把设想分为3类:实用性设想(目前技术手段可实现的设想)、幻想性设想(目前技术手段无法实现的设想)、平凡及重复的设想。

最后,形成最佳方案。将被筛选出来的少数方案逐一进行推敲斟酌,发展完善,分析比较,选出最佳方案,或将几个方案的优点组合成最佳方案。

当然,头脑风暴法的程序不是一成不变的,实施时可根据具体情况而有所变化。

二、头脑风暴改进技法

头脑风暴在解决问题方面被广泛应用于各领域。在不同的国家和地区头脑风暴被因地制宜地改造,形成了多种技法,艺术人才需要关注如下几种方法。

(一) 菲利浦斯66法

这个技法是美国密歇根州希尔斯代尔大学校长菲利浦斯研究出来的。由于这个方法是把大团体分成每6人一个小组,只讨论(智力激励)6分钟的时间,所以就冠以他的名字被叫成了菲利浦斯66法。

有一次菲利浦斯在德特罗伊特某制造公司演讲,听众有80人。讲题是"独创性的思考方法"。正在演讲时他突然灵机一动,提出了"黑板擦应当怎样改进"的问题,把听众分为6个小组,进行了6分钟的智力激励会。

结果是令人感到吃惊的。有的组提出把黑板擦底部改用海绵橡胶来制作,以防粉笔末飞扬。有的组提出把黑板擦芯子设法改换一下。还有的组提出疑问说:"为什么不能在黑板擦上安个像熨斗那样的把手呢?"另一个组受到这个疑问的启发,便提出了"制造熨斗形黑板擦"的创造性设想。

菲利浦斯由于一瞬间的主意而举行的智力激励会，仅在 6 分钟后，就提出了大量的具有实用价值的改进黑板擦的方案。据说那些方案已被具体实行，在那不久，市场上就出现了改进后的黑板擦。

这种分组讨论的做法还产生了其他有利条件。由于各小组在一个大会场上同时实行智力激励，在小组之间产生出一种抗衡意识，使参加者的积极性提高了，人人热烈发言，各自闪现思想火花，会议能够收到良好的效果。

菲利浦斯 66 法，主要按以下步骤进行：①首先确定课题。②把大团体分为 6~10 人的小组。③各组设一主持人（兼记录），分别举行智力激励会议。④时间约 6~10 分钟。⑤各组作出结论，汇报结果。⑥全体参加人员根据汇报进行讨论，或评价设想。

（二）"635" 法

"635" 法是智力激励法被西德引进后研究改变了形态的一种技法。德国人的国民性决定了他们习惯于逻辑性的有步骤的思维方法，而对于许多人吵吵嚷嚷地开展自由联想的智力激励会议，似乎稍有抵触。因此，"635" 法既不妨碍别人发言，自己也不需要发言，是一种吸取了智力激励法长处的设想法。它的命名来源于以下过程的重复，即：6 人参加，每人提 3 条设想，在 5 分钟内完成。

"635" 法，主要按以下步骤进行：①参加者为 6 人（6 人比较理想，但也可以不是 6 人）。②每人面前放一张专用于填写设想的纸。纸张是八开横格，上面标有 1、2、3 号码，并留有较大空白。每条设想写 3 行。这当然也可用其他纸张代替。③每人必须在自己面前的纸上写出 3 条设想，而且在 5 分钟内完成。但事前出题人必须把课题告诉大家，把所有疑问都弄清楚。④5 分钟后，每人把自己面前的纸按顺时针顺序传给邻座，在下一个 5 分钟内，也是每人在传到自己面前的纸上填写 3 条设想。这样 30 分钟 6 次为一个循环，可产生 108 条设想。

与智力激励法类似之点是同样要遵守 4 项规定。严禁批评，由于都不作声所以完全不存在这个问题。自由奔放也是同样。从提出的设想越多越好这点来说，30 分钟 108 条设想是不算少的。与其在智力激励会议上不可能几个人同时发言的情形相比，这种 6 人同时作业的方式，也许可以说是一种密度更大的设想法。在结合与改进他人意见这一点上，由于传到自己面前的纸上就写有他人意见供作参考，同样的可以进行结合与改进。

与智力激励法不同之点，最主要的是默不作声。这种方式，可以改变一些人因为地位不同或性格懦弱不敢发言的现状，对于性格内向的人，以及更关注秩序的东方民族更有意义。

（三）"是、否、也许"法

新产生的设想，有的很粗糙，有的考虑不周，而最后下判断时，往往是最年长、最具权威的人。久而久之，大家就形成了一个误解，即提出设想不如下判断。为了避免在产生设想时过早下判断，我们可采用"是、否、也许"法。

是：同意。

否：不同意。

也许：对事物暂不判断，并创造性地对待它。

是否也许法，即对任何陈述都暂不做"是"和"否"的判断，并以创造性的态度对待它。这一方法，就是头脑风暴法中延迟判断观点的体现。

每一种审慎的创造技巧，都要求我们对一开始提出的初步设想推迟做最后的判断。没有批评和判断，我们就不可能挑选出最佳的设想，我们的聪明才智就会被挥霍浪费掉，无法用在刀刃上。在解决问题的过程中，是应该给批评留出余地的。但更重要的是，应该给任何一种意见留有申辩的机会。一边鼓励畅所欲言，一边又横加批评指责，就等于原地踏步。等于一边加大油门，一边踩住脚闸，那样我们就永远别想赶超先进水平。

创造性方法的关键在于，当你试图产生新思想、新起点时，应推迟判断。在没有充分考虑你所能想出的尽可能多的观念之前，切莫阻塞向各种观念开放的道路，切莫随意将某种观念拒之于千里之外，切莫作茧自缚，把宝押在某一种观念上。

某苹果商人在报上看到这样一个笑话。一群小孩在比谁爬树快。一个说，我光着脚丫爬得快；另一个说，我坐直升机从云梯往下落；还有一个说，在树小的时候，我就直接坐在上面，等树长大后，自然我就坐在上面了。这个商人对此并未觉得可笑，而是采取了"也许"的态度。它在苹果还是青的时候，就在苹果上贴上各种各样的吉祥字。待苹果成熟后揭去这些字，字迹自然留在了苹果上。结果，他生产的苹果身价倍增。

"也许"是有意不加判断，而不是无力进行判断。因此，在解决问题的初期，有意使用"也许"是很有用的。

在艺术创作领域有意使用"也许"运用开展研究探索也是取得创新的重要渠道。

掐丝，是景泰蓝制作中最关键的装饰工序。古代金工传统工艺之一。将金银或其他金属细丝，按照墨样花纹的曲屈转折，掐成图案，粘焊在器物上，谓之掐丝。江苏邗江东汉广陵王墓所出龙形金饰即有掐丝工艺制成的图形。景丝与釉的接合才会有中国景泰蓝，才会有景泰蓝工艺画，所以掐丝是重点。丝掐得好不好，直接关系到画的整体效果，泰蓝工艺画在制作方面分为选图、描图、掐丝、点蓝、压模等几个步骤。其中选图、描图是前提，掐丝、点蓝是重点，压模是关键。

北京服装学院郭强教授团队开展了"无丝珐琅"研究。"无丝珐琅"是指金属胎在整个釉面无丝的情况下，运用特殊技法无掐丝使烧成釉面呈现不同的装饰效果。其中包括贴箔工艺、制造底胎肌理运用半透明珐琅釉呈现、筛珐琅、画珐琅等装饰技法。

实际上，我们日常所见的搪瓷就可以算作无丝珐琅器的一种，它使用比紫铜更为廉价的金属胎——钢、铁等金属，更多用来做日用品，无过多的装饰效果，价格也更亲民。通过搪瓷与画珐琅装饰工艺的启示以及釉料的性质，研究者进行了工艺试验——用石磨代替画珐琅釉料试验无丝珐琅的装饰艺术的可实施性。

紫铜具有良好的延展性，使釉料在烧蓝过程中不易崩蓝，因而在景泰蓝产品中多选用紫铜制胎。研究者开展针对珐琅釉料与紫铜胎的封接研究，通过对成分分析、化学原理的学习，尝试氧化层的制作，即稀硫酸用对紫铜胎进行酸洗去表面氧化皮与杂质后，用清水冲洗干净，入温度为860℃的烧炉中烘烤6～10秒，表面形成一层薄薄的氧化层，利于铜胎与釉料的结合。通过小样试验配比出适合的底釉，逐步增加器皿的面积与体积进行试验，在试验到瓶型时出现了烧造问题。为使成品更完美，底釉更均匀，用了搪瓷蘸釉的方式进行试验，试验成功。

郭强教授团队的研究从搪瓷不用掐丝提出"也许"可以实现景泰蓝不掐丝，并通过实验验证了这个结论的正确性。这项艺术创新成果进一步说明"是、否、也许"法在艺术领域的创新实践中同样是有效的。

（四）快速思考法

快速思考法是一种用于会议上的集体思考法。美国ATT公司（美国电信电话公司）的营业负责董事麦克因基，不满意过去会议的开法，觉得既花费时间、又得不到有效的提案和措施，因而研究出这个技法。

它的特点是选出参加成员的办法。一是规定参加成员必须是实际业务经验丰富的企业中层管理人员。二是规定成员人数5～6人，但其中不得包含上级与部下，以免因上下级关系而影响自由发言。三是参加成员必须对讨论的课题不具备专门知识。其目的是为了不受任何限制地进行设想。因为从专家的固定观念中很难产生最佳的创造设想。

从上述选拔成员条件的特点中可以看出,这个技法是要使会议处于一种非常融洽的自由气氛之中,参加成员不为固定观念所束缚,而又具有丰富的实际业务经验,这样的会议其结果必然是成功的。

为实现这个目的,做好周密准备、创造良好气氛是十分必要的,同时也是这个技法的一个特点。对开会日期和时间的安排上也应当充分注意。要排除那种心理上不安定的日子,在星期天或节假日的前一天和第二天都不宜开会。会议时间最好定在一天中情绪比较安定的上午,不要超过两小时。要趁着头脑清晰的时候迅速进行,这是最要紧的。

会议不设主席或领导人,只有1名工作人员掌握会议的进行和负责记录,以不妨碍成员毫无拘束地进行设想。

使用快速思考法的要求是:①无论是什么样的设想都可按照自己所想的那样去讲。②所想到的设想,用什么方法去实现(解决问题的方法),可以不必考虑。③对提出的设想不需要作细节上的说明。④对提出的设想一律不得批评。⑤对最后结论不需要负责。

(五) 希望点、缺点希望点、缺点法

希望点、缺点列举法是指在列举希望点、缺点中抓住问题所在的方法。通过列举缺点,着重研究某种事物(产品、零部件)的问题所在的方法。与此相反,列举希望点则是通过举出对这一事物(产品、零部件)的希望和追求,目标一致地对事物的本来目的进行研究。

体育运动器材的改进,也大多是从希望点、缺点希望点、缺点开始提出设想。关于穿什么样的泳衣游得更快,人们已探索了许多年。泳者在水中遇到的阻力,与水的密度、泳者的正面面积、摩擦系数及泳者速度的平方成正比,因此减少正面面积和摩擦系数是设计低阻力泳衣的关键,这就是人类的希望点。鲨鱼皮泳衣是人们根据其外形特征起的绰号,其实它有着更加响亮的名字:快皮,它的核心技术在于模仿鲨鱼的皮肤。生物学家发现,鲨鱼皮肤表面粗糙的V形皱褶可以大大减少水流的摩擦力,使身体周围的水流更高效地流过,鲨鱼得以快速游动。快皮的超伸展纤维表面便是完全仿造鲨鱼皮肤表面制成的。此外,这款泳衣还充分融合了仿生学原理:在接缝处模仿人类的肌腱,为运动员向后划水时提供动力;在布料上模仿人类的皮肤,富有弹性。实验表明,快皮的纤维可以减少3%水的阻力,这在1%秒就能决定胜负的游泳比赛中有着非凡意义。根本原因:"鲨鱼皮"使用了能增加浮力的聚氨酯纤维材料。1999年10月,国际泳联正式允许运动员穿快皮参赛。2000年悉尼奥运会游泳比赛中,澳大利亚选手伊恩·

索普穿黑色连体紧身泳装，宛如碧波中前进的鲨鱼，劈波斩浪，一举夺得3枚金牌，而他身穿的鲨鱼皮泳衣也从此名震泳界。

第二节 综合集中技法

一、信息的创新价值与资料收集方法

以资料、情报为代表的信息资源在进行各项工作中是不可或缺的。而信息资料收集不全就会导致错误。例如，人们曾经认为"天下乌鸦一般黑""所有的鸟都会飞"，可是，面对白乌鸦和鸵鸟，人们就只好否定上述结论了！

因此，能否很好地进行资料的收集对创造性的完成工作影响很大。要在艺术创作领域的过程中现实创新，资料收集是十分重要的，如前文提到的学生短剧创作的案例，就是用资料收集奠定创作基础。在体育领域资料收集也十分重要，在竞技体育领域可以通过收集资料研究竞技对手的情况，提出有针对性的训练方案；在群众体育领域，可以总结运动经验，把经过高水平运动员验证过训练方法推广。不仅如此，信息资料还可以直接转化为艺术创新的成果。

从2001年到2012年，毕业于中央美术学院版画系艺术家洪浩连续12年坚持每天记录他消费的日用品用扫描图像的方式记账，再把每一年的"账本"组合在一起做成系列作品《我的东西》。

20世纪90年代以后，中国人的生活环境、消费状况迅速变化。当代中国社会趋于商业化，每一个当代人的消费观念都发生了很大的改变，人们对于物质的依赖都是不可避免的，艺术家用扫描日常消费品图像的方式去观察生活的创意是十分新奇的。

扫描和照相机摄影的拍摄视角是不同的，照相机是摄影者看到什么就拍什么，扫描仪的成像方式是从下往上"看"，和摄影者眼睛看到的东西正好相反。扫描仪成像方式决定扫描出来的影像可以把扫描对象的真实反映，这种现代的科技信息收集手段在艺术家的手里，就可以把每个需要留存的细节都特别清楚地记录下来，形成和摄影大不相同的艺术效果。

艺术家用《我的东西》这个主题，把不同时代的消费品放在一起，比较大的时间跨度可以使要展示的内容更加丰满。按物件类别、形状分类，这种分类方式可以使画面在视觉上有一种崭新的呈现。

信息的收集包括两个方面，即调查研究和信息处理，这两方面常用的技法也

大不相同。

（一）质的调查研究技法

在调查研究过程中，可以通过以典型调查取得量的信息为目的的方法，也可以通过质的研究方法，取得质的信息。量的研究方法，一般采用调查对象较多、调查规模较大的调查法是典型调查。这种方法虽然能掌握现状，但却不能回答在数字背后隐藏着的"为什么"。同时，这类方法在不同专业的应用过程中差异也比较大。因此，这里重点介绍集体调查类型的质的研究方法。

质的研究方法主要依靠访谈式调研，由于需要与被访者沟通，一般情况下，个别的访谈难度较大。因为，在个别交谈时，人们会表现出紧张，思想不流畅等现象。与此相反，在集体的场合，由于集体思考会接连不断地产生想法，在互相影响之下能够得到各种各样的反应。因此，集体调查则相对比较容易操作。这里将介绍几种典型的集体调查技法。

1. 集体调查法

集体调查法是利用团体功能进行的一种调查方法。该方法一般选择调查对象6~8人，由接见人（也称会议主持人）把调查对象召集在一起，同时进行集体的调查。通过集体讨论使参加者进行活跃的交流，大家一起互相商量、研究，进而确定哪种意见适合。使用集体调查法，要尽量使用大众化的对话方式，不能用命令式的。要使用自由对话形式进行调查，让参加调查人员进行自由交谈，主持人不能诱导被调查者回答。这样，就尽可能地保证调研的客观性。

在实施集体调查法的过程中，一般按如下几个步骤进行。

第一步，进行总体分析。这一步主要完成如下几项工作：①整理问题，确定课题。②收集有关课题的资料，并深入挖掘。③提出设想或假说。

第二步，制订调查计划。这一步主要完成如下几项工作：①确定调查项目。②选择、确定合适的参加调查的对象。

第三步，确定工作计划。这一步主要完成如下几项工作：①制订工作计划表。②召集参加调查人员。③制定调查项目计划表。④确定调查负责人、助手、记录人员。

第四步，实行集体调查。这一步主要完成如下几项工作：①将调查的过程用各种方法记录下来。②对于难度较大的问题，可以用其他调查方法辅助调查研究。

第五步，对调查结果进行综合分析。

第六步，以对调查结果的综合分析为基础写出报告。

2. 中心小组调查法

运用中心小组调查法，可以从讨论中引出启示和假说。因为，有着相同问题的人们，彼此之间愿意交谈而没有顾虑。这个条件是中心小组调查法的基础。使用中心小组调查方法对于某个领域的问题进行调查，由适合回答这类问题的同类型的人员组成小组，在召集人的指导下，组织他们进行讨论。

运用中心小组调查法时，参加小组调查的人员应根据问题的性质而有所不同。参加人数8～12人较好，人少了则每人负担过多，人数过多，发言机会就少，也不好。

一次会议所需时间大约1.5～2小时。这样时间适中，调研者可以从讨论中得到想得到的情报。调查完成之后，也便于整理报告。如果需要调研的题目太大，调研者可以将题目分解成几个问题，保证调查工作顺利进行。

运用中心小组调查法时，召集人的作用是很重要的，一般对于熟悉心理学理论的人比较合适，有时也可以聘请专门的心理学者来当召集人。中心小组调查法对其他调查者要求也很高。为了在调研活动中造成一种统一的、有刺激性的气氛，调查者需要引导被调查者积极参与讨论，形成两者的互动。调查者在调查过程中，应当深刻理解调查的目标和性质，深刻理解问题的实质，注意倾听每一个被调查者的叙述，并且注意力高度集中，认真分析，获得有效的信息。对那种一瞬间闪现出来的启示，应当立即抓紧追踪。这些都需要有相当高的技术和训练。

（二）资料收集的方法

资料收集的方法很多，常用的方法主要有文摘卡片法、笔记收集法、文件归档法等。

1. 文摘卡片法

笔记本是收集、积累资料的有效工具。但是由于本子上的页码是固定的，所以作为资料利用时会有许多不便；所以，采用资料文摘卡片就成为一种比较有效的方法。

资料文摘卡片一般使用质地较好的硬质纸张做成便于携带的小纸片。利用这种卡片可以处理资料，或用于评价设想，决定顺序等。在使用过程中，使用者可自由地增减资料和设想。因此，使用资料文摘卡片收集资料、进行资料整理都十分方便。资料文摘卡片一般格式如图3-1所示。

```
                   文  摘  卡

    题   目_____
    作   者_____ 译   者_____
    书刊名称_____卷_____期_____页_____年_____月
    内容摘要_____
           _____
           _____
           _____
```

图 3-1　资料文摘卡片格式

资料文摘卡片不仅可以记载资料，也可以写思考者的设想。一般情况下，一张卡片上，只能填写一个设想或资料。用于记录设想的卡片的格式如图 3-2。

```
                   设  想  卡

    设想题目_____
    内容摘要_____
           _____
           _____
           _____
```

图 3-2　设想卡格式

使用资料文摘卡片，就是在查找资料时，把需要的资料随时记录在卡片上；在有突发的想法时，将设想记录在卡片上。因此，资料文摘卡片要随身携带。

资料文摘卡片的优点主要有以下几点：第一，可以使情报标准化。第二，可以使零散的情报集中起来。第三，便于对资料和设想进行整理、分类、归纳。第四，容易掌握情报之间的关联。

2. 笔记收集法

笔记收集法就是以人们记笔记的习惯为基础。在集体范围内实现观点收集的创造技法。运用笔记收集法可以调动人们潜在的思维和洞察能力，引发出有价值的设想。

使用笔记收集法，首先确定参加人和领导人，参加人每人一本笔记。在这本笔记上对给定的课题，每天要把自己的意见和想法记上一次或数次。经过一定时间，领导人把笔记收集汇总。领导人要仔细归纳收上来的笔记，把摘录的要点和别的资料反馈给参加人，进一步提出新的问题。记在笔记本上的问题，没有任何限制。但最重要的是每人每天必须坚持写笔记，不可间断。同时，记录者在记录的同时，一定要对笔记进行有效地归纳和恰当的摘要。

使用笔记收集法，可以按照如下步骤进行：第一步，确定题目。第二步，确定领导人、参加人。第三步，将封面写有题目的笔记本分发给参加人。第四步，参加人将设想记在自己的笔记本上。第五步，一个月后领导人把笔记本收集起来，领导人阅读各人笔记，摘要汇总。第六步，参加人可以看任何一本摘录完的笔记。第七步，全体成员参加讨论，对获得的信息进行最后整理。

3. 文件归档法

一个组织团体的维护和发展需要文件，而这些文件应由该组织团体妥善地进行整理、保管，能够按照需要随时利用，直到文件作废为止，这样一系列的有关制度称为文件归档法。

文件归档的目的是合理、有效地使用文件内容。因此，进行文件归档时应当与业务活动紧密结合，实行以"便于利用""便于检索"为目的的文件归档工作。

首先，为了使文件档案"便于利用"，基本上要把经常使用文件按使用的类型整理成一部文件档案。只要取出这部文件档案，就可以了解这项业务的一贯内容。

其次，要考虑"便于检索"的问题，按照业务上的需要能够立即查到所需要的情报。这里最要紧的是不能把文件档案搞得很厚。为了容易检索，限制数量比在质量方面花费心思去搞多样化的检索方法，往往更有效果。这种直立式的归档，在一部文件档案内收进的文件应限制在二三十页至七八十页。

按照上述原则做成文件档案，弄清它在开展业务中占有的位置以后，为了"便于利用"，把它同经常一起使用的文件档案组成一个文件档案群。这是第三步。由于每个文件档案都是与业务开展同时形成的，它在业务上的必要性十分清楚，并且可以依据它鉴别出业务情报的优劣。

最后，给组成的文件档案群编制目录索引，把单个的文件档案排在"便于检索"的地方。这种直立式归档法，基本上是由第一索引包括的 2~5 卷和第二索引包括的 5~10 卷的文件档案所构成。

二、应用预测能力解决问题

1944年4月,苏联卫国战争已经进行到第四年。苏联以一个集团军的兵力,试图消灭彼列科普的守敌,解放克里木半岛。

彼列科普是通往克里木半岛的要塞,易守难攻。德军妄图凭借天险,依托坚固的阵地,用一支4万多人的部队长期坚守,以吸引一定数量的苏联部队,阻止其全面进攻。

为了保证战役的胜利,苏军决定用一个星期的时间对德军实施侦察。4月6日夜,天气骤变,彼列科普突然降了一场大雪。早晨,集团军炮兵司令在掩蔽部里,注意到刚从外面进来的参谋长的双肩上落着雪花,其边缘部分有些融化了,水珠清晰地勾画出肩章的轮廓。炮兵司令通过这个现象想到,气温转暖了,敌人掩体内的积雪也将融化。他进一步推断,为了避免泥泞,德军必然要清理掩体里的积雪。带雪的湿土被抛到掩体周围,容易与其他自然积雪的地方区分开来。通过湿土就能够了解到敌军的兵力部署。于是他立即命令对德军阵地上的湿土实施侦察和航空照相。

果不出司令员所料,一会儿,德军开始清扫掩体里的积雪了。从掩体旁的湿土看得出来,原来德军的第一道防线并没有多少兵力。大部分兵力都集中在第二道和第三道防线。从外表上看到的许多碉堡,有些是虚设的。这样,苏军只用3个小时就查明了德军的真正兵力部署。于是骤然发起了准确而又猛烈的炮火攻击,经过8天的殊死战斗,取得了俘敌38000多名的辉煌战果,解放了克里木半岛。

炮兵司令的决策能以较短的时间、较小的代价取得重大战绩,成功的关键是他以尽人皆知的事实根据,积雪即将融化,推导出不寻常的战役决策来。炮兵司令的准确判断,是通过一系列正确推理进行大胆预测得出的结论。在使用预测技法时,选择好推理的出发点,通过连锁推理,就可以创造出辉煌的成绩来。

而在思考者提出问题、分析问题、解决问题的过程中,要借助人的直观、飞跃的设想、逻辑的展开等方法作辅助。在此基础上,利用问题之间的关联性对所研究的问题进行整理;经过对问题进行合理的整理,就可以对问题进行有效的预测。要更好地进行预测,主要按照如下步骤思考问题:第一步,提出并界定待解决的问题。第二步,对待解决的问题的重要性、紧急性、互相关联性进行初步分析。第三步,以对问题的初步分析为依据对课题的若干问题进行分析,到专家和有识之士那里去请教，进行测验调查。第四步，根据测验调查的结果进行问题间的关联分析，归纳课题。典型的预测的方法很多，一般来说可以分为定性分析预测方法和定量分析预测方法。

在计算机专业领域中，对数据的处理是以成对互相对应的逻辑关系来实现的，这在该领域中被称为离散型变量。而要把这些离散型变量形象地表现出来，研究人员根据树木的特点，以树根、树枝、树叶的关系设计了一种树形结构，在实际的应用中，比较典型的结构的"树木"往往由"树根"开始逐步被分成两"枝"（专业术语中被称为"二权树"），"树根"往往被称为"根节点"，与"树根"相连的两个元素分别被称为"根节点"的"左孩子节点"和"右孩子节点"；而由两个节点作为"根节点"形成的相对小的"树"分别被称为"根节点"的"左子树"和"右子树"。当然，树木的权也可以更多，专业术语中被称为"多权树"。

利用这一方法，人们借助这一类结构形式，用它来辅助定性分析预测；因此，这种方法又称关联树木法。使用关联树木法进行分析预测时，一般选用的是"多权树"。

关联树木法有很多种类，比较典型的有如下几种。

第一种，决策树木法。当企业要对产品开发、销售战略、技术引进等各方面做出决策时，就可以应用由关联树木法派生出来的决策树木法。使用决策树木法进行决策时，通常按照如下步骤操作：首先，把问题界定清楚，确定一个待解的目标；其次，提出与原有的解决问题方案所不同的代替方案；最后，对提出的代替方案进行评价。通过上述3个阶段的工作，决策树木法对互相关联的若干问题，拥有了各种各样的解题方案，进而根据不同外界环境，选出最适合的方案付诸实施。

第二种，目标树木法。当要解决的问题确定之后，可以以问题的目标为出发点，分析为了达到这种目标必须考虑什么样的战略，而为了实现这种战略必须有什么样的战术，按顺序把目标分解，分开的同时制成的东西就是目标树。同时评价各个级别之间的相对重要程度，根据这种评价得出的关系，确定它们在整个项目中的地位，并且假定在各个级别中总和（即整个项目的重要性）为1，确定每一个问题在整个项目中的重要性，这一量化指标称为它的"权"，将一个子项目涉及的每一个问题"权"的值相乘，就可以计算这个子项目在全体中所占的值。

第三种，远景树木法。企业在开发新产品时，有必要预测这种产品销售时的环境。这种方法就称为远景树木法。

第四种，森林法。对于大型的项目，可以将小问题建立成树木，再将这些树木转化成更大树木的"枝叶"，这样树木，就变成了森林。

第五种，定量化关联树木法。使用这一方法，就是在定性分析的基础上，把相关参数细化、量化。进行相关的计算、推导，提出解决问题的方案。

第四章　问题及发现问题的能力

"问题"是个司空见惯的词汇，人们在日常生活、社会活动或工作中总会遇到这样或那样的问题。因此，也就必须不断地回答问题或解决问题。培根有句名言：如果你从肯定开始，必将以问题告终；如果从问题开始，则将以肯定结束。而贯穿这句名言因果关系的中间环节是一个复杂的思维过程。物理学家波普尔也有过英明的论断：科学始于问题。"问题"是触发思维的起点；而解决问题又是思维的成果。问题是智慧的迷宫，探索问题才能获得新知识，丰富智慧，发展潜能，走向成功。也可以说问题是思维的动力、目标，也是思维的产物，因为思维发现问题，界定问题。由于问题与思维有着难分难解的关系，因此我们研究思维和创造性解决矛盾的方式方法首先从问题开始。

博物馆里的展示品一般是陈列在玻璃盒子，或者严密封锁的区域内。展品中有很多是实用工具，仅仅隔着玻璃观看参观者不能完全了解；如果完全开放，让参观者触碰体验，会对这些珍贵文物造成损伤，目前大多数的博物馆都是禁止直接触碰的。

马纳科尔博物馆（Manacor）建立于1908年，最初是西班牙马略卡岛上的一座考古场，后来发展成了一个历史博物馆，展示历史长河中的各种物品，包括陈列物品的场馆，一座13世纪的建筑。随着3D打印技术的发展，马纳科尔博物馆的工作人员挑选了12个藏品，进行精准的三维扫描和测量，然后使用3D打印机精确复制。使用3D打印机精确复制文物，让那些极具历史意义的作品，与各种各样的游客零距离接触，包括视力受损的游客，让他们真切感受历史的魅力。

博物馆工作人员能够借助3D打印技术实现创新的关键，就在于提出"如何让参观者可以实际接触到与文物无限接近的复制品？"这个问题。

因此，不仅是科学技术领域的研究者需要关注问题及问题的发现；艺术领域的人才同样需要掌握这些抽象的理论，理解问题的本质，提高发现问题的能力。

第一节　问题概述

一、"问题"的定义

"问题"是个多义词。在现代汉语中"问题"一词的释义：①要求回答或解释的项目。②须要研究讨论并加以解决的矛盾疑难。③关键，重要之点。④事故或意外。在英文中 Problem、Query、Question 3 个词都有问题的含义，其中 Problem 不仅是指简单的一般的问题以及待解决的习题（如几何题、测试题等）而且是指"难解之题"，"不可解之事物"和令人困惑的事。由 Problem 演变而来的 Problematical 一词还有"概然性""或然性"或"未定的"等含义。Query 是正式用语，指关于某个特殊事情的特殊问题（如对某个规划某个项目提出几项问题）。它不仅表明提出问题的人的怀疑或反对倾向，也表示提问者意在提出问题以供（他人）考虑和解决。Question 特指想发现某事物或想得到确切信息而加以询问，因而这类问题一般是待答复的问题（如请示，请教问题）。此外，Question 还表示议题（争论点）和交付表决的问题等。

对于问题的理论范畴已引起人们重视、理解，也众说难定。从研究思维与创造的实用的角度我们做以下界定，以供思考之需。

(1) 问题就是矛盾和冲突。

(2) 问题就是疑难和困境。

(3) 问题就是目标和追求之间的差距。

(4) 问题就是人们面临一项工作任务，而又没有直接技术手段，去完成时所产生的境地，也就是问题。寻求完成工作的技术手段的过程，就是解决问题的过程。

(5) 问题表现为一种有目的、有组织，并为目的实施的紧张的过程。

(6) 问题是给定信息，技术手段与目标状态之间有某些障碍需要加以克服的情境。

(7) 当一个人有某种欲望或需求，自己又不知道通过哪些行为才能实现时就面临着一个问题。

(8) 当我们面对某些客观（或自然）的现象，用现有理论无法解释或对现有理论产生疑问时，就遇到了问题。

(9) 当人们的现实处境与所企求的目的之间遇到障碍，并感到无法通过已具有的经验或掌握的知识。逾越障碍时便出现了问题。

（10）佯悖谬和悖论都是问题。

……

以上引用的一些定义，是从心理学、逻辑学、认识论、信息论等多种学科理论出发概括的。有些具有普遍性，有些又是对特殊类型的问题做出的，有的过于简单、有的又过于狭窄；但基本反映了"问题"的含义，也显示了问题的复杂性和多样性。如果从创造实践的角度去理解，上述"问题"定义涵盖的一个普遍性的特征便是解决上述定义的疑问，都是对创造能力的一种挑战，只有通过缜密的或者说通过创造性思维，才能取得令人满意的结果。

二、问题的特征

问题复杂、多样，但是有其共同的特性，深入了解问题的特性有助于对问题的含义深入理解、判断和解决。问题的特征可以从宏观和微观两个方面来分析。宏观特征主要表现为普遍性、多样性和相关性；微观特征则表现为情境性和多维性。

（一）普遍性

问题的普遍性是指问题的广泛性和持续性。一方面，问题不但数量多，而在自然与社会领域无处不在，不仅在认识和改造自然活动中普遍存在着大量的问题，在社会生活领域中政治、经济、生产、社会交往、工作、学习、婚姻、家庭乃至生老病死都有大量的问题与每个人息息相关；小至吃饭、穿衣，大至全人类的生存、发展涉及各个科学领域如哲学问题、科学问题、艺术问题、经济问题、政治问题、环境问题等。另一方面，问题具备持续性。问题的存在是永远不间断的，随着社会的发展，问题也在不断地增多和深化。

（二）多样性

问题的多样性是说问题的形式和类型的多样性。就时间领域有历史问题，现实问题和未来发展问题；就空间领域，有单领域问题和跨领域（交叉）问题、有内部问题、也有外部问题；从组织角度，有结构问题、也有关系问题；从功效角度，有功能问题和价值问题；从表述方式角度，有形式问题、也有内容问题，有语言问题、也有非语言问题，有描述性问题、也有规范性问题；从重要性角度，有核心问题、也有边缘性问题和枝节问题；从表现形式上，有抽象问题、也有具体问题、现实问题，不仅有心理感受问题，而且也有行为表现问题；就解题方式区分，有分析问题、也有综合问题。更兼这些特征，在大多数问题中的表现是重叠并存的。综上所述可见问题的特征庞杂而多样，探讨这些特征，有助于理论研究，更主要的是针对问题的特征表现，可以采取不同的思维方式和与之相应的解题方法。因此在创造性解决问题时，必须对具体问题的表形特征，首先有一个明确的认识。

（三）相关性

从宏观角度分析，现实中没有孤立的问题，问题与问题之间，借助一定客观存在的关系形成一个有层次、有结构，相互影响的问题系统。一个成熟的学科或科学部门，都有一个问题系统，一个学科群（更大的学科领域）有一个由多个问题系统构成的网络系统（大系统）。在问题系统内部，问题与问题之间表现为一定的结构形式（系统结构），相关问题作为一个系统单元与其他单元（问题），存在着相关性、层次性，相互影响和制约。这种结构关系，对问题的解决有明显的促进和作用，既为解题提供了有利条件，同时，也提高了解题的复杂性。这也就告诫我们不能孤立地看待问题和解决问题

（四）情境性

问题是在一定情境中产生的，是特定情境的一部分；问题的发现，理解和解决都与问题的情境密切相关。何谓"情境"和问题情境呢？苏联心理学家鲁宾斯坦因认为：有两个或两个以上的可能性可供选择时，即形成情境。"如果情境与人们过去已经获得的经验不一致，而发生冲突时，就形成问题情境。"苏联心理学家彼得罗夫斯基等也把"过去的活动手段和方式已经不够用情境……叫作问题情境"。美国学者 R. M. 高登松把情境分为情境和问题情境。情境是指不用思考，完全靠习惯条件反射作用来解决的情况。问题情境则是指靠惯用方法不能解决，需要运用和发明新方法才能解决的情境。

综上所述可以看出，问题与情境是相关的，问题产生于问题情境。问题在于怎样理解"问题情境"的性质？怎样理解问题与问题情境之间的关系？就情境这一概念有两层含义一是事物呈现出来的样子（形状、神情、形势、趋势变化等），是事物客观的反映，真实存在于事物本身；二是认识主体（人）对事物样子或情况的感受（直觉、思维与认识）。二者紧密联系，情境才能有真实的反映。试想，一只在深山中戏耍的猛虎的样子尽管是客观真实的存在，但是如果永远不为人所知，猛虎戏耍的情境也就被永远地湮灭。情境是客观存在的，人的认识水平却因为以往的经验、知识水平、思维定式等多种原因产生认识的差异，因

此情境与人的认识产生矛盾与冲突也是必然的。矛盾的产生原因即有心理成分、主观成分,也有方法论成分和客观成分。由情境发展到问题情境的认识过程,是一个心理转换过程;即由知觉到思维的转换过程,由自发的反映到自觉的认识过程。面对客观存在的情境,认识主体首先凭借自己的知识,经验和已掌握的方法对情境做出反应,进行初步的试探性探索;并通过反馈的信息,判断认识是否正确、归属是否合适、是否有效,有没有其他方法可以使用。从感觉到意识,再从某些异常情况到进一步分析、探索。看到有了结果可能有3种情况:其一是问题情境消失。其原因可能是客观的,情境自然的变化;也可能是认识主体的正确判断。其二是产生了确实存在的,有完整结构的问题。此时则需要作深入思考以寻求解决问题的方法和途径。其三则是做出了错误的判断。由此产生的"问题"可能是似是而非的问题(对客观情况的误断),也可能是主观因素产生的虚幻问题,而根本不是问题。应当说明的是无论哪种错误的判断都是认识不够所致,应尽量避免发生。

(五) 多维性

每一个问题都有3个维度:心理学维度、思维学维度和语言学逻辑维度。问题的发展过程历经从心理上感受到问题、从认知(思维过程)上澄清问题、从语言上表述问题3个程序。

心理学维度:从心理学角度,问题表现为一系列心理活动和主观感受(如疑惑、急迫、冲动、紧张等)问题的心理起点是怀疑,主要心理表现是不一致感、不协调感和冲突感;这是一种心理预感。从审美心理上看,问题的出现意味着原有科学理论、观念或科学思维中包含着不美、不协调因素;消除这些因素或方面就成了有待探索的问题,也成为科学探索和创新的动机。问题对于个人表现为心理困惑或心理危机。重大的、基本问题不仅导致个人心理危机,还会引发群体、民族、阶级、社会乃至人类的心理危机和信仰危机,如全球金融危机问题。从心理过程看,从问题的产生到问题的解决表现为从不协调—协调—新的不协调的发展过程,有时也表现为由低级的、局部的表象上的不协调,向高级的整体和本质的不协调发展的过程。

思维学维度:问题的思维学方面主要表现为给定状态(初始状态)和目标状态之间的差距。从思维活动角度看,每一个明确陈述出来的问题,都是有相对独立结构的,就问题与自我的关系而言,结构特征始终具有决定性的作用。虽然不同类型的问题的细部结构,可能会有所差异,但所有的问题在结构上都有3个基本成分:给定条件、目标、障碍。给定条件是已经存在并提供的一组信息,或关于问题现有条件的陈述，即问题的初始状态；它是已知的、客观的、现实的。目标是关于构成问题（预期）结论的描述，即问题要求的答案，目标状态或功效要求。目标状态是一种未来状态，从心理上说是一种期望、理想，从认知角度，是认知主体所追求的目标；目标状态有宏观与微观之分、有确定与不确定之分、也有可变与不可变之分、也可以有要求（必须达到）和期望之分（希望达到或争取达到）。障碍是影响达到目标的诸因素的总和。障碍的形成即有客观因素（如问题本身的复杂性，深奥性、技术手段的欠缺性和不适应性、信息不足等），也有主观方面的因素（如解题者对问题的认识水平、经验思维与解题能力不足等）。正确的解决方法通常都不是直接呈现或显而易见的，必须通过思维活动才能找到解决问题的办法，通过改造给定的初始状态，达到目标状态。克服障碍的过程是一个理解与解构的过程，也是思维运演与行为操作的过程，还是一个决策与选择的过程。

语言—逻辑维度：在逻辑学中，问题是指能够以疑问句来提问或表达的特定实体；逻辑学与语言有着不可分割的联系，没有语词和语句也就没有概念、判断和推理，从而也就不可能有人的思维活动。逻辑学注重问题与语言表达的关系，并力图对其作形式化的处理。关于语言—逻辑关系对问题的分类方式方法，国内外一些专家学者各有见地，我们不做深入的探讨。应当说明的是在实践思维与创造中的一些问题是比较直接地用分类方法表述的，如为什么问题、条件问题、思维与假设问题、析取问题等；更多出现的创造性含义的问题，则必须经过认真分析，科学抽象寻找出构成选题创造障碍的本质问题，作简洁、精确的表述，以使问题情境一目了然，更好地引导创造性思维过程。

三、问题的作用

问题是创造性思维的先导，在社会科学与自然科学的研究和发展中都有重要的作用。波普尔对问题在科学认识中的作用曾明确地指出："应当把科学设想为从问题到问题的不断进步——从问题到越来越深刻的问题。"美国商界也流行着一句话："最好的赚钱方式是找出一个问题并解决它。"这些都是问题在科学发展中作用的有力佐证。发明家保尔·麦克里德，更有一句至理名言："唯一愚蠢的问题是你不问问题。"可谓一语中的，阐明问题是创新的关键。问题的作用主要表现在以下几个方面。

（一）激发作用

问题之所以存在激发功能，在于它的刺激性和挑战性。问题，尤其是困难的、复杂的、新奇的、有趣的问题,既是对富有想象力的人的吸引,也是对人的精神意志、知识水平和技术方法能力的挑战和考验。问题未能解决,将对人形成一种压力,产生痛苦或失败的感觉,是对毅力的考验和锻炼;一旦问题得到解决,才产生一种征服感、控制感、喜悦感和成就感,使人感到生活的充实、责任和意义,也成为继续奋斗的动力。

问题的激发作用使它成为灵感的源泉。问题及其解决过程是某种意义上的激发信号,对人的思维物质不断刺激,迫使人不断深入思考、感受、体验……问题也在不断深化,促使灵感进一步涌现,因而问题的激发感受不断产生,质量也在不断提高。问题激发了我们的动机和兴趣、情感和灵感,也激发了我们的感知和记忆,促使我们去观察与注意、去实验与搜索、去思考与想象、去交流与沟通、去创新、去操作与控制、去合作与竞争、去协调与超越,使我们在问题的激发中不断地提高个人的创新能力,同时也在塑造一个更优秀的自我。

(二) 定向作用

问题从客观上指导或规定了认知和思维的大致方向和范围,也基本上给出了思维的形式、方法和视角。定向作用取决于问题的类型:对于单一、简单问题可以单视角地思考,而综合问题和复杂问题则必须进行多视角、全面透视分析决定取向。如果是外部问题可凭直觉和经验,进行逻辑分析或分解处理;而对内部问题,则应从输入、输出关系,系统结构相关性等处展开,凭借经验,逐步深入直至问题解决。显而易见,对于基础问题、理论问题、应用问题、中心问题、边缘问题……问题不同,思维形式与方法也各不相同。

(三) 组织作用

问题是认识活动的源头、枢纽或组织中心。心理能量、心理资源都是按解决问题的需求,来进行分配的。以问题为核心,研究对象理论观点、经验事实、研究途径、技术方法等诸多因素被合理地组织起来,为解决问题协调发挥作用。现代科学研究一个明显的特点,就是以问题为中心搜集信息、组织资料,并建立问题结构及问题之间的联系的。也可以说一个问题就是一个组织中心。问题引导人们思考并不断地克服心理、情感、思维、各种束缚和障碍,不断地解决问题,向更高层次的问题挑战。相反,如果没有问题,思想就会陈旧、方法就会老化、真理就会泛化、思维也会迟钝,人类社会也会停滞。

(四) 划界作用

问题的划界作用表现有多个方面,下面仅就常用的划界问题作简单介绍。

一方面，问题是不同学科的划界标准之一。探索问题是各个学科的共性。但不同的学科所探讨的问题并不完全相同，科学的独立至少要满足两个条件：第一，有足够多的人群共有一个独特的有限的问题领域；第二，人们对大多数有关的方法论有基本一致的看法。提出并有效解决独特的问题是一门科学获得独立的标志。人们通常按问题领域和范围把科学分为形式科学（逻辑与数字）、自然科学、社会科学、人文科学等。依据问题划域特征，也就使我们在解决问题时比较容易找到的方法。

另一方面，问题是划分科学研究类型，水平层次的标准。在一门科学内部研究的问题不同、研究类型、研究水平和研究层次也有相应的区别，两者密切相关。如基础研究不同于应用研究，宏观研究不同于微观研究，理论研究不同于技术研究。问题决定了研究的方法，方法得当，效果也就会更好。同一事物可能成为多个学科的研究对象，但他们要解决的问题肯定会有所不同。以思维科学为例，创造性思维所要研究的问题，肯定有别于批判性思维所要研究的问题。比如汽车平顺性的研究，对于基础理论研究可能考虑不同受力状况下的模态分析等。而应用研究才同时要考虑到经济性、实用性、市场状况及路况等较多的问题。

第二节　问题的分类及主要特征

探讨问题分类是为了更好地理解问题、发现问题和解决问题。与问题的定义一样，问题分类，也有多种划分方法：如按问题结构分类、按问题根源分类、按问题属性分类、按问题特征分类、按时间分类（历史问题、现实问题和未来发展问题）等。为了加深对问题的理解，有助于选择解决的方法，我们对问题作如下分类。

一、闭合性问题与开放性问题

（一）闭合问题

如果一个问题只有唯一一个合理的答案或正确答案，该问题为闭合性问题。几位春游的旅伴（其中有近视眼戴眼镜的同伴）在野外野炊却发现忘记带火柴和打火机等引火工具，他们携带的物品有蔬菜、米、炊具、餐具、铁铲、帐篷、餐刀、画具等。存在的问题是用什么引火。答案是可用镜片作为聚光的透镜，引火问题是闭合性问题，也是日常生活中利用创造性思维解决问题的实例。对于闭合性问题，一般运用演绎思维和收敛性思维能比较有效地解决问题。

（二）开放性问题

如果一个问题的合理答案等于或大于二，该问题为开放性问题。开放性问题又可以分为两种：没有最优和最合理答案的问题，有最优和最合理答案的问题。一般的现实存在的问题大多数为开放性问题。对于开放性问题则需要运用发散性思维，尽可能地寻求并提出多种解决问题的方案，通过比较和优化，从中选择最优或次优方案，作为问题的答案。对于不同问题采用相应的思维方式也并非是绝对的，比如上例中用镜片作透镜取火的解题方案就运用了开放性思维。

二、基本问题与非基本问题

（一）基本问题

基本问题是指某一个领域或学科中最普遍的现象，最基本的矛盾，最深刻的疑难一类的问题；如机械论中的"力学问题"，宇宙学中的"宇宙起源问题"等都是基本问题。一门成熟的科学的重要标志之一就是形成一个以基本问题为核心的问题系列或问题链。基本问题相对于其他问题有明显的独立特征。具体表现如下。

首先，基本问题的产生。基本问题是学科中的基础和问题中心，对基本问题的结论不仅制约着对其他问题的解答，而且还会不断产生新思想、新结论、新方法、新问题，从而对本学科以及相邻学科的发展起着巨大的推动作用。

其次，基本问题的渗透性。有些基本问题表面上只与一个层面、一个领域相关，而实际上涉及其他层面和其他领域，产生系统的相关性，相互影响、相互制约。

再次，基本问题的扩展性。不仅从生产性和渗透性中明显反映出基本问题扩展性的特征（纵向和横向扩展），而且基本问题具有持久的乃至永恒的魅力，能够极大地刺激和满足人们的好奇心和创造欲，因而人类历史的发展不断回复和深化到基本问题上去，并不断以新的方式、新的角度，在新的条件和经验基础上，利用新的技术手段，予以新的解答。

最后，基本问题不容许有普遍认可的解决方式。普遍认可的解决，必须在大家都同意的前提或框架内才有可能；而客观上这种框架并不存在。因此基本问题虽然是最激动人心的问题，也是难有最终解决的问题。如哲学问题（老子与柏拉图提出的主要问题，至今仍然争论不休）、逻辑学基本问题和数学基本问题（如数学可靠性基础的问题，至今没有为各家所接受的解决方案）都是如此。即或在一个层次上解决了这个问题，还会在更深的层次上，以新的形式表现出来，然而这也是科学研究领域中为更多人瞩目的一个问题。基本问题的解答需要高度的创造精神、深刻的洞察力和高超的想象力，需要建立在经验共鸣基础上的直觉理解和跨域类比与核心类比，而逻辑思维工具在这里仅仅起着次要的作用。

（二）非基本问题

非基本问题是一个领域或学科中的低层次的问题或局部性的问题。它可能从基本问题派生或导出，也可能是运用归纳法从经验中提炼或概括出来的。非基本问题的解答要受基本问题的制约；同时，非基本问题的解决也会反作用基本问题，并促进基本问题的解决。解决非基本问题可以运用解决基本问题的方法，而且也可以使用演绎法、归纳法、域内类比法、系统方法等。

三、单域问题与跨域问题

（一）单域问题

单域问题是发生在一个领域内部，只涉及一个系统、一个学科的问题。单域问题也有简单和复杂之分，有些问题解题难度也比较大。如生物学的基因问题，物理的原子结构问题等。但总的说来他们都是单质的（而不是多质的综合体）。单域问题具有高度的纯粹性、明晰性、确定性和完整性。单域问题一般处在领域的主体范围之内，以建立普遍的规律为宗旨，多采用单纯的演绎方法。

（二）跨域问题

跨域问题是涉及多个（大于2）领域，多个系统、多门学科的问题。跨域问题一般都是复杂的综合性问题，具有整体性、交叉性和横断性。比如天然自然与人工自然的生态平衡问题、战争胜败问题、环境污染问题、经济发展问题等都是跨域问题。跨域性问题的解决需要熟练、灵活运用系统思维、辩证思维、次协调思维、信息方法等。解决这类问题，必须统筹兼顾全面考虑、相互协调、多方合作以达到整体的合理性与优化性。

四、科学问题与技术问题

（一）科学问题

这里的科学一词指广义的科学，因此我们研究的科学问题也就包括了自然科学、社会科学、人文科学等。什么是科学？科学的概念是很难定义的，不同时期有着不同的解释。从广义上讲，科学是指人们对客观世界的规律性认识，并利用客观的规律性，改造客观世界、造福人类。因此科学问题，也就是人们认识和改造客观世界中所涉及的所有问题，这也决定了科学问题所应具有的特征。

科学问题是特定时代在特定的知识背景下提出的关于科学认知和科学实践中需要解决而尚未解决的问题，它包括一定的求解目标和应答域。科学问题是特定时代的产物。时代所提供的知识背景决定着科学问题的内涵深度和解答途径。问题在不同的事实和经验背景下其内涵深度也是不同的，如针对遗传的奥妙这一古老的科学问题，19世纪末思考的是"种质"问题（魏斯曼提出），20世纪初讨论的是"基因"问题（摩尔根提出），20世纪50年代则提出生物大分子DNA的结构问题（沃森和克里克提出）。背景知识还制约着解决问题的途径。对有些问题因受目前认识和经验水平的限制，其求解目标和应答域尚不明确，则这样的问题还不能称为科学问题。具体的科学问题是有预设的，也就是说研究活动是从有知开始的，科学问题及预设，是在一定背景知识下提出的，因而解决问题也是在背景域中收集材料、提出假说、建立理论、进行实验、验证的活动，解决问题也体现为背景知识的创造、修正或扩充。科学问题蕴含着问题的指向、研究目标和求解的应答域。科学问题从形式上可以分解为3种主要类型：首先，"是什么"的问题这类问题要求对研究对象识别或判定。如"原子是什么？""遗传基因是什么？"其次，"为什么"的问题，这类问题要求回答现象的原因或行为的目的，是一种寻求解释性的问题，如"为什么牛有4个胃？"最后，"怎么样"的问题。这类问题要求描述所研究对象或对象系统的状态或过程。是一种描述性问题，如"太阳系的结构是怎么样的？"一般把问题指向的研究对象，称为"问题的指向"。第一类问题指向是自然界的某种可观察的实体或现象，第二类问题指向现象的原因，第三类问题指向对象系统的状态或过程。

问题通常以疑问句的形式来表述。科学问题不仅包含了问题的指向和与特定的疑问词相联系的义项，而且还包含了问题的"求解应答域"。应答域指在问题的论述中所确定的域限，并假定所提出的问题的解必定在这个域中，这也是一种问题的预测。上述相关内容，不难看出科学问题的预设不仅是知识背景的前提规范，也是指导、鉴定科学问题的客观标准。首先，预设尽管是一种猜测，但在实际科学探索中，却能起到定向和指导作用。预设的应答域可以排除许多因素，能对解决问题提供明确的方向；否则，若问题只有求解目标而没有应答域，其求解问题可能是一个无限定的全域，这样的问题就不能构成科学问题。其次，科学问题都以疑问句型构成的问题也有真实与虚假之分。区别真假问题，也取决预设的真实性。如果预设是真实的，则科学问题的提法才是正确的。例如，"牛为什么有4个胃？"因为预设牛有4个胃是真实的，所以"牛为什么有4个胃？"这一科学命题也是真实的。反之，如果预设的提法是错误的或虚假的，科学命题也就不能成立。比如"如何制造一部永动机？"因为根据能量守恒定律"永动机"是不可能存在的，预设是虚假的，因此"如何制造一部永动机？"的命题也就不是科学问题。最后，预设也是判断科学问题与非科学问题的标准。划分科学问题与非科学问题是依据其预设状况，背景知识的性质来确定的，如果预设是科学知识，则是科学问题，预设是非科学知识，则问题也是非科学问题。比如"第二次世界大战是怎样爆发的？"尽管预设是真实的，但也不属于科学问题。

科学问题的解答没有机械的、固定的、普遍有效的规则，有的只是主动、活跃、持续的探索；甚至对同一个问题有不同的提法，多种不同的答案。但必须给予概括的、客观的、准确的和批判的解答。科学问题的答案可能是发现新的事实，提出新概念、建立新理论等，但其结论必须要求有普遍性、适应性、可检验性和可重复性。解决科学问题目的要求不尽相同，但都运用批判性思维、规范思维、抽象思维、严密的逻辑思维和精确的数学思维。

（二）技术问题

技术问题所指的"技术"一词同样指广义的技术，因此我们研究的技术问题也就包括了如下几方面的内容。

物质性技术：物理（民用、电气、空间工程等）的技术、化学工程的技术、生物化学的技术、生物学的（农学、医学等）的技术。

社会性技术：心理学（教育、精神医学等）的技术、社会心理学（工业、商业、战争心理学等）的技术、社会及公共管理领域（政治学、法律学、城市规划等）的技术、经济学（管理科学、运筹学等）的技术、军事科学技术。

概念性技术：计算机及信息科学领域中的普遍性技术（自动化理论、信息科学、线性系统、控制论、优化理论等）。各个领域中的问题等技术的多重性因素决定了给技术定义是很难的，但理解技术的含义必须深刻的理解技术的本质，理解了技术的本质，才能对技术问题有更深刻的理解和认识。

研究技术的本质，首先必须明确技术的范畴，技术的基本范畴是活动过程，即制造和行为活动过程，技术过程只能是制造过程——即劳动过程。其次，还必须明确技术的目的；技术的目的是控制和掌握世界，基于上述理解可以认为技术的本质就是人类在利用自然，改造自然的劳动过程中所掌握的各种活动方式、手段和方法的总和。

技术系统是技术主体——人以及主体作用的对象，即技术客体——自然界等组成。可见技术是连接技术主体与客体的中间媒介，而技术问题就是主体作用客体的方式，手段和方法中存在的疑难。具体表现为做什么？怎么做的问题。主要表为以下几方面的技术问题：第一方面，生产（实施）方法中的技术问题：如生产（加工）中工艺不合理问题，工艺缺陷问题，生产率低问题和生产工艺落后问题，乃至无系统工艺方法等。第二方面，工艺手段技术问题：如工具设备的设计、制造问题、使用问题，以及操作手段、技巧问题。第三方面，组织管理中的技术问题：如计划问题、管理问题、原材料与产品流通中的技术问题。第四方面，其他相关领域中的类似技术问题。

科学与技术是密不可分的，科学与技术的联系发生在多方面及不同层次。首先，科学是科学性技术产生与形成的基础，并为科学性技术的发展，不断地提供知识源泉，有些技术问题，直接转化为科学问题。其次，经验技术（经验技术是以知识为基础的）中包含着科学因素，它的提炼与升华解决问题的综合结论是科学创造的源泉；科学也可以改进和提升经验技术，也为解决技术问题，提供了科学依据和指导。再次，在某些层面科学问题与技术问题是彼此相关的。科学中存在着技术问题"做什么""怎么做"，对这些问题的解决将推动科学发展或产生新的技术（如怎么样生产制作航天服的技术问题）；在技术中也存在着科学问题"是什么""为什么"，对这些的研究将形成技术科学。复次，技术的需要（技术问题的解决）是科学发展的动力。最后，技术也为科学研究及其进展提供了必要的手段及条件。

综上所述，科学问题与技术问题是息息相关的、互为依托的问题，随着科学技术的发展出现了"科学技术化""科学技术一体化"的趋势。也为我们创造性解决问题提供了更广阔的空间。

五、社会问题与日常问题

（一）社会问题

解释社会问题，首先应了解社会的含义。社会是指由一定经济基础和上层建筑构成的整体，也泛指由于共同物质条件而互相联系起来的人群。社会作为人群聚居，物质条件分享的一个庞大体系、结构复杂、层次繁多，需要研究的问题也是复杂的。社会科学作为科学的一个重要的知识体系，以研究社会现象为宗旨，形成了政治学、经济学、社会学、法学、教育学、管理学等。现代意义的社会科学从多侧面、多视角，对人类社会进行分门别类的研究，力图通过对人类社会的结构、机制、变迁、动因等层面的深入研究，把握社会本质和发展规律，更好地建设和管理社会。

从古至今，社会不断发展进步是不可逆转的客观规律。先进的科学技术，先进的生产力发展，潜移默化中转变的生活方式，必然促使生产关系，上层建筑（政治、法律、管理、规划……）发生转变并与新的形式适应，这其中矛盾是永恒不断的，解决矛盾是必然的。矛盾中存在的问题——社会问题，也就在不断地发生—解决—发生……形成一个螺旋式持续发展的永恒规律，也就成了社会问题不断出现——解决的前提和根源。具体表现的社会问题主要有生产力与生产关系问题、政治问题、国家政府职能与司政问题、环境问题、资源问题……

上层建筑适应经济与社会发展的同时，又承担着促进和预测未来的职责，从而又形成了促进社会发展与预测未来发展的社会问题。因此，社会问题是一类领域广阔、不断出现、与时俱存的研究和有待解决的问题。相对于其他问题，社会问题有其明显的独立特征，在解决是不是问题中应当予以充分注意。

第一，社会问题研究与解决过程，以人为本是根本的前提条件。科学研究中主客体分明，具有较强的实证性。而社会科学的直接或间接研究对象具有主观自为性和个别性，其中充满复杂的随机因素的作用，不具备重复性；研究对象本身是由有意志、有目的、有学习和研究能力的人的活动构成的，涉及变量多、关系复杂、贯穿着人的主观因素和自觉目的，认识活动中的主客体界线（限）模糊。即使涉及自然也是用以再现社会关系与人类精神。因此，社会现象与社会问题具有人为性、异质性、不确定性、价值与事实的统一性、主客相关性等特点，形成社会问题的独有特色，在解决社会问题时必须考虑。

第二，从解决社会问题的角度，社会问题不同于自然科学的理性方法，较多地使用内省、想象、体验、直觉等非理性方法。尽管自然科学与社会科学研究方法可以相互补充，但是，它们在探究和解释世界的方式上存在着根本区别；思维能力与概念的使用也各不相同，并用不同的语言形式进行表达。社会世界的主体性、个别性、独特性、丰富性特征，要求认识主体具备把握意义世界的主观感悟能力，而这种能力的形成与个体生活经历与体验密切相关。社会问题的认识能力与认识活动因而带有明显的个体性与差异性特征，凸显出独特性、意外性、复杂性和创造性。

第三，研究和解决社会问题的手段，通常采用调查（抽样调查、访谈调研）、试验、试点等方式，也总是随时间、地点、样本、具体现象、群体构成状况而改变，很难做到研究对象的简化和纯化，也不能使研究对象的属性重现。数学方法只是在少数范围（经济学、社会学等）有所应用，因而增加许多偶然性和不确定性，必须审慎对待。

第四，从研究和解社会问题的目的角度看，社会科学主要是在价值论框架下展开的，目的在于研究认识社会本质和发展规律，指导和改造社会的实践活动，排除阻碍社会发展的障碍，促进社会协调发展，提升社会生活质量和丰富人类精神世界，兼具工具理性与价值理性。研究和解决社会问题，应有助于营造一个促进经济与社会发展的和谐环境，更应注意探讨与人类生存、发展、幸福有关的价值与意义。

第五，真理性与价值性的统一是社会科学的基本特征，剖析真理性与价值性及其相互关系，是认识社会科学和解决实践问题的思想与理论基础。社会现象是事实与价值的对立统一研究，解决社会问题是科学认识活动与自觉价值评价活动的内在统一。作为一种认知活动，应体现出深究社会本来面目、追求真理的特征，符合社会科学的客观性与规律性。然而在社会科学研究活动中，认识者往往既是认知主体，又是被认知的客体，作为主体能认识客体和自己；作为客体他是人生意义的产生者、社会活动的参与者、自我认识的历史存在。社会问题多表现为真理性、价值性与艺术性的统一，属于社会意识形态，往往程度不同的地留有不同阶层、不同民族或既得利益者的烙印，难以毫无差别地、公正地为国家为人民服务，这是研究和解决社会问题的大忌，必须予以充分注意。

第六，社会问题，从属性上看往往具有隐含描述功能、解释与批判功能、预见功能、政治功能、管理功能、决策功能、咨询功能，影响广泛。因而，在解决问题时应慎重而符合客观真理标准；避免政治化、片面意识形态化、急功近利、墨守成规、简单化、泛化或利己主义。

(二) 日常问题

日常问题包括我们平常碰到的一般工作问题，学习问题、生活问题、家庭问题、婚姻问题、人际关系问题、求职问题以及人生意义、价值和理想问题等。日常生活看似平凡，但是，对于个人也都是一种挑战。日常问题和社会问题都是由人、人活动的产物构成的，是人类社会生活内在的统一。在研究方法、手段、目的属性特征方面大同小异，只是在问题领域种表现为群体的关系。在研究与处理日常问题中，大多数情况下认知主体和客体的高度融合，呈现一体化趋势。因此，自主自为的思想与利益关系就显得更为突出。日常生活问题多以实用性、功利性、简单性、经济性、安全性为评价标准，由于存在着人为性、异质性、不确定性、价值与事实的统一性；主客相关性等诸多特点，因而也很难得到确定的、统一的、普遍认同的答案。解决日常问题也是在价值论框架下展开的，利己主义常常处于有利地位，因此就更需要剖析真理性与价值性的相互关系，以道德标准约束自我、公平、公正的处理日常问题。处理好日常问题也是对处理好其问题一项经验的积累和处理能力的锻炼。

最后应当说明的是：科学问题、社会问题乃至日常问题，在特征研究方法、手段等方面都存在着交叉关系，可以借鉴、移植，有些日常问题也可以提升为自然科学问题与社会科学问题。

六、常规问题与反常问题

科学背景知识体系本身是有层次结构的，但是，并非任何一个层次结构的任何一个问题都有相同的地位。一部分问题作为基本原理，处于整个知识体系的核心；一部分问题为辅助假说处于知识体系的外围；还有一部分问题作为前两者的推论处于知识体系的表面。由于涉及不同层次命题的科学问题在性质上不完全相同；因而，我们有时也针对科学研究的具体情况将科学问题分为两类，即常规问题和反常问题。

（一）常规问题

常规问题是指可以在维持已有基本理论的框架内，在已有的范式、模式的前提下有待解决的疑难，并得以有效解决的问题。其特点在于通过调动已有的知识、包括基本原理及其应用方式以及仪器设备的操作方法来进行解决局部问题的尝试。常规问题的解决不与背景知识相冲突，只需要对已有知识体系的局部调整就能将原来的疑难化解。通过问题的解决将会使原有的理论更加精确、充实、完善和体系化。科学知识体系调整时所涉及对理论的系统化表述问题，以及科学研究纲领遇到"反例"时要求在研究纲领的范围内来消化。反例所遇到的问题也都属于常规问题。例如，天文学中海王星摄动问题，就是在牛顿力学理论范围内能够有效解决的问题。

（二）反常问题

反常问题是在已有背景知识的理论框架内或在已有的范式、模式下，无法有效解决的问题。对反常问题，不可能在它出现时就将它的"反常性"辨认出来，只有通过所有解决问题的常规方式进行尝试都失败后，反常的特点才被暴露出来。反常问题与问题的区别是相对于背景知识而言的。对于一个问题是常规问题还是反常规问题的判断是很困难的，正如美国哲学家苏丹所说："有时一个问题只有当它被另外的理论解决了的时候，它可能看成是对于这一理论的反常。"因此，在一些问题成为疑难时解决问题的关键途径是否定原来的背景知识，也就是说对于反常问题自下而上地解决。解决往往是要拒斥已有知识体系中的基本原理；因此，常规的思维方法往往无济于事，而需要独辟蹊径、跨域类比，运用反常思维、横向思维、发散思维、反向思维，以打破僵局的方法。

七、良结构问题与不良结构问题

（一）良结构问题

良结构问题又称结构合理或结构完整的问题。这类问题都有明确的目标任务和范围，而且算子的运演也是合理的。通常的几何问题是良结构问题，认知心理学和数学领域经常提到的"书生和野人过河问题""河内塔问题"等也是良结构问题。由于良结构的已知初始情境、目标情境都是确定的，初始问题情境包括了达到目标所需要的所有成分，而且用来改变情境的操作也被规定，因此它原则上可根据已有的经验，运用比较确定的规律来解决。解决这类问题一般可借助类比思维寻找线索，选择解题方法、途径和切入点的帮助，但解题过程主要还是一个演绎思维过程。

（二）不良结构问题

不良结构问题，又称之为结构不合理的问题，即是指意义、目标或算子不明确的问题。不良结构问题最显著的特征是目标不确定和问题的已知条件不全。这种不良结构问题的性质特点，也就决定了在解决这类问题时，最终目标是有变化的；而且在解题过程中，算子也会随着目标的改变以及解题进展的变化而改变。

以创业规划为例，创业者要制订一份切实可行的创业计划，因为市场分析、产品选择、环境影响、原材料与资金来源、政策法规制约条件等因素都是多原因多结果的关系，而且这些因素又是影响创业计划的重要因素，因而，创业者事先都无法提出明确的要求。这就意味着解决"计划制订"问题，首先按良结构的解题程序——一般计划制订程序，根据调查掌握的信息，优化组合形成初步计划（可能是多个方案）；然后由创业者、专家进行深入讨论，并对产品、技术等具体细节进一步明确，最后形成决策意见，完成最终执行（而且在执行中还要不断修正）。因为计划（最终目标）是从计划空间到细节空间逐步得到满意而形成的，因而与良结构解决问题的过程是不同的。应当说明的是这种解题过程并不是说开始的目标是抽象的，最后的目标是具体的；而是说表明开始的目标与最终的目标，可能存在较大的差别。同样在制订计划中相关的计划要素也会随着完成计划的进程而有相应的改变，如图 4-1 所示。

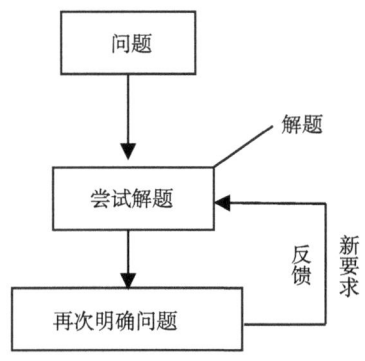

图 4-1　计划要素的改变

从上述两种问题的互相关系来看，不良结构问题在某一局部、某一环节，以至某一阶段，其问题解决过程的结构可能是合理的。因此，不良结构问题中，包含、渗透着良结构问题。也可以说对不良结构问题，可以采用分解的形式，形成若干个良结构或近似良结构问题，以良结构问题的解决问题的方式加以解决，以尽可能地降低不良结构问题的解决难度。这一点在系统思维方式阐述中将进一步予以说明。

八、经验问题、概念问题、佯谬和悖论

（一）经验问题

经验问题是通过对问题的结构和关系的观察并运用经验规律回答或解决的问题。经验的一个重要来源是经验的直接概括，并表现出一种定律的形式，也有些经验规律是由理论规律"派生"出来的并在一定意义上成为检验理论规律的一种手段。

经验规律与理论规律的重要区别在于观察性与不可观察性，也可以说经验规律就是关于可观察现象的规律。判断经验问题的一个重要条件就是问题情境的可观察性或者称之为实际的可确证性。随着科学的发展，"可观察"的内容和方式也发生了很大的变化。在解决经验问题过程中一般沿用以下程序。

首先，用通常习惯的方式，直接用感官觉察事物的状态和实际测量，并在科学观察中加入一些数学方法和仪器设备作为观察的辅助手段，以更好地觉察事物的状态。

其次，对于"问题"的可观察性，有些是通过实验所间接得到的；因此作为观察的前提是依据"问题"的特征，进行实验设计参与观察，使观察更切合客观实际。

最后，应当注意的是"可观察"现象与"不可观察现象"之间的界限是模糊的。我们知道，问题对象的观察依赖感性知觉、实际测量，有时也依赖实验与各种客体要素、事件和过程的相互作用来确定的。在观察过程中数学工具的应用，各种实验仪器及数据和标准的使用，就会带来"可观察"与"不可观察"的界限模糊性。比如电子显微镜相比较普通显微镜，观察某种东西还是感官直觉的感知吗？衍射实验在氧化屏上显现的闪烁点或波形还算不算可观察的东西？对此物理学家是在非常广泛的意义上认识到可观察的东西？因此可以认为"可观察"与"不可观察"是从属于一个不断变化的历程中，它开始于直接观察并深入到复杂的、间接的观察方法。在解决经验问题时应充分注意，可观察的范围与界限。经验问题常用直觉思维、形象思维和抽象思维等思维方式。

（二）概念问题

概念问题涉及科学讨论争论中的疑难或科学理论结构与该领域的方法论前提的不协调等问题。概念问题可分为内部概念问题和外部概念问题：内部概念问题是指理论内部逻辑不一致或基本范畴含混不清而形成的。外部概念问题是指由同一领域或不同领域的两个理论之间的矛盾，一个科学理论与有关科学共同体的方法论之间的冲突和一个理论同当时流行的世界观之间的冲突而造成的。

一般来说概念问题比经验问题更重要。因为科学理论的发展常起因于概念的非难，科学史上一些重大争论都起源于概念上的不一致或矛盾。反常问题大多数也是概念问题，反常问题的解决往往也是要拒斥已有知识体系中的基本原理，并以新的解释性理论取代原有的解释性理论。例如，当时不知名的法国物理学家德布罗意经过对以往理论的研究，于1924年发表一篇阐述有关物质波的文章，提出一个令人难以理解问题。他认为在一个多世纪的研究中，在光学上，比起波动的研究方法来人们是否过于忽视了粒子性的方面，而在研究物质，粒子的理论上，是否发生了相似的情形，人们把粒子的图像想得太多，而过分忽视了波的图像呢？当时科学界普遍认为所有可能存在的波动都已被发现，德布罗意所谓的"物质波"既非机械波（声波等）又非电子波（光波、无线电波等），那会是什么呢？任何物体的运动都会产生物质波，为什么我们看不见呢？大家公开表示怀疑，同时也使德布罗意的想法遭到很多物理学家的冷遇。德布罗意的问题所以会受到冷遇；就是因为它公然违背了当时的背景知识基本原理。历来主张物质粒子就是粒子性的，那里会和波动发生关系？德布罗意却要改变人们的传统认识，结果引起科学上的一次革命的转变。

（三）"佯谬"和"悖论"

概念问题往往隐藏在科学理论的深处，科学家常常通过"佯谬"和"悖论"来揭示概念问题的矛盾。

佯谬和悖论均译自 Paradox。佯谬有似非而是的含义，如果从一个理论中能推出它不能成立的结论，就构成一个佯谬。佯谬或者表现理论本身有缺陷，或者表明理论中蕴含着未被人察觉的深刻内容。在经验科学中，著名的佯谬有麦克斯韦妖佯谬、薛定谔猫佯谬、量子佯谬、光电效应佯谬、引力佯谬、光速佯谬、光度佯谬等。佯谬问题，并非一定表明理论的缺陷，但却能揭示出，其更丰富的内涵，对科学认识起到推动作用。光度佯谬即所谓奥尔勃斯佯谬的例子可以清楚地说明，正是为了消除这一佯谬才推动了天文学家们相继提出等级式结构模型、大爆炸宇宙模型等新的理论。

悖论，在古代西方主要是指与常识相违背的命题或推理。在现代逻辑中悖论通常是由肯定其真可以推出其假，而由肯定其假可以推出其真的一类命题；也就是说悖论是从某些公认为正确的背景知识中逻辑地推导出来两个相互矛盾的等价式，或者说从明显的可接受的前提通过明显可接受的推理得到一个明显不可接受的结论。著名的悖论有芝诺运动悖论、罗素的集合悖论、欧布利德的自我指称悖论、纽克姆抉择悖论等。

一个领域中的悖论。往往触及该领域的根基。在经验科学中，把悖论视为一种带有根本性的反常问题。波普尔称经验科学的悖论为"经验之谜"并认为："一个哲学家所能做的事情之一，也可以列入他的最高成熟的事情之一就是看出前人未曾看出的一个谜，一个问题，或一个悖论。"

悖论它不同于一般现实矛盾和现实问题。普通逻辑矛盾是由于逻辑错误或思想混乱所致，而悖论的思维过程是有问题的，它是从某些共识中、合乎逻辑的推导出来的。比如说谎者悖论它可以表述为："这句话本身是谎话。"现在问上面这句话是真的，还是假的呢？如果它是真的，即表明"这句话本身是谎话"是真的它就是谎话，那么它就是假的。反之，如果这句话是假的，即"这句话本身是谎话"是假的，它就不是谎话那么它就是真的。

一般悖论可划分为三层四种：最普通的为具体理论悖论，它包括"系统思维悖论"和物理学中被人们称之为佯谬的悖论。较高层次的悖论为集合论型悖论，如罗素的集合论悖论；以及语义悖论，如说谎者悖论。最高层次为哲学悖论，如康德的二律背反悖论。

悖论由共识、逻辑推理和矛盾等价式三要素构成。悖论也是一种矛盾、一种问题，当然也是有待解决的。由于悖论的特殊性，其解决途径和方法也有其特殊性。依据上述悖论的构成要素，人们需要从以下情况中做出选择：第一，结论并非真的不可接受；第二，出发点或推理有不明显的缺陷。

解决悖论的主要途径有两种：第一种途径，认定结论（矛盾等价式）是荒谬的，把矛头指向共识和逻辑推导，从两方面解决问题，可以从共识或逻辑推导中任选其一找原因，也可以双管齐下两线寻求解题方法。有些人主张通过改变某些共识或修改某些前提来消除矛盾，也有人主张整个地抛弃共识。对于逻辑，有人主张部分的抛弃逻辑限制或者建立新的逻辑来消除悖论。从理论上讲抛弃逻辑也不失为一种消除悖论的方式，但实际上却是行不通的。第二种途径，承认或接受结论（矛盾等价式），认为它是一种特殊的真理，并不荒谬。这一途径导致宣布矛盾律并非普遍有效。也有人认为可以容忍悖论存在，但要限制它、囚禁它。悖论问题的深入讨论；有多种观点，也涉及许多逻辑知识和技术，本书不做进一步讨论。

第三节　发现问题的途径与方法

问题是创造创新的起点和本源，也是一种有深刻意义的认识和思维活动。问题是现实社会需求的反映，也是阻碍进步与发展的障碍。解决问题是人类的需求，也是展示人生本色的标志。就问题本身而言，有如智慧的迷宫、知识的宝藏；解决问题可以增加个人的知识积累和精神财富。发现问题是人们一切实践活动的积累，也是一种复杂的认识活动和思维活动。对每个人来说发现问题经历了一个由自发到自觉的转变过程，发现问题不仅需要有怀疑精神、创新精神和批判精神，也需要坚强的毅力、进取心和社会责任感；发现问题不仅要有丰富的实践经验和坚实的理论基础，也要有丰富的想象力、敏锐的洞察力，精细的分析力和顽强的探索力；发现问题不仅需要社会的推动，而且需要动机的激发；发现问题不仅需要了解发现问题的途径，而且需要掌握发现问题的方法。发现问题虽然没有固定的程序和算法，但也并非是完全随机的、纯粹偶然的活动。

一、发现问题的途径

(一) 通过已有的理论（包括成功的理论）进行批判性考察，以发现其内部存在的问题

这一途径发现的问题可能有：一方面，理论内部的逻辑矛盾。如伽利略在亚里士多德的落体定律发现了逻辑矛盾，一些悖论和佯谬的发现，同样也起到了重要的推动作用。另一方面，这类问题的发现，不仅需要严密的逻辑推理，而且要对整个系统进行全面深入的剖析。理论内部结构的不对称性或结构上的不严谨。这类问题的发现可以导致对理论的修正和完善，其发现过程既要逻辑分析也要严谨的判断。

(二) 对两个或以上的理论进行比较发现存在于它们之间的问题

这些理论之间是否矛盾？是否一致？是否归并？能否还原？能否融合？能否统一？这种途径可从 3 个方面加以考虑：首先，同一领域、同一系列，相继出现的理论关系问题。如开普勒的定律与牛顿力学关系问题，就有后者说明前者，前者为后者归并的问题。其次，同一领域，两个不同系列理论之间的关系问题。如相对论与量子力学的关系。量子力学中的矩阵力学与波动力学都属于同一学科相互竞争的理论。二者之间的矛盾，提出了量子力学形式体系的实质性解释的背景问题及两个理论系统的比较，评价问题。相对论与量子力学的关系引发了将两者结合起来的研究。最后，不同领域两个理论之间的关系问题。如微观粒子的量子理论与遗传基因的研究理论，使生物学与物理学找到了统一的基础——微观粒子的运动规律。生物技术主要是建立在对生命物质分子层次认识的基础上，DNA 现代生物技术是在确立了遗传物质 DNA 双螺旋结构基础上发展起来的。

(三) 从理论与事实之间的关系中发现问题

理论与事实之间存在着理论解释事实和事实验证理论两种关系。理论不能有效的合理的解释事实，可能产生 3 种情况：首先，理论有问题；其次，观察事实有问题；最后，以上两者均有问题。

当确定观察（直接或实验观察）事实无误，则必须修正理论、补充理论或研究新理论取而代之。经反复验证，理论没有问题，则必然会出现事实描述有问题，实验设计有问题，或观察理论有问题，观察技术有问题几种情况，据此应建立新的观察理论或观察技术。如奥斯特观察磁针偏转现象，经验证明现象确凿无误，从而导致电磁关系新理论观点的提出。

（四）在理论的应用中发现问题

科学理论研究与形成，其根本目的就在于认识自然规律，并用以利用自然、改造自然，促进社会的发展和生活水平的提高。

理论的应用由基础生产到高端科学研究具有很多类型和层次：有数学、逻辑、方法论在各门经验科学中的应用；有自然科学在技术领域中的应用；有科学技术在生产领域中的应用；有自然科学与社会科学，人文科学的相互应用等。一般来说，在理论的应用，在基本概念的展开过程中，原来隐而不现的狭隘、不精确性、不合理性和不恰当等方面的缺陷错误等会逐渐显露出来，为理论提出了新的发展方向。另外，实践会提出有待理论探讨的新问题，激发新的理论思考。在技术史上，我们会看到一种重大技术的诞生，往往产生许多相应的科学问题、技术问题、哲学问题、社会问题乃至道德问题，前面讲述的科学技术发展史相关内容就是有力的证明。

（五）在产品开发中发现问题

这里所说的"产品"是广义的产品定义，包括物质产品和社会科学领域的产品和人文科学领域的产品等。上面已阐述的在理论应用中发现问题，所涉及的是理论本身的问题。在产品开发中，还存在着许多理论与实践，内在与外在的联系问题和扩展问题。具体表现为以下几类技术性问题：首先，实验环境与条件向实践（生产、应用）环境条件转化问题。一般理论是通过实验观察、验证形成的，环境条件是严格设定的，理论应用于实践首先要面对的是生产、应用环境和条件，两者的差异（不完备、不精确、现场外来因素的干扰）便形成了多种问题。其次，理论概念表现为概括性、确定性，而在实际开发中却显示出同一理论的多向性应用。比如金属冶炼理论，用于冶炼、铸造，在实际生产中又可以变化多种冶炼工艺，在这些实践技术应用中，也将发现多种问题。再次，理论研究中的测量观察手段，无论从方法上、精度上、仪器装备上与实际开发应用也有明显的不同，也都会成为工艺流程中的实际技术问题。最后，产品开发中应用同一理论所需转化设备，装备等也是多种多样的。为了达到生产优化的目的，设备、工艺装备的设计，结构、原理也存在着多样性。这些都有实际的创新问题。

（六）从"创新"中发现问题

无论企业、事业乃至政府机关都同样面对着市场竞争的问题，只有永恒的发展才是在竞争中立于不败之地的根本和唯一正确的抉择。发展一个重要的策略是创新，我们借助经济领域的"创新"概念来阐述发现问题的途径。

第一，从产品创新中发现问题。这里的产品，我们扩大表述为一切实体组织，对外界服务的主导实务（包括机关团体的法规、章程的制定）。一切产品都是根据市场，社会的需求和形势而确定的，需求与形势与自身的条件总是存在着各种矛盾，解决这些矛盾，作出具体规划需要大量的调查、分析、决策，而新产品开发中每一项活动都面临着各种问题。

第二，技术创新。一旦"产品"确定，生产实施、技术措施便成了关键。工艺流程计划制定，关键技术创造，设备的选择，不仅要求先进、实用，更需要优选。每一个环节都可能是"问题"。

第三，材料（包括社会科学领域主导实务中所需材料）创新的主要问题是材料自身品质及与需求匹配的优化问题。

第四，管理创新问题：管理计划、组织、系统化及其实效问题。

第五，设备创新问题：包含设备的功能、结构、效率、性能的创新问题，有关创新问题在以后章节中将有进一步解读。

（七）从经验中概括出新问题

在科学的理论建构中，最关键的问题是经验规律与理论规律的过渡，善于区别这两类规律，又要把握它们的内在联系，发现并解决问题就是架筑两种规律之间桥梁，其转化过程可以表现为经验规律⟷问题⟷理论规律。

两种规律的分界在于规律的可观察性与不可观察性。经验来源于观察（包含必要的测量）和积累、比较概括和验证，通过观察（测量）反复的比较、概括，形成一种有效认识，这种认识，在不断的观察中接受检验，和进一步概括，并可以用来无误地解释观察的现象，表现出一种定律形式，便成为经验规律。初始观察、直觉的疑问，就是问题之所在。理论规律，演绎可观察经验规律（开放性）是通过对应规则来实现的，所谓对应规则其实质就是把理论规律不可观察词语转换成经验规律、可观察词语。对应词语转化过程是有其内在联系规则的，因此转化过程也是问题之所在（如果不实现转化理论规律，也就成为无人问津的假说）。比如万有引力、质量概念等，都是不可观察的概念。采用对应规则把天上物体的运动与苹果落到地上，这样毫无联系的事情一起思考；用万有引力定律成功地解释了苹果落地和行星运动规律。事实说明寻求对应事实问题，也是创造活动中的重要问题。同样研究气体分子的动能、分子运动等理论规律。分子是不可观察的，而用"气体的温度与它们的分子的平均动能成正比"规则把不可观察的分子动能与可测量的温度联系起来，使理论规律演绎出一个可观察的经验规律，也是解决"对应问题"的问题。相反，对经验规律抽象出共有的不可知因素，作为一种假说，陈述出来也是一种待研究的问题，一旦经过检验论证便可以形成理论规律。

（八）从日常生活中发现问题

有很多引发创造（科学创造、自然、社会、人文、科学、技术创新乃至艺术创意等）的问题是从日常生活中提炼出来的，这样的例证在科学发展历史中比比皆是。阿基米德在洗澡时发现了浮力定律；牛顿受落地苹果的启发，成就了万有引力定律；由于一桶硝化甘油渗漏到硅藻土上这一平常事件，成就了诺贝尔发明"达纳炸药"的创举；也仅仅是培养皿中一次意外的污染，引导了弗莱明的好奇和追迹思考发明了青霉素针剂，挽救了数不胜数的重危生命。事实证明生活中可以创造的问题随处可见，自然要使这些问题明朗化，却需要认真的观察和思考，否则大好的机遇也会白白溜掉。日本科学家早于弗来明发现青霉素现象，却因为没有认真思考而与一项划时代的发明失之交臂。在日常生活中发现问题，首先取决于认真观察、发现奇异现象，然后循迹思考、寻找现象特征及情境，最后通过抽象概括、明确问题属性。

（九）从社会需求中发现问题

无论是组织、团体还是个人，人们的需求总是随着社会的发展，科学技术水平的进步而不断地增长，扩展和更新。这也是有历史以来永恒的创造课题，而且对品质、款式、功能、舒适度、耐用度乃至外观美感都提出更高的要求，需求范围也在不断地扩大，包括物质产品、精神产品、生活环境、安全保证、信息传播乃至社会规范……都为创造性问题提供了广阔的选择和施展的空间。

（十）通过移植或综合寻求问题

随着横断科学、系统科学（也属横断科学类）技术结构群落与产业群落的兴起，科学门类，科学与技术的融合成为21世纪科学技术革命发展趋势。具体表现为如下。

第一，微观领域与宏观复杂领域的相互作用，微观领域的成果，将成为科学技术各部门的基础，并为科学技术发展开辟了道路。如物质结构的研究可能为新能源及其实现方式作出自己的贡献。

第二，宏观科学复杂系统领域的形成，系统间，学科间的广泛的相互联系。

第三，科学与技术的融合及科学与技术领域的交叉利用。

第四，科学技术建制（科学技术活动的社会组织形式及体制）逐渐向科技经济一体化的发展。

第五，生产技术方式从工业化向知识化转变。

第六，自然科学与人文社会科学的融合（规律性、规范性一致，理论观点相融，功能互补等）。移植综合包括横向，纵向和交叉综合移植等。

如从自然科学角度提出的空间问题、能源问题、生态问题、海洋问题，可以转化为社会科学问题；人口控制问题、城市规划问题，也可转成为自然科学问题来研究。各种移植综合的实例更是不胜枚举。如最常见的汽车产品研究，就小学科范围涉及力学（机械力学、空气动力学等）、电学、电子学等；扩展为自然科学领域则涉及物理学、化学、生物学（人体结构、机能等）；做进一步拓展又涉及社会领域中的社会学、心理学、城市规划等，每一个交叉点都存在着可供研究的创造性问题。从产品或功能创新角度，生物医学中的人造器官（血管、机械起波器等）、多功能手机中的影像技术（光学）和传输技术都是移植问题的充分体现。

（十一）从已知问题出发发现问题

任何问题都是系统中的一个分支（子系统）或节点，因而必然与系统的特征与功能产生纵横与层次上的相关性，形成内在联系，同时问题所在空间的环境因素也会与问题之间产生外在联系。这些都是以已知问题为源头寻找发现问题的线索，进而产生新的问题。基本问题不仅可以演绎出、衍生出本问题域中的低层次问题，也有可能涉及高层次问题，还可能产生交叉科学问题、横断科学问题和边缘科学问题。

"对一个问题的每一种解决都引出新的未解决的问题；原始的问题越是深刻，它的解决越是大胆，就越是这样。"从一个基本问题推演可以产生一系列问题。工程设计、产品创新等技术性问题同样遵从这一准则。其基本来源是：第一，对公认的合理性原则，提出挑战。第二，来自悖论的激发。第三，基本问题的理论、依据及相关条件的求索。第四，实现基本问题的"子系"问题的理论依据、实现的可能性及解决方式方法。第五，基本问题的扩展与相关的同类问题等。

（十二）通过怀疑、挑战而提出问题

19世纪流行着一种"以太"学说，它是随着光的波动理论发展起来的。由于对光的本性知之甚少，人们套用用机械波的概念，想象必然有一种能够传播光波的弹性物质，它的名字叫"以太"。当时认为光的传播介质是"以太"。由此产生了一个新的问题：地球以每秒30千米的速度绕太阳运动，就必须会遇到每秒30千米的"以太风"迎面吹来，同时，它也必须对光的传播产生影响。这个问题的产生，引起人们去探讨"以太风"存在与否。如果存在"以太"，则当地球穿过以太绕太阳公转时，在地球通过以太运动的方向测量的光速（当我们对光源运动时）应该大于在与运动垂直方向测量的光速（当我们不对光源运动时）。许多物理学家们相信"以太"的存在，把这种无处不在的"以太"看作绝对惯性系，用实验去验证"以太"的存在就成为许多科学家追求的目标。1905年，爱因斯坦在抛弃"以太"、以光速不变原理和狭义相对性为基本假设的基础上建立了狭义相对论。狭义相对论认为空间和时间并不相互独立，而是一个统一的四维时空整体。在狭义相对论中，整个时空仍然是平直的、各向同性的和各点同性的。可以说爱因斯坦提出相对论的关键，就是敢于对公认的原则、规范提出怀疑、挑战，认为"以太"不存在。

（十三）通过信息资源感悟问题

现代社会信息传播方式广泛而快捷，书籍、杂志、通信、会议、新闻媒体、网络等都有相关问题的信息，供人们去求索。

通观上述13种问题的来源，大致划分为3类：第一类是它人明确提出的问题（上级提出的，社会实体征询，待解的，普遍公认尚未解决的问题）；第二类是工作中面临的实际问题；第三类则是个人感悟的问题。

社会发展与现实总是有矛盾的，矛盾中也就蕴涵着数不完的各种问题。而发现问题至关重要的是人的主动性和深入的领悟与求索。没有悟性或有悟性的人不主动去领悟，人的眼里、脑子里也就永远不会有问题。问题使人上进，人生更加充实，问题使人更加睿智，能力也在不断地提高。没有问题的人是最平庸的人。正如发明家保尔·麦克里德所说："唯一愚蠢的问题是你不问问题。"

二、发现问题的方法

发现问题、尤其是发现复杂而深奥的问题，没有标准方法，但有一些启发性、协助性的发现方法。了解这些方法，利用问题之间的隶属关系、同一关系、交叉关系、生成关系、相似关系、对立关系等有助于发现问题。比较典型的方法有如下几种。

（一）直觉认识法

从直觉中发现问题，作为一种方法提出似乎有些牵强，但是在实践活动中确实有这样的机遇，而且不容忽视。

1892年9月，瑞利在英国《自然》杂志上发表的一篇短文中写道："我用两种方法制得的氮气密度不一样。虽然这两个密度只相差5‰，但是仍然超出了实验的误差范围。对此，我颇有怀疑。希望读者提供宝贵意见。第一种方法：让空气通过烧得红热的装满铜屑的试管，氧与铜化合，剩下了氮。这种氮的密度为1.2572克/升，称为氮Ⅰ。第二种方法：让氧、氮混合通过催化剂，生成水和氮气。这种氮的密度为1.2508克/升，称为氮Ⅱ。二者密度相差0.0064克/升。"

请读者注意，这是在"空气中只有氧和氮"的观念下，提出来的矛盾！

面对这种矛盾，化学家拉姆赛推测说，氮Ⅰ比氮Ⅱ重的原因，是氮Ⅰ中含有某些比重较大的气体。氮Ⅰ是从空气中制取的，所以，空气中除了氧和氮之外，还有未知的气体。

为了证实这种推测，拉姆赛让氮Ⅰ通过赤热的镁屑，氮与镁生成氮化镁，氮耗尽后，剩下一种气体。它的体积是氮Ⅰ的1/80，密度是氢的20倍。

后来根据光谱和其他实验得知，它是由氢、氩、氖等许多气体组成的混合气体。这就是大气中除氧和氮以外的气体的发现过程。化学家拉姆赛，正是根据瑞利提出的问题，经过实验最终取得新发现的。

这个例子说明，直觉中的疑问，可能就是问题之所在，忽略这些问题，也可能造成终生的遗憾。

从直觉中直接发现问题（特别是一些日常工作中的问题）的概率还是很高的。有些虽然不能直接成为问题，但却是发现问题的重要线索，经过分析找出问题之所在也是发现问题的一种较好的方法。从直觉中发现问题的基础是有丰富的知识与经验的积累，随时保持问题意识和运用跟踪追击的方法，最终确定问题。

（二）*经验归纳法*

经验归纳法在发现事实问题、经验问题、描述性问题是什么问题以及理论与事实的关系方面有重要作用。我们既可以通过经验现象进行观察、实验、比较、分析抽象、概括，逐渐地发现问题，也可以运用典型归纳法洞察问题的内在联系，发现问题的机理与矛盾所在，既可以运用同步求异法来寻找差异和区别，乃至对立与冲突，也可以运用求同法来寻找相似与统一。

（三）*原理演绎法*

原理演绎法在发现常规问题与理论内部的矛盾问题、理论系统之间的矛盾问题以及理论与事实之间的不一致问题等方面，起着重要作用。从基本问题到应用问题，从理论的建构到检验，从检验到调整、修正、发展这些过程，都离不开演绎法。

（四）类比移植法

类比移植法，就是根据已形成规律、理论、事实的一些事物或已解决的问题，发现相似、相近事物或现象中存在的可供研究的问题。通过类比移植法可以发现常规问题、域内或域外问题、应用问题与理论问题；也可以发现结构问题、边缘问题乃至中心问题和核心问题。比如人与计算机的类比领域，通过类比可以提出一系列可供研究的问题。如怎样使计算机像人一样思维？计算机能否模拟人的心理过程？计算机能否实现情感互动？

（五）反向提问法

反向提问法是针对原来的问题运用反向思维提出相反的问题。比如风扇对空气的作用问题，其反向问题则是空气对风扇的阻力问题，这恰好涉及汽车为减少风阻的造型问题。

（六）假设构想法

假设构想法是在虚拟条件下，构想在理想状态下或在可能世界中会出现什么情况，会发生什么问题。后文中提到的假想模型问题均属此类问题。

（七）相关提问法

相关提问法是指从已有的问题或理论观点出发，根据问题的结构关系或理论的逻辑关系以及问题和发展过程提出其他问题。比如，根据模糊理论提出模糊数学问题、模糊理论在管理与工程设计优化中的应用问题等。

（八）功能求索法

无论是公认的科学理论与成熟的应用技术，还是已有的具体事物，都是以满足人类改造自然、构建人工自然、改善人类生活品质的需求为存在的基础和前提。满足需求的根本要素是现实存在事物（科学的、技术的、产品的等）自身所具有的功能。随着科学与社会的发展对"新生事物的需求——功能"与日俱增，从对新事物功能需求中发现问题也就成为普遍直观的方法。

功能——需求来源于现实科学研究、生产与生活实践中存在的必然现象，为相关大多数人所共识，矛盾焦点突出，问题明显也易于发现。其具体方法是：首先，确定需求矛盾；其次，明确要求目标，确立需求功能；再次，解析功能本质（原理、技术、材料等），突出矛盾焦点；最后，确定问题实质。

应用功能求索法可以与上述其他方法有机结合起来，可以收到更为直观、有效的成果。

功能求索法不仅可以拓展、深化已有理论、技术的应用范畴，也可对发展新理论、新技术提供引导。

　　比如随着世界人口老龄化，居家养老已成为一个重要问题。目前，虽有辅助生活机器人问世，但仍需设定程序的预控，而无法愉悦老人的情感生活和主动发现需求与突发危机，并采取相应的处理方法。要实现上述功能，关键就是实现机器人人性化问题，也即对人脑功能的全模拟问题。

下篇　艺术人才创业能力提升篇

艺术领域的创业活动虽然具有特殊性，但是，还是有许多共性的内容可供总结。本书的下篇，将介绍艺术人才开展创业实践时所需要的能力。

第五章 创业概述

置身于全球经济一体化的多元时代,国家、民族想发展,就需要创新、创业。一个人要发展也要敢于创业,既要虚心向强者、权威学习,又要敢于向强者、权威挑战。创业的概念及基本问题、创业动机、环境与机会、创业者是开展创业活动必须了解的基本问题,也是本章要介绍的重点。

第一节 创业的概念及基本问题

一、创业的基本概念

从范围上讲,创业有广义、狭义之分。广义上的创业,泛指人类一切带有开拓意义的社会变革活动。因此,从广义上说,一切有益于国家、社会、人民利益的活动,都可以称为创业。广义创业涉及的领域非常广阔,无论政治、经济、军事、文化艺术事业,只要人们从事的是前无古人的事业,都可称为创业。诸葛亮在《前出师表》中所讲"先帝创业未半,而中道崩殂",指的是创帝王之业;毛泽东领导中国人民进行新民主主义革命,建立了中华人民共和国,是在创立无产阶级大业;上述活动都可属于广义的创业。

而从狭义上讲,创业既可以包括以盈利为目的的商业创业,也可以包括以服务社会为目标的公益创业。

商业创业是社会上的个人或群体自己开展的以创造财富为目标的社会活动,开创属于自己的经济组织,获得经济上的收益。公益创业是指个人、社会组织或网络等在社会使命的激发下,追求创新、效率和社会效果,面向社会需要,建立新的组织,向公众提供产品或服务的社会活动。公益创业的特征有社会性、创新性、价值性、过程性。公益创业的价值主要体现在公益创业促进创新、促进经济的发展、创造就业、促进社会进步。公益创业者通过创新立业促进涉及公共利益的价值增加。按照公益创业组织实践的主体或者服务领域分为创办兼顾社会利益的非营利组织、创办兼顾社会利益的营利组织、志愿公益活动和生态网络混合型4类。

上述两种创业活动对于整个人类来讲，也许是有许多前人的经验的，但对创业者本身来说，则是从未经历过的、从头开始的事业。在当今改革开放的背景下，一系列白手起家或身处困境开拓出新局面的企业和社会组织领导者所做的工作都是狭义上的创业活动。

根据上述分析，我们可以给相对规范的狭义创业下一个明确的定义：创业是指社会上的个人或群体，为了改变现状，造福后人，依靠自己的力量建立组织创造财富或开拓新局面的艰苦奋斗过程。

在创业活动中，创业投资是一项必不可少重要工作。因此，有必要对创业投资的定义进行一些探讨。创业投资（Venture Capital，Venture）的含义近于"牟取个人利益的大胆行动"（Daring Undertaking for Private Gain），有如下定义。

（1）全美创业投资协会（NVCA）：创业投资是由专业投资者投入新兴的、迅速发展的、有巨大竞争潜力的企业中的一种股权性资本。

（2）英国创业投资协会（British Venture Capital Association，BCCA）：协会并没有公布创业投资的正式定义，但规定其成员为"积极活跃地管理资金，用于对英国未上市公司进行长期股权投资的机构"。

（3）欧洲投资银行：创业投资是为形成和建立专门从事某种新思想或新技术生产的小型公司而进行的股份形式承诺的投资。

（4）经济合作与发展组织（OECD），有过3种不同的表述：创业投资是投资于以高科技和知识为基础，生产与经营技术密集型的创新产品或服务的投资；创业投资是专门购买在新思想和新技术方面独具特色的中小企业的股份，并促进这些中小企业的形成和创立的投资；创业投资是一种向极具发展潜力的新建企业或中小企业提供股权资本的投资行为。

（5）美国《企业管理百科全书》：对不能从股票市场、银行或与银行相似的传统融资渠道获得资本的工商企业的投资行为。

（6）林德（Rind）：如果一项投资行为具备以下特征，即可称为创业投资：①创立新企业或挽救、扩展现有的企业；②投资于高风险、高利润的地方；③进行投资之前，有周密的分析研究和详尽的调查工作；④使用各种不同投资工具于不同的投资活动之上；⑤进行长期投资；⑥直接参与所投资企业的经营，为其所参与的投资计划提供更多的附加值；⑦努力使其资本利得最大化。

（7）成思危：创业投资是指把资金投向蕴藏着较大失败风险的高新技术开发领域，以期成功后取得高资本收益的一种商业投资行为。

（8）万志勇：创业投资是指投资于创业企业，并通过资本经营服务，培育和辅导创业企业成长，以期分享其高成长带来的长期资本增值。它包含三层含义：①投资对象是创业企业，以区别于对非创业企业的投资；②不仅提供资本金支持，而且提供特有的资本经营等增值服务，以区别于单纯的投资行为；③在企业完成创业使命后即退出投资，以实现自身的资本增值，进行新一轮的创业投资，以区别于那种长期持有所投资企业股权，以获取股息红利为主要收益来源的普通资本形态。

（9）匡晓明：创业投资是由确定多数或不确定多数投资者以集合投资方式设立基金，委托专业性的创业投资管理机构管理和运用基金资产，主要对未上市创业企业提供权益性资本，并通过资本经营服务直接参与企业创业过程，以期获取企业创业成功后的高资本增值的一种特定类型的投资。

二、中国的当代创业发展历程

改革开放以来，中国人掀起了4次创业高潮。

第一次创业高潮，1979—1989年，草根创业。

在"文革"后，800万知青返城，就业成为社会问题。机关单位安置有限，知青只能靠摆地摊，从事理发、修鞋、磨刀、修伞、修家具、卖小吃等行业维持生计，人们管这叫"练摊"。

为缓解就业压力，解决温饱问题。1979年2月，中共中央、国务院批转了第一个有关发展个体经济的报告，允许"各地可根据市场需要，在取得有关业务主管部门同意后，批准一些有正式户口的闲散劳动力从事修理、服务和手工业者个体劳动"。

1980年温州章华妹成为第一个拿到个体工商户营业执照的人，她以卖纽扣为生。

安徽人年广久靠卖瓜子致富，雇工从12名到105人，震惊全国，人们怀疑"年广久是资本家复辟"，从而引发"个体户雇多少人才是剥削"的辩论。

个体经济对计划经济的冲击终于导致1982年的大整肃，温州发生"八大王事件"。

个体户的出现，激活了一个封闭已久的经济体对物质的渴望，王石、柳传志、任正非、张瑞敏，中国第一代企业家亦在这时"倒腾"出第一桶金，并借助时代的机遇,成就各自非凡的事业。

第二次创业高潮,1992—1997年,公务员下海潮。

个体经济为人们打开新天地后,市场经济迅速席卷全国,发财致富日渐成为全民理想。

20世纪80年代末90年代初,全国掀起一股全民经商潮,其中最为典型的是"国企员工下海"。1987年现SOHO集团董事长潘石屹放弃石油部管道局"铁饭碗",揣80元钱南下广东。冯仑原是国家体改委下属研究所的干部,后被派往海南省筹建改革发展研究所,但到达海南不久,冯仑与潘石屹等4个同伴成立公司,做房地产生意。

1992年年初,中国改革开放总设计师邓小平南行指出计划和市场都是经济手段,明确提出"三个有利于"标准。邓小平视察南方谈话进一步打破了人们的思想禁锢,激发人们跳出体制,投身市场经济之海的热情。中华人民共和国人力资源和社会保障部数据显示,1992年,有12万公务员辞职下海,1000多万公务员停薪留职。

这一代的创业者中,诞生了俞敏洪、郭广昌、王传福等后来的业界大佬,而他们所领导的企业,也逐渐成长为奠定中国经济竞争力的基石。

第三次创业高潮,1997—2000年,互联网创业。

经济体制的改变,让人们解决生存问题;而科技的发展,却改变生活方式。1997年中国的互联网元年开启。

中国互联网络信息中心(CNNIC)曾在1997年12月1日发布第一次《中国互联网络发展状况统计报告》,报告指出全国共有上网计算机29.9万台,上网用户数62万户。该中心自此后形成半年一次的报告发布机制。

1997年,美国麻省理工学院的博士生张朝阳创办了爱特信ITC网站,次年2月,他在中国"克隆"雅虎,推出中文网页目录搜索的软件,名叫"搜狐"。

1997年,26岁的丁磊设想网民们应有自己的信箱,于是在广州创办网易公司,写出了第一个中文个人主页服务系统和免费邮箱系统。

1997年,29岁的软件工程师王志东领导的四通利方获得第一笔风投,该网站体育论坛因帖子《大连金州没有眼泪》而备受关注;次年,四通利方开办新闻频道,并收购北美网站华渊资讯网,网站更名为"新浪网"。

1998年,马化腾成立了深圳市腾讯计算机系统有限公司;雅虎进军中国,成为1998—1999年连续两年网民网页首选。

1999年,马云在经历两次创业失败后,确定要成立一家为中国中小企业服务的电子商务公司，域名为"阿里巴巴"。

1999 年，邢明把 1996 年从股市赚来的钱投资在 3 个网站项目上，其中一个叫"天涯社区"。

1999 年，22 岁的孙鹏与另外 4 位网友一起建立个人网站——红袖添香。"做文学网站，最初只是缘于梦想，终极目标也不是为了赚钱。"孙鹏曾表示。如今，这个纯文学网站，拥有完善的投稿系统、个人文集系统、媒体联络发表系统及原创书库。

尽管经历了 2000 年互联网泡沫的惨烈溃败，互联网时代的步伐并未减缓。百度、腾讯、阿里巴巴正是在这一时期迅速崛起，成为中国新兴经济的代表。而其所代表的互联网，将在未来以"颠覆一切"的形象，改变着整个中国的经济结构。

第四次创业高潮，2014 年至今，大众创业。

2014 年，中国经济进入"新常态"，一波新的创业浪潮也正在兴起。

深圳南山区华侨城创意园的柴火创客空间，因李克强总理的到访而为人所熟知，这被认为是点燃本轮创业潮的星火事件。

2013 年，一些风投机构开始陆续投资创客项目。这轮"草根创业潮"的发生起因，主要源于中国经济处在转型期。

在政策环境方面，中央政府"三大施政清单""简政放权"为创业潮提供制度保障和政策推力。同时，2014 年 3 月《注册资本登记制度改革方案》出台，放松企业准入条件的管制，取消了"最低注册资本金"的限制。李克强总理的政府工作报告首度将"大众创业、万众创新"作为推动经济转型升级的双引擎之一。这轮创业潮涵盖社会各个阶层；年龄分布较广，"85 后"与"90 后"创业者更多。

教育部于 2015 年主办首届中国"互联网+"大学生创新创业大赛，这一赛事成为每年举办且大学生参赛人数众多的创新创业类竞赛。

三、创业的基本特征与类型

不论是广义创业还是狭义创业，都有一些共性的特征。笔者认为创业作为人类的社会行为，有以下几个基本特征。

第一，社会性。创业是人类最基本的生存方式，是一切财富的源泉。由于人类的持续创业活动，才有社会的繁荣、国家的昌盛，以及现实生活中享受到的物质文明和精神文明。创业活动源于社会需求，也适应于社会需求，因此一切创业活动必须按社会的准则与规律行事。

第二，开拓性。从历史与社会角度，创业活动是持续的、永恒的；而对于创业者来说，所创之业则是从未经历过的，从头开始的事业。就目前而言，一种创业是人类空前未知的事业，在事业自身发展过程中，必须通过创业活动来取得成果。而其他运营的过程还是有其他行业可以借鉴的。另一类事业于人类已经有过尝试和体验，甚至有比较普遍的尝试，但对创业者仍是一件空前未知的事业，虽然可以借鉴模仿学习前人（乃至国外）的经验和方法，但是必须从头做起，只有创造与创新才有突破与成功，开拓新的事业。

第三，自主性。创业从来就是一种独立自主的行为。创业者一般有身处逆境者，不满足现状者，锐意进取者和有志向有成功欲望者。未来的事业是自己选定的意愿，从创业伊始到整个创业过程，都需要独立自主自力更生，靠自己的能力去完成创业目标，实现当家做主的理想。

第四，功利性。创业是一项充满功利性的事业，是创造财富、积累财富的过程。创业的过程是一个艰苦奋斗耗费心血、体力，并承担风险的过程。无论创业者采取什么手段和方式创业，积累财富是创业的目标。财富的多少也是衡量创业业绩的重要标志。即使要完成其他的公益事业，在市场经济条件下也必须通过财富来达到目的。

创业是带有普遍意义的人类行为，尤其是在经济领域，不同的时代，不同的领域，不同的个人和团体，都存在着创业活动，这就使创业活动表现为多种多样的类型。在此重点分析经济领域创业的基本类型。

从创业的时代背景看。创业可分为传统创业、现代创业两种类型。这两种类型的创业活动由于社会条件不同，所以在创业的水平、特点、手段上表现了极大的差异。

从创业的宏观环境看，创业有国内创业和海外创业两种类型。这两种创业类型反映了创业活动的广度。由于创业空间的反差，也就决定了它们在创业形式、内容及风格上的不同。

从创业的微观环境看。创业又有内部创业和外部创业两种类型。这两种创业类型反映了创业活动的深度。内部创业特指一个组织内部的一些集体的创业活动，外部创业特指一个独立的社会组织的创业活动。

从创业的模式看，创业则表现为独自创业、合伙创业、家族创业、集团创业4种类型。这些类型反映了创业活动的本质、规模和利益关系。

从创业的发展阶段划分，创业又有初次创业、再创业、持续创业3种类型。

初次创业是指事业的草创时期的活动；再创业是在初次创业结束后，为达到原定目标而继续的创业活动；持续创业是在创业成功后，为巩固和扩大创业成果而不间断进行的创业活动。

从创业的动机看，创业则有自发创业、自主创业、自觉创业3种类型。自发创业通常是为环境所迫，争取生存的创业活动，具有很强的被动性；自主创业是为适应环境需要，争取发展的创业活动，具有更多的主动性；自觉创业往往是为改造环境，造福社会的创业活动，是人对客观世界能动性的反映。

四、创业的观念

经济领域的创业活动，应从转变观念开始。进入新千年，经济全球化，信息网络化，科技社会化以及知识资本化已成为社会发展的主旋律。著名的管理学家P. 德鲁克认为：当今社会不是一场技术革命，也不是一场软件、速度的革命，而是观念上的革命。我国加入世界贸易组织（WTO）同样是一场有深远历史意义的革命。

WTO的游戏规则无疑是完全的市场经济游戏规则，这就意味着我们必须履行与之相关的责任与义务，按照市场经济的游戏规则行事，不能回避，无法回避。创业是赢得生存，促进社会经济发展的最重要的经济活动方式。因此对创业和创业者来说，必须尽快熟悉和适应新的游戏规则，并在新的游戏规则下寻求发展。正如诺贝尔经济学奖获得者——罗伯特·索洛所指出的：一场新的经济竞争已经展开，未来会脱颖而出的赢家，将是能够抢先领悟新游戏规则的人。科学观念会直接影响到创业的行为和创业的成败。创业准备及创业过程中必须树立科学的观念，而观念创新在创业的各种创造与创新中具有先导性和规范性作用。

（一）创业的思想观

对许多人来说，迈向创业的第一步主是思想观念上的转变，一个成功的创业者绝不能因循守旧，墨守成规，而应以宽阔的眼界来观察国内外的变化，以应变、善变的精神去创业。观念更新则财富无穷。

1. 自主意识

在市场配置资源的模式下，没有谁能给你铁饭碗，人们必须有自主择业、自主创业的观念。自主是建立在独立基础上的，不能依靠别人，才能摆脱别人的控制与影响，独立思考，依靠自己学识、智慧、辛勤的劳动、创造与创新创办自己的企业。自主也就带来了自由，可以在创业过程中寻找机会，发挥才干，发掘潜能，进一步促进自我完善。

自主意识要求创业者增强自主精神，锻炼、增强独立指挥能力，应变能力，充分发挥主观能动作用，搞好企业中的各项工作；但也要善于学习，听取他人意见，"兼听则明"，作出正确的抉择。

2. 竞争意识

竞争是市场经济的内在属性和固有规律，也是市场经济具有活力的源泉。人类生存的历史也是一部竞争的历史。随着市场经济体制的完善，经济全球化格局的形成，竞争的领域与程度也在不断拓宽、加大。从单纯的产品竞争发展到理念与价值取向，决策与经营哲学，人才与技术储备，产品与市场拓展，服务与质量保证，资源与人文意识，公益与社会责任等多层次、全方位的整体实力竞争。这一切都是在公开、公平、公正透明的原则指导下进行的。创业与创业者如果缺乏竞争意识，无异于放弃自己的生存权利。竞争促使人们满怀希望，朝气蓬勃，意志旺盛，充分调动生理和体力的潜能，不断取得精神上和心理上的满足。竞争是企业赖以生存与发展的基础。

竞争会带来一些阵痛，但它也带给强者更多还是希望。如果没有强烈的竞争意识，就没有前途。

3. 风险意识

创业与冒险在某种意义上是同义语，俗话说一分风险一分财富。任何新生事物都有其不确定性。创业也是一样，成就与风险共生。创业者是市场经济中风险和不确定性的承担者。一项研究表明：卓有成就的创业者"往往都是嗜好刺激的人"，许多成功者都有一个共同特点，喜欢冒险并勇于承担责任，善于发现潜在危机，并尽可能把风险减小到最低程度。敢于冒险是短期积累财富的秘诀之一。创业风险是不可避免的，高风险主要来自技术风险、市场风险与管理风险3个方面。但是在许多情况下风险是相对的。在多数情况下，风险中也蕴藏着潜在机会，采取正确的决策，从而控制和驾驭风险，便可以尽可能减少或避免风险损失，并获得成功风险收益。

4. 法律意识

法律意识是人们关于法的各种现象的感知、情绪和意志的总和。从内容上看，它包括人们对法律规范和法律行为的把握、评价和态度。从形式上看，它表现为人们对法律现象的理解和认知。

创业者应清醒地认为到市场经济本身也是法制经济。市场经济必须有一套科学的并能严格执行的法律法规。规范的企业与创业者都应充分重视法律的重要作用，并尽可能了解相关法律法规，以使自己的创业过程和企业合乎市场经济规律，合法经营，健康发展，减少不必要的权益纠纷，集中精力创业和生产经营；同时也可以运用法律手段，保护企业和企业经营中合法权益不受侵犯。如果缺乏法律意识，就会在激烈的市场竞争中被动挨打，无立足之地，甚而因违法而受到制裁（相关法律有民法、合同法、劳动法、企业法、公司法、税务法、担保法、证券法、环境保护法、消费者权益保护法、民事诉讼法等）。

（二）创业的价值观

一般意义上讲，价值观是人们在社会生产和社会生活中对价值的总体看法。在一个人有限的生命中，都希望最大限度地实现自己的人生价值。人生的价值在于创造和奉献，最大限度地实现人生价值也必须依靠创造，而创业既是一个创造的过程，也是一个追求实现人生最大价值的过程。著名科学家爱因斯坦说过："一个人的社会价值首先取决于他的感情思想和行为对增进人类利益有多大作用。"实现人生最大价值的创业过程，实际上也是增进人类利益，为做出社会奉献的过程。创业者应该有强烈的社会责任感和历史使命感。随着国家与世界形势的发展，创业在价值观方面的认识也应该与时俱进，并在创业过程中得到具体的体现。创业过程是一个不断选择的过程，每次选择都是人生价值实现与增值的一次机会。每次选择都毫无例外地受到价值观的影响和支配。

王选教授走了，走得那样匆忙，那样无奈，无奈得未能完成最后一项创造计划。然而他却用自己的智慧改变了中国几千年的印刷技术，填补了一项又一项国内乃至世界科学史上的空白，并把科研成果转化成生产技术，创建了北大方正集团，开创了印刷技术高科技化的新纪元，为中华文化作出了卓越的贡献，也为企业创造了巨大的财富。王选老师在教学科研创业各方面都为增进人类利益做出无私的奉献和卓越的贡献，也实现了自己的人生最大价值，70年的人生铸就了不朽的人生，为人民所怀念。

当今世界，在科技社会化、知识资本化的背景下，经济的发展比以往任何时代都更加依赖于知识的拓展和应用。资本形态就是知识资本经济时代的竞争归根结底就是知识资本的竞争，谁控制了知识资本谁就控制了知识经济时代。知本型企业的特点是高智慧与前瞻性，与传统企业相比，具有物质成本投入较少，产品服务具有特异性、超前性、智能性，容易随环境变化而做出调整等诸多特点。因此对创业者来说，知本型企业相对容易，也降低了风险性。

在知识经济时代的竞争环境中，科技创新和知识产权具有十分重要的地位。改革开放以来，我国科学研究与科技企业都取得了长足的发展。然而科技论文数与发明专利数之比为81∶1，也是不争的事实。这种情况，固然与科技政策、知识产权法规及市场机制尚不完善有关,但是也反映出科技管理工作的价值取向,科技工作的价值取向,以及社会的价值取向。发明专利数量的相对不足使我国企业的创业者缺乏自主知识产权的竞争利器,影响企业竞争力的提高和国际竞争中的实力。

科学家的发现与技术专家的发明是基于科学意义上的技术创新。而创业家则是借助技术制造出新的产品获得经济利益,又为技术发明创造找到了应用市场,从而激励发明家持续创新活动。也就是说,创业家是在不断满足市场需求变化的过程中推动科学技术进步和科技发明发现的。

因此科学的价值观有助于创业者将实现人生最大价值与社会责任、社会奉献有机地结合起来,在创业中的不断选择,不断超越自我和完善自我,不断实现人生价值的增值和社会价值的创造。

(三)创业的发展观

创业是一个不断追求发展的过程,必然要受发展观的指导和规范。由于不同创业者在价值观上存在差异,也会出现发展观上的差异。创业发展观是创业者对发展的看法和态度。

可持续发展是一种科学、理性、主流的发展观,是人类20世纪最伟大的思想成果,也是21世纪的重要发展战略选择。可持续发展观是20世纪80年代酝酿形成的。美国国家科学院根据人类的资源消耗量废弃产量来衡量需要多少地球面积来维持目前的人类活动。研究结果表明,1961年只使用了30%的地球生物圈资源,80年代就已经开始透支地球生物圈资源了,到了1999年,这一指标上升到了120%,即人类实际上需要1.2个地球的资源来维持目前的人类社会活动。照此发展下去,人类生存环境将难以想象。

创业者在创业过程中不仅要切实追求自身的可持续发展,而且应该积极参与社会的可持续发展,自觉地在实现人生最大价值中促进整个社会的可持续发展。创业者追求可持续发展必须将其始终贯穿于创业的整个发展过程中。

在创业过程中追求可持续发展,创业者必须能持之以恒。荷兰遗传学家迪克为了避免用喷雾化学药剂的方法驱杀蚊虫,损害人体健康,破坏大气臭氧层及生态环境,历时13年,培育高科技植物——蚊净香草。在美国市场受到热烈欢迎,每株售价40美元,头一年就销出10万株;并传入日本、澳大利亚、中国等国家,使其成为受益者。

在创业过程中,追求可持续发展,要求创业者能够承受住世俗的诱惑,不懈地探索和努力,并在不断选择中求得发展。袁隆平教授在育种过程中不仅几十年中持之以恒,也能不为名利所动,为世界人类生存条件的改善做出了卓越贡献。然而为了追求最大利益,不顾国家法规,恣意破坏人类资源环境的一些小煤矿小铁矿的开采创业者们的创业活动则应该慎检其行了。

科学的发展有助于创业者始终致力于健康发展,长远发展和可持续发展。既看到短期利益,更关注长期利益,使自己在创业过程的不断选择中避免急功近利,避免世俗诱惑,避免创业中低级错误所隐含的重大失策和损失。

(四) 创业的资源观

创业的过程必须有相关的资源作保证,创业者必须尽可能拥有相关资源,并尽可能地整合和利用相关资源。因此,创业者应该树立科学的资源观。

创业资源包括知识资源、人力资源、物力资源(自然资源和人造资源)和组织资源等。人力资源既是一种可再生的生物性资源,是知识、智慧和经验的载体,也是一种在社会生活中占主导地位的能动资源;财力资源包括资金、权益等,物力资源中的人造资源包括建筑物、生产资源、科研仪器等;自然资源包括矿产资源、水资源、生物资源、旅游资源等;组织资源包括公共关系、社会信用、组织文化等。

在科技社会知识资本化的背景下,从人类对资源的认识和利用的角度认识知识经济不同于传统的工业经济和农业经济,尤其在资源利用上超越了传统经济。传统的农业经济是建立在大量使用土地资源及种植业和养殖业基础上;传统的工业经济建立在大量消耗不可再生的自然资源及大规模制造业、开采业基础上,因而不可能在满足人类日益增长的物质需求的同时实现可持续发展。与传统经济相比,知识经济则是建立在无穷无尽的、人类可不断创造的知识资源的基础上。知识经济不是单纯地依靠不可再生的自然资源,而是依靠知识资源,是一种与可持续发展相适应的经济形式。知识资源可以直接或间接地部分替代自然资源消耗,尤其是对不可再生自然资源的消耗和重复利用。

世界上最早一台计算机 ENIAC 重 28 吨,占地 170 平方米,使用 18800 个电子管和 5000 个继电器,耗电量惊人,成本极高,每秒钟只能做 5000 次运算。伴随着科学技术的发展,如今一台东芝笔记本电脑,重量只有 1 千克多,厚度不到 7.5 厘米,内置芯片功能强大,功耗已小到一个新的水平。20 世纪 60 年代一条横跨大西洋的电缆,采用金属电缆,主要材料用的是世界上稀缺的自然矿产资源,其容量也只能使 138 对电话同时通话。而作为光缆材料的二氧化硅则是地球上一种丰富的自然矿产资源。以上这些例证都依赖传输理论与技术的发展和科学技术的创新对减少能耗,提高功效起到了关键作用。

创业是与各类资源的占有和利用密不可分的。创业的成功与否不能以简单地以拥有资源的数量或规模来评价，而应以对其现有资源的合理选择和利用效率来衡量。对资源的整合及利用效率是决定竞争优势的关键。在充分利用知识资源的基础上，进行不断的科技创造与创新，同样的自然资源条件，可以产生不同的竞争效果。对于企业而言，尽管可能在资源方面处于劣势，但能有效提高资源利用率，同样可以在竞争中以弱胜强。对于一个创业者，在创业过程中，应充分分析，利用相关资源，做好资源的整合与平衡；通过整体大于部分之和的效果，通过平衡实现系统要求之间的协调，发挥整体优势。这种协调不仅要做好内部相关资源的整合和平衡，还要采取互惠互利的策略达到双赢，尽可能整合和利用相关的资源，为己所用。

按照可持续发展的要求，创业者在创业中，不但要充分考虑现有资源，还应当尽可能利用可循环资源，可再生资源。对自然资源的利用更应该尽可能发挥其最大利用价值。

比如"淡水"，这种看似平常又很廉价的资源，由于其广泛的用途已引起世界范围内的广泛重视。我国属于水资源严重缺乏的国家，无论从宏观上介入水资源的保护和综合开发，还是具体的水资源综合开发利用技术都有创业者可以一展身手的大好时机。比如"滴灌技术"及其设备的研究，水土保持，污水处理，水循环利用等等。水资源保护及综合开发涉及面广，无论是具有自然科学、技术科学、还是具有人文社会科学知识背景的创业者都具有广阔的发展空间都可以大有作为。

至于那些为追求高额利润而肆意污染水源的创业者和企业，则应得到的仍是当头棒喝；不停止，则必失败。

科学的资源观，有助于创业者把握社会发展趋势和市场变化脉搏，正确决策，充分整合和利用相关资源，不断提高资源利用率，创造并保持自己的竞争优势。

(五) 创业的消费观

从一般意义上讲，创业的过程是既是一个生产过程，也是一个消费过程。创业者连同其企业不论是个体还是群体都是消费者。人类物质文明和精神文明意识和程度不断提高，人们的消费观也在不断变化。特别是可持续发展战略提出以后，以可持续消费为特征的消费观已逐渐成为主流。作为面向未来的创业者和消费品的生产者，应当树立以可持续消费为特征的消费观，并自觉地贯彻于创业的过程以及自己的消费行为。

1992年6月，在巴西里热内卢召开的联合国环境与发展大会上，通过了具有里程碑意义的《21世纪议程》，这是一份关于人类人口、社会、经济与环境可持续发展的纲领性文件。《21世纪议程》明确提出：世界各国对于可持续消费都有共同的责任，但发达国家应该率先反思自己的消费模式，并应该率先实现可持续消费模式。正如消费相当于生产而言，在可持续发展框架内，可持续消费概念是相对于可持续生产而言的。所谓可持续消费，是指家庭、公司和公共部门，在购买产品和服务用于满足其对食物、住房、交通、休闲和通信等基本需求的同时，要最大限度地降低所购买产品和服务的生命周期全过程的环境损害。与可持续发展的要求相一致，可持续消费也强调代际公平。

按照可持续消费观，创业者在创业的消费过程中应尽可能选择绿色产品。所谓绿色产品，是力求在产品设计、生产、使用和废弃过程中，对生态环境负面影响最小的产品。作为绿色产品，在其产品设计过程中，必须考虑资源和能源的保护与合理利用；在其产品生产过程中，采用"清洁生产"及无废、少废技术工艺；在其产品使用过程中，必须有益于公众健康，不存在影响公众安全的隐患；在其产品废弃的过程中，应考虑废弃物便于回收处理和再生循环。对消费者来说，绿色产品的标识是环境标志，通过贴在产品或其包装上的规范标签，表明该产品不仅符合质量标准，而且在生产、使用和处理过程中符合特定的环境保护要求。环境标志告诉消费者，贴有环境标志的绿色产品与同类产品相比，具有低毒、少害以及节约资源（包括再生循环）等环境优势。从一般意义上讲，环境标志具有公正性和权威性，它能有效地帮助消费者挑选绿色产品，能有力地协助政府和集团采购者选择绿色产品，同时为绿色产品生产企业提供市场支持和保护，以激励更多的可持续生产过程及其绿色产品。可以说，实行环境标志就是对产品实行"从摇篮到坟墓"的全过程控制。

作为一名创业者必须面对国内、国际市场的挑战，以科学的消费观指导生产和消费，闯出国门，建功立业。

总之，科学的消费观有助于创业者成为理性的、成熟的、关注人类整体利益的消费者，科学的消费观也有助于创业者根据可持续消费的社会需求去自觉的创造和创业。

（六）创业的学习观

新千年，人类已进入知识社会的知识经济时代，创业者在创业过程中"发展需要创新，创新需要知识"，也就要树立科学的学习观。

"学无止境"是中华民族优良的学习传统和态度。从20世纪中期起，现代科学技术的发展可谓日新月异，边缘科学，交叉科学、高新技术……既高度分化又高度综合。伴随着人类知识的急剧增长，知识更新的周期明显缩短。随着信息网络化的发展，也为知识的产生传播和使用提供了前所未有的便利条件。系统地学习阶段固然重要，为适应科技发展的需要持续学习，不断地充实知识，更新知识，才能跟上时代的步伐，更好地生存与发展，学无止境意味着学习将伴随着人生的旅途。

集中时间系统学习，无疑是获得知识的有效途径，使人们的基本素质，素质理论，专业知识与能力得到普遍提高，为步入社会打下了良好的基础，而非系统的继续学习，则可以学习具有丰富的背景知识，学以致用。

对创业者来说，要实现人生的最大阶段必须创造和创新。创造与创新所需要的知识不是凝固的知识，而是发展中的知识和智慧。正如爱因斯坦所说："智慧并不产生学历，而是来自对知识终生不懈的追求。"这种追求直至人生的终结。

"干中学"是创业者在创业过程中学习新知识，提高自身素质和能力的重要方式。从人生的知识财富看，有些知识可以从书本上学到的。有些知识只能从理论与实践的互动中产生。无数成功创业者的切身体会表明"干中学"是十分有效的学习方法。

"学习型组织"是美国麻省理工学院管理学院管理学家彼得·圣吉提出的一种全新概念。就其本质而言学习的真正目的是掌握新的知识、拓展创造能力，而"学习型组织"是一个在其内部建立起完善的学习机制，将参与者与工作紧密结合具有持续创新能力，并能不断创造未来的组织，"学习型组织"有利于参与者的知识共享和知识更新，有利于参与者的相互沟通和工作协调，也有利于参与者对社会环境的适应和创新。此种组织相当于制度化的"专题"研讨会，在创业活动中不妨一试。

科学的学习观有助于创业者不断吸收新知识、接收新信息，不断调整自己的行为以适应社会环境的变化，不断提高自己的综合素质和创新能力。

第二节　创业动机、环境与机会

创业者在创业过程中，往往首先具备创业动机，同时必须面对两个不确定的因素——环境与机会。

在人类的历史上，创业动机的差异是巨大的。心理学研究表明：需要产生动机，动机导致行为。人们的创业冲动是在各种需要的刺激下产生出来的。需要，是产生创业的直接原因。

环境是创业的舞台，任何创业活动既要受到环境的约束，又必须依靠环境的支持。机会对创业者具有最大的感召力，也是创业过程最佳的起步点。

对于每一个创业者，在创业过程中，都必须审时度势，对所处的环境和面临的机会，全面了解、分析、判断、决策以选择最佳时期，迎接创业人生的挑战，争取最大的成功，实现人生的价值。

一、创业动机

需要是人的行为的动力基础和源泉，是人脑对生理和社会需求的反映（人们对社会生活中各类事物所提出的要求在大脑中的反映）。心理学家也把促成人们各种行为动机的欲望称为需要。

人类在社会生活中，早期从维持生存和延续后代，形成了最初的需要。人为了生存就要满足他的生理的需要。例如，饿了就需要食物；冷了就需要衣服；累了就需要休息；为了传宗接代，就需要恋爱、婚姻。人为了生存和发展还必然产生社会需求。例如，通过劳动，创造财富，改善生存条件；通过人际交往，沟通信息，交流感情，相互协作。人的这些生理需求和社会需求反映在个体的头脑中，就形成了他的需要。随着人类社会生活的日益进步，为了提高物质文化水平，逐步形成了高级的物质需要和精神需要。人有生理需求和社会需求，既需要，就必然去追求、去争取、去努力。因此，正如一些心理学家所说："需要是积极性的源泉。""需要——这是被人感受到的一定的生活和发展条件的必要性……需要激发人的积极性。""需要是人的思想活动的基本动力。"

人类的需要有下列表现形式：①任何需要都有明确的对象。或者表现为追求某一种东西的意念，或者表现为避开某一事物、停止某一活动的意念。②一般的需要有周期性，周而复始；比较复杂的需要虽然没有周期性，但在条件适合时，也可多次重新出现。③需要随社会历史的进步而不断发展。一般由低级到高级、简单到复杂、物质到精神、单一到多样。

人的需要又表现为以下特征。

第一，目的性。人的需要不是空洞的，而是有目的、有对象的，而且也随着满足需要的对象的扩大而发展。人的需要的对象既包括物质的东西，如衣、食、住、行，也包括精神的东西，如信仰、文化、艺术、体育；既包括个人生活和活动，例如，个人日常的物质和精神方面的活动，也包括参与社会生活和活动以及这些活动的结果。例如，通过相互协作，带来物质成果，通过人际交往，沟通感情、带来愉悦和充实；既包括想要追求某一事物或开始某一活动的意念，也表现为想要避开某一事物或停止某一活动的意念，这些意念的产生都是根据个人需要及其变化决定的。各种需要彼此之间的区别，就在于需要对象的不同。但无论是物质需要、还是精神需要，都必须有一定的外部物质条件才能满足。例如，居住需要房子，出门要有交通工具，娱乐要有场所……

第二，阶段性。人的需要是随着年龄、时期的不同而发展变化的。也就是说个体在发展的不同时期，需要的特点也不同。例如，婴幼儿主要是生理需要，即需要吃、喝、睡；少年时代开始发展到对知识、安全的需要；到青年时期又发展到对恋爱、婚姻的需要；到成年时，又发展到对名誉、地位、尊重的需要等。

第三，社会制约性。人不仅有先天的生理需要，而且在社会实践中，在接受人类文化教育过程中，发展出许多社会性需要。这些社会需要受时代、历史的影响，又受阶级性的影响。在经济落后、生活水平低下时期，人们需要的是温饱；在经济发展、生活水平提高的时期，人们需要的不仅是丰裕的物质生活，同时也开始需要高雅的精神生活。具有不同的阶级属性的人需要也不一样，资产阶级需要的是不劳而获、坐享其成；工人阶级需要的是自由、民主、温饱和消灭剥削。由此可见，人的需要又具有社会性和历史与阶级的制约性。

第四，独特性。人与人之间的需要既有共同性，又有独特性。由于生理、遗传因素、环境因素、条件因素不同，每个人的需要都有自己的独特性。年龄不同的人、身体条件不同的人、社会地位不同的人、经济条件不同的人，都会在物质和精神方面有不同的需要。

需要在人的个性发展中起着重要作用，它是人的心理活动与行为的基本动力。

马克思主义认为，个体的需要是个体行为积极性和动力的源泉和基础。人有了物质方面和精神方面的需要，才会产生行动的积极性；正是个体的这种和那种需要，才促使人们、推动人们去从事这项或那项的活动，去完成这项或那项的任务。正如马克思在《德意志意识形态》一书中所说：人们"第一个历史活动就是生产这些需要的资料，即生产物质生活本身"。正是人的各种需要，去促使人们追求各种目标，并进行积极的活动，去实现这些目标，以满足需要。人对某一方面事物需要越强烈，他的积极性就越高，动力就越大。因此，需要总是带有动力性、积极性的，而且需要的水平也总是在不断提高的。

需要总是在不断地更新、不断地增加，需要又总是推动人们去不断地努力、不断地奋斗。

需要在人的个性心理中也起着重要作用。需要是人类认识过程的内部动力。为了满足需要，个人必须通过认识过程解决一定的问题，完成一定的任务。需要在人的个性心理活动中往往又以情绪表现出来。凡是能满足人需要的事物，则产生肯定的情绪；凡是不能够满足人需要的事物，则产生否定的情绪。情绪是反映了人的需要是否满足的标志，与人的需要毫无关系的事物，则不会引起人们的情绪和注意。需要对人的意志的形成和发展也起着积极的推动作用。个人物质和精神方面的需要、社会的需要，会促使人们去为了满足这种需要和适应这种需要坚持不懈地努力，并在这一过程中形成了自己的意志和决心。

美国著名的社会心理学家、人格理论家和比较心理学家马斯洛提出了需要层次理论，在该理论的五层次刚好是人类创业的5种基本动因。

马斯洛认为，人类的需要是分层次的，由低到高。它们是：生理的需要、安全的需要、社交的需要、尊重的需要、自我实现的需要。

生理上的需要是人们最原始、最基本的需要，如吃饭、穿衣、住宅、医疗等。若不满足，则有生命危险。这就是说，它是最强烈的不可避免的最底层需要，也是推动人们行动的强大动力。显然，这种生理需要具有自我和种族保护的意义，以饥渴为主，是人类个体为了生存而必不可少的需要。当一个人存在多种需要时，如同时缺乏食物、安全和爱情，总是缺乏食物的饥饿需要占有最大的优势，这说明当一个人为生理需要所控制时，那么其他一切需要都被推到幕后。

安全的需要要求劳动安全、职业安全、生活稳定、希望免于灾难、希望未来有保障等，具体表现在：①物质上的，如操作安全、劳动保护和保健待遇等；②经济上的，如失业、意外事故、养老等；③心理上的，希望解除严酷监督的威胁、希望免受不公正待遇，工作有应付能力和信心。安全需要比生理需要较高一级，当生理需要得到满足以后就要保障这种需要。每一个在现实中生活的人，都会产生安全感的欲望、自由的欲望、防御实力的欲望。

社交的需要也叫归属与爱的需要，是指个人渴望得到家庭、团体、朋友、同事的关怀爱护、理解，是对友情、信任、温暖、爱情的需要。社交的需要比生理和安全需要更细微、更难捉摸。它包括：①社交欲。希望和同事保持友谊与忠诚的伙伴关系，希望得到互爱等。②归属感。希望有所归属，成为团体的一员，在个人有困难时能互相帮助，希望有熟识的友人能倾吐心里话、说说意见，甚至发发牢骚。而爱不单是指两性间的爱，而是广义的，体现在互相信任、深深理解和相互给予上，包括给予和接受爱。社交的需要与个人性格、经历、生活区域、民族、生活习惯、宗教信仰等都有关系，这种需要是难以察悟，无法度量的。

尊重的需要可分为自尊、他尊和权力欲3类，包括自我尊重、自我评价以及尊重别人。与自尊有关的，如自尊心、自信心，对独立、知识、成就、能力的需要等。尊重的需要也可以如此划分：①渴望实力、成就、适应性和面向世界的自信心，以及渴望独立与自由。②渴望名誉与声望。声望为来自别人的尊重、受人赏识、注意或欣赏。满足自我尊重的需要导致自信、价值与能力体验、力量及适应性增强等多方面感觉，而阻挠这些需要将产生自卑感、虚弱感和无能感。基于这种需要，愿意把工作做得更好，希望受到别人重视，借以自我炫耀，指望有成长的机会、有出头的可能。显然，尊重的需要很少能够得到完全的满足，但基本上的满足就可产生推动力。这种需要一旦成为推动力，就将会令人具有持久的干劲。

自我实现的需要是最高等级的需要。满足这种需要就要求完成与自己能力相称的工作，最充分地发挥自己的潜在能力，成为所期望的人物。这是一种创造的需要。有自我实现需要的人，似乎在竭尽所能，使自己趋于完美。自我实现意味着充分地、活跃地、忘我地、集中全力、全神贯注地体验生活。成就感与成长欲不同，成就感追求一定的理想，往往废寝忘食地工作，把工作当作一种创作活动，希望为人们解决重大课题，从而完全实现自己的抱负。

在马斯洛看来，人类价值体系存在两类不同的需要，一类是沿生物谱系上升方向逐渐变弱的本能或冲动，称为低级需要和生理需要。一类是随生物进化而逐渐显现的潜能或需要，称为高级需要。人都潜藏着这5种不同层次的需要，但在不同的时期表现出来的各种需要的迫切程度是不同的。人的最迫切的需要才是激励人行动的主要原因和动力。人的需要是从外部得来的满足逐渐向内在得到的满足转化。

在高层次的需要充分出现之前，低层次的需要必须得到适当的满足。低层次的需要基本得到满足以后，它的激励作用就会降低，其优势地位将不再保持下去，高层次的需要会取代它成为推动行为的主要原因。有的需要一经满足，便不能成为激发人们行为的起因，于是被其他需要取而代之。

这5种需要不可能完全满足，越到上层，满足的百分比越少。任何一种需要并不因为下一个高层次需要的发展而告消失，各层次的需要相互依赖与重叠，高层次的需要发展后，低层次的需要仍然存在，只是对行为影响的比重减轻而已。高层次的需要比低层次的需要具有更大的价值。热情是由高层次的需要激发。人的最高需要即自我实现就是以最有效和最完整的方式表现他自己的潜力，唯此才能使人得到高峰体验。

人的 5 种基本需要在一般人身上往往是无意识的。对于个体来说，无意识的动机比有意识的动机更重要。对于有丰富经验的人，通过适当的技巧，可以把无意识的需要转变为有意识的需要。马斯洛还认为：在人自我实现的创造性过程中，产生出一种所谓的"高峰体验"的情感，这个时候是人处于最激荡人心的时刻，是人的存在的最高、最完美、最和谐的状态，这时的人具有一种欣喜若狂、如醉如痴、销魂的感觉。

根据马斯洛的需要五层次理论，创业者的创业动机可以概括为争取生存的需要、谋求发展的需要、获得独立的需要、赢得尊重的需要、实现自我价值的需要。

二、创业环境

人与环境都是客观的自然。环境是人生必须面对的现实，遵循适者生存的原则，人依靠现实环境争取生存的权利与条件（社会职业、物资供应、精神需求……）也在生存中认识环境、改变观念、完善自我、形成了改造自然的能力和主观意识。

环境具有客观的、复杂的、变化的本质特征，随着社会的发展、人类的生存环境，也在不断变化和恶化，争取生存的权利与条件（社会职业，物资供应，精神需求……）也在生存中认识环境，改变观念，完善自我，形成了改造自然的能力和主观意识。

环境具有客观的、复杂的、变化的本质特征，随着社会的发展，人类的生存环境也在不断变化或恶化。当人的生存条件受到威胁或人的思想观点发生变化，不满足于现实的生存环境时，人对环境的反动思想与行动便适时而生，这便是创业的动因，创业活动也就成为改变人类生存环境不可或缺的重要手段。环境变迁与人类争取生存的权利是构筑创业者的摇篮。

客观环境与人相互交融构成了现实社会的主体，环境是人生存发展的依托，人是环境不断变化的动力。在人与环境的辩证统一关系中，环境始终处于主导地位。创业环境是针对创业者与创业活动中的一种特定环境。所谓创业环境就是使开展创业活动的范围和领域，是创业者所处的境遇和必须面对的客观现实，是创业者创业思想形成，创业活动开展，以及创业成果产生影响和直接作用的各种因素和条件的总和。

创业环境以创业主体划分可分为内部环境和外部环境；按环境的属性可分为自然环境与社会环境。自然环境是指创业者面对的地理、资源、气候、人力资源等自然状况；自然环境是创业者开展创业活动的宏观背景，自然环境是只能合理利用而不可改变的环境因素，对创业活动的成败有着十分重要的影响。资源是创业基础和生命线，合理选择和利用资源，可以为创业打下坚实的基础。

创业环境对创业者和创业活动的主导或指导作用表现如下。

1. 创业环境是培养创业者的摇篮

正所谓"时势造英雄"，时势就是变化着的创业环境。在不断发展变化的社会环境与自然环境中，适者生存，并非是消极地适应等待和接受赐予，而是以自身能力承担社会责任来换取生存条件，在积极的生存活动中，也培养和提高了个人素质，改革思想和创新能力。当人们的生存受到压迫或威胁时，受到环境刺激、诱导或激励，有识之士便萌发了改变现状，创新立业的动机愿望与行动。

改革开放的年代，环境变化的概率频繁，也为创业者的产生和创业活动的开展提供了更为广阔的空间和机遇。

2. 创业环境是创业活动的依托与活动范围

创业是针对创业环境而产生的活动，因而也是具体的现实的。每个创业活动依托现实环境，都有一个明确的方向和目标。在哪个行业里创业，创什么样的业，都要从实际出发，受环境与条件的支配，不能随心所欲。创业环境在客观领域规定创业的性质和活动范围。

依托作用的另一个表现是创业环境的基地作用。在市场经济时代，创业活动的发展空间也更为广阔。为参与激烈的竞争形势选择一个较佳的立足点来展开经营活动是非常必要的。相似的创业环境可能不止一个，根据客观环境与自身环境的具体条件比较、优化、选择最佳创业环境，筑就创业的根基，必将增加创业成功的机会。

3. 创业环境是创业活动的基本条件和资源的保证

创业环境与创业目标是相辅相成的。经过优化组合确定的创业环境便成了创业的"根据地"和物质条件的"大后方"，以保证创业活动的起步和正常开展。创业环境是一种客观存在，创业者应理性分析选择创业的自然环境和社会环境，以尽可能多地为创业提供资源供应，诸如为创业的启动提供资金项目资源、技术保证、信息；为创业的生产活动提供劳动力、动力、生产资料（设备、原材料、厂地……）；为创业企业的产业提供物流服务（储运等）和市场；还要为创业者及雇员提供生活服务（如医疗、教育、商业、治安、消防、物业管理等），良好的创业环境和条件将会推动创业活动的进程。严格地说创业环境的优劣决定了创业活动的成败。

4. 创业环境对创造与创新的激励与推动作用

创业活动是在不满足于现实生存环境而引发的，因此创业活动的本身就是创新。创业可划分为产品型创业、商业型创业、服务型创业和知本型（科技）创业等几大类。无论哪种形式，如果具备了前所未有的独创型项目都可使创业活动具有强大的优势和必胜的把握。

创业环境的本身是一个动态系统，具有较大的不确定性（除少数自然资源环境）。创业环境始终处于不断地发展和变化过程中，使创业者不断面临新的情况，解决新的问题。这就决定了创业是一项不断变革和创新的活动，只有不断创新，才能使创业活动持续不断地发展。

5. 创业环境的精神推动作用

人类历史是创业的历史，人是历史的主宰，也是历史的根本动力。创业者最基本的素质是时代观念与进取精神，而创业者的精神与创业环境密切相关。在特定的社会条件下，党和政府的各项方针政策的制定，以及国家各项法律、法规制度、体制的建立，各种道德、观念、思想的形成，及其他一些规约都有利于创业发展的良好环境推动了创业活动的发展，同时也为创业提供了规范和创业依据。

三、创业机遇

机会是人们在社会活动中所遇到能促进事业发展的客观现象，是人们取得成功的关键因素。创业机会是指人们在创业过程中遇到的各种有利于创业活动开展和获得成功的良好机会。

机会，从直观理解往往表现为最有利于事业发展的一个短暂阶段，然而机会的真实内涵是客观存在的或在运动中形成的，是不以人们的意志为转移的，有其自身知识性和规律性；机会也同样具有相关性和针对性，对没有需求的人，事物、对象自然熟视无睹，一场春雨对农民来说是播种的好机会，而对经过多天准备、等待春游的旅游者来说则会唉声叹气、自认倒霉。

掌握机会的表现形式在于发现机会和利用机会。机会有多种表现形式：社会机会，是由社会的大气候所形成的，也比较具体，改革开放后的形势和各项方针、政策，给创业者带来大好机会，这种机会对每一个社会成员是均等的；个别机会则是针对某一社会活动的个别主体或某一段特定时间、特定期望呈现的良好机遇。表面的机会易于发现，潜在的机会，需要挖掘，常规的机会可以通过归纳、分析做出预见和判断，偶然机会则具有突发性、意外性，稍纵即逝必须及时发现和把握；首要机会可能会对创业活动起着决定性作用，产生重大影响，必须充分利用，次要机会虽然对创业活动也有积极影响和推动作用，但不能带来根本性变化。因此，在机会到来时，既不能兼容并蓄、不分主次，也不能有机会不用，放任自流，正确的态度是分清轻重缓急、充分利用主要机会，对其他机会则应见机行事、合理选择。

现实的机会必然认真地识别和利用，机不可失；未来的机会则表现为环境变化、社会的法则、一种倾向和趋势，随着时间的推移，未来就会转变为现实。如果能高瞻远瞩、预测未来，则可抢占先机、成为时代的头雁而独领风骚。预见虽难，但这是优秀的企业家和创业者应具备的品质。

识别机会的目的在于探索机会的活动规律，成功地把握机会。事物的特征是其内在规律的反映。"机会"的特征突出表现在隐蔽性、偶然性、易逝性和时代性4个方面。

机会是一种无形的事物，只能凭感觉意识它的存在，并通过进一步的认识分析来了解机会的真实意义所在。由于这种隐蔽的特点，就更应注意机会的捕捉，以赢得先机。

偶然性是在人们无法预见的形势下出现，然而按事物的客观规律，偶然也是客观事物内在的必然表现。如果人们平时多注意学识与经验的积累，随时注意客观事物的发展，认真对待每一个偶然现象，进行必要的分析，可能一个重大的机会就会展现在你的面前。X射线、青霉素的发现都可以为此做出佐证。

易逝性是机会最显著的一个特征，尽管有些机会（如一些社会机会）能在较长一段时间内保持相对稳定，大部分机会则"稍纵即逝"，且"一去不返"。机会是一个非常态的，不确定的时间表现形式，出现频繁。抓不住的机会便轻易流逝，这就要求创业者保持清醒的头脑，随时注意，毫不迟疑，占得先机。

机会具有鲜明的时代性，与时代的进程与发展密切相连。时代性是指机会带有的社会的、民族的、时期的色彩。政治制度与结构的影响，民族的风格，时代的作用，都对机会产生作用，也是创业者必须予以重视的问题。时代是机会土壤，改革开放、知本经济、新农村建设等都会培养出大量的机会。创业者应该充分利用好时代、好机会，掀起创业的新高潮。

机会是一种无形的事物，是客观存在的或在运动中形成的不以人的主观意志为转移的。然而机会也是与社会行为和人思维期望相应相随的。因此机会会在期望中形成，会在挑战人生中显现，会在兴趣的源泉中迸发，会在成功与失败中积累，也会在才智中诞生。

当人有某种期望，就要为此做出设想和计划。当客观条件与主观的构思一致时，机会也就展现出来了。而一个近期出游的计划，一个晴朗的天气就是最好的机会。不难看出，对于勇于行动和勤于思维的人，机会随时都可能出现。没有行动就不会有机会到来。

机会对创业具有更为重要的意义。"机不可失，时不再来"，抓住机会就能够创造人生，改变命运，创造辉煌。

第一，机会是创业的动力。创业本身是一项风险性很大的社会性活动。在顺境的人不愿涉险，就是身处逆境的人也存在着等待的惰性，期望时来运转。不肯接受命运的挑战，中国人的保守思想更为创业活动带来了重重阻力。可是当在普通的社会机会基础上，一旦有偶然的机会显示出美好的前景，就会激发有识之士的创业希望，走上创业的征程。

第二，机会是创业的关键。机会往往是人生与事业的转折点，创业过程中都会出现几个难点，创业者会在难点处付出最多的心血，也为偶然潜在的机会创造了展现的条件。抓住机会则可以产生"柳暗花明"的效果，为成功提供了机会，也坚定了成功的信心。

第三，机会为创业指明了方向。有志的创业者首选是自己的特长、兴趣和最有利的条件和主观愿望。然而这一切都必须与客观环境相适应。否则就会使创业者走向迷茫和停滞。有机会出现，将对创业起到疏与导的作用。顺其自然，按机会指引的方向，创业将出现转机，走向成功。

机遇就是事物发展的有利时机和境遇，是机会与环境的统一。机会与环境是辩证的统一，无机会不可成其环境；无环境不可成其机会。环境是有形的必然因素，以渐进的量变方式推动机遇的出现。机会是偶然性因素，以飞跃的质变方式促使机遇的产生。环境与机会相互结合，共同作用，才造成事业发展的各种机遇。

机遇是宏观的环境和长期的机会，具备环境与机会的基本性质与特征，是创业活动得以发展的客观因素。把握机遇是创业者走向成功的根本问题。认识和把握机遇既是一个理论问题，观念问题也是一个实践问题和方法问题。这一切都需要在创业过程中通过实际行动做出选择。

1. 充分准备，直面机会和挑战

机会是机遇爆发点，也是创业的起点。把握机遇，关键是抓住各种有利的机会。机会是客观存在的，偶然中包含着必然。现实发展中总是隐含着各种各样的机会，创业者只有积极准备，细心观察，认真思考，总会抓住所需的机会。寻求可行的机会一般有3个步骤：等待、发现、选择。

首先，等待机会。机会有各种形式，除去社会机会有相对的稳定性外，其他任何机会都具有随机性、偶然性、隐蔽性、易逝性等特点。积极地等待是寻求机会的易法良方。等待不但需要耐心，还要克服消极的态度。所谓积极地等待首先要积蓄个人的知识能力，对展现在眼前的社会现实进行认真观察分析，掌握局势的发展和变化，蓄势待发。其次是客观地估计自己（能力、水平、条件），寻找差距，完善自我。

其次，发现机会。机会是通过直觉分析、判断确定的。这就要求创业者具备敏锐的观察力，系统全面的分析能力和判断能力。透过现象看清本质，找到适合自身发展的机会。发现机会要做到看清时局：①了解社会发展，形势变化；②全面收集和捕捉信息，通过信息处理，掌握相关系统；③留心偶然事件与现象，细致分析捕捉机会。

最后，选择机会。当机会出现以后，可能是一个也可能是多个。对机会既不能盲目乐观，也不能"一概持怀疑态度"。这时仅需要进行科学的分析和选择。机会选择时应注意粗中取精，去伪存真，也应考虑到客观实际与自身条件。首先对机会的背景、条件，进行分析，分清主次，影响面大小，有利因素与不利因素。还要与自身内部环境进行对比分析，全面衡量。再对所掌握的资料进行优化处理（建议采用简单性优化原则）最终确定机会可利用价值，并做出正确抉择。

在选择机会时，涉及多方面理论专业知识问题，既包括方法问题，也包含思想道德、社会责任、思想观念等问题。必要时可以聘请专家分析辩证予以确定。

2. 适应形势发展、服从环境要求

环境是创业活动的根基，把握创业机遇必须适应经济的发展，使自己的思想观念和行为准则服从不断发展的环境要求，为创业活动创造更为有利的发展空间。同时，必须认识到适应创业环境，不能消极地为环境所束缚或支配，而是要顺应经济发展的形势，遵循客观规律积极主动的创业环境施加影响和改造作用。为了充分发挥创业活动的主观能动性应当充分合理地利用创业环境。

（1）充分认识创业环境。创业环境是一个不稳定系统，始终处于动态的变化之中，难以辨析，难以把握，却又不断展现出发展良机。创业者不但要对创业环境进行深入的科学的理论分析，还应在创业活动的实践中不断探索，深入探索体会创业环境的性质特点及其发展变化规律，正确认识创业环境本质特性，从而把握良好的创业机遇。

（2）灵活地适应创业环境。创业者的真实目的就是通过创业活动求得和创造更好的生存条件。创业环境是客观事实，首先，任何创业活动必须按客观规律主动适应环境，以争取生存的基本权利；同时也要敢于向传统观念挑战，积极主动改造旧的不利于发展的环境和条件，大胆创新达到在新的环境下的和谐统一，还应充分注意环境的变化带来的客观影响，随时协调创业进程。值得关注的是创业本身就是一种创新活动，创业活动过程也是创新进取的过程；在创新中推进创业大局，使创业活动与新形势下的创业环境协调统一。

（3）合理地利用创业环境。创业环境是客观存在的，有其自身的特点和发展规律，这一切对创业者来说都是无法回避的事实。环境存在的价值就在于人们对它的利用。创业者对于创业环境有利的条件和机会，可以充分利用以谋求事业的发展。对于创业活动有约束的条件（如法规、政策）则应按规范执行。对于不利于创业的条件（非法定约束范围的）可以采取发行利用的原则不得在新环境条件下的协调统一，或另谋其他条件代替，但绝不允许违反科学和法规的破坏行动。就是对有利的条件也应遵循持续发展，合理利用的原则，不能为利益驱使，破坏创业环境。

尊重环境、保护环境、优化环境是创业者和创业活动中必须提倡的基本原则。

3. 积极主动，抢占创业先机

机遇，时代的机遇。展示了发展空间和时机，改革开放以来，特别是党的十六大以来的各项方针政策，为中国人民的创业事业提供了最为有利的发展机遇。一大批创业精英创造了时代与生命的辉煌，但是也有许多人因为自己的犹豫不决，优柔寡断，错失良机，使创业局面陷于被动，不得不自甘平庸。新千年的到来，中国乃至世界已步入知识经济时代。新的机遇向深度与广度发展，一波高过一波。机不可失，时不再来，要把握机会应遵循以下几个原则。

（1）兵贵神速，刻不容缓。商场如战场，把握机遇是一切机会的争夺战，讲究兵贵神速，刻不容缓。机会稍纵即逝，价值也在逐渐损失。有些机遇是无法准备好再干的，而是先干进来再准备。这样虽然有风险，困难重重，但是却可以抓住最佳的创业机会，以快打慢，出奇制胜。此种情况也应当注意判断，必须准确，切不可盲目从事。

（2）当仁不让，捷足先登。商品经济时代，竞争是时代的生存之道，机遇是有识者的专利。谁占得先机谁就可以赢得主动，切不可瞻前顾后，顾面子，怕议论。应当信奉"先下手为强，后下手遭殃"的信条。在创业中把握机遇的问题上，只要不违背社会道德和法律，就应当当仁不让。

（3）抓住机遇，敢担风险。创业活动本身就是利益与风险并存的事业。创业机遇是充满风险的。风险越大，机遇的价值含量就越高。如果不想舍去原来稳定的工作，舒适的生活，不菲的收入，就无法迈开创业的脚步。如果不做好随时准备承担风险的准备，就不能占得先机，如果不承担高风险就不会获得高收益。创业者就应当有不怕失败，勇于进取的勇气。

（4）高瞻远瞩，弃旧图新。弃旧图新是指当机遇来临时，要树立远大的理想和舍弃过去拥抱未来的决心和勇气。创业的一个重要目的就是不满足于现状，打破现状，争取更美好的生存空间。对于生存陷于绝地，必须另辟新境的创业者，"弃旧图新"是形势的必然。而对于生活安定、优裕的人，要抓住机遇走创业道路，则需要有足够的勇气。留恋过去，优柔寡断，担心失败，留有余地，兼职创业，一心二用，四平八稳，回避风险，都会顾此失彼，错过创业的机遇。俗话说"旧的不去，新的不来"。弃旧图新是一种崇高的革命思想，创业者最大的勇气在于敢于革自己的命。"不入虎穴，焉得虎子"，创业者必须敢于牺牲过去，义无反顾地投入到创业的洪流中去，才能抓住机遇，创造更美好的明天。

（5）科学分析，抢占先机，贵在行动。创业不是赌博，创业者不是冒险家，而是探险家。一切创业机遇都是客观的现实。有其自身的发展规律。掌握客观发展规律的人就可以尽得先机。社会与自然的发展规律有其自身的科学性，因此也就可以通过科学的理论、方法和周密的思维进行分析和判断，从中发现创业的机会，并在充分的环境分析基础上与机会有机地结合起来，从而赢得机遇。前4条标准都必须建立在科学分析的基础上，这样才能做到无准备的准备。科学地取舍与决断，抓住机遇，占领创业的制高点。抓住机遇，贵在行动。行动迟缓或是没有行动，就会错失良机。

（6）运筹帷幄，扬长避短。抢占机遇犹如冲锋陷阵，这一切都要知己知彼。创业环境有社会环境和自身环境，两者有机地融合，才能扩大创业的空间。社会环境是相对变化的，但也有其相对的稳定性。自身环境对于一个创业者来说可以通过分析了如指掌。机会不能消极等待，而要充分做好赢得机遇的准备，这就要求对现在的社会环境资源条件和自身条件有个全面的分析了解。抓住有利因素，扬长避短。一旦机会到来，顺势而为地把握机遇，保质保量地充分利用有利因素，克服不利因素，加快创业的步伐，争取创业的早日成功。早做筹划也可以避免"兵贵神速"而对自己估计不足的风险。也可尽可能避免先行起步、边干边准备造成的过程失控局面。

（7）成功改造创业环境。创业的过程就是改造环境的过程，改变环境的同时也改变了创业者的命运。在创业过程中对环境的服从是环境发展的内在要求，而改造环境则是人类创业活动不可忘记的使命。改造环境就是创业者按照自己的意志设想和方式方法，通过创业活动创造出一个适于人类也适于自己生存发展的环境。它是人类创业活动中的最高境界，也是对环境具有深层意义上的服从。

第三节 创业者

创业者是创业活动的主体，创业者的素质是创业成败的关键因素。创业者基本特征、创业者应具备基本素质以及应遵循的基本原则如下。

一、创业者的基本素质

"创业者"一词源于 16 世纪的法语 Entrepreneur，当时主要是指领导军事远征所需要承担风险的人。最先把创业者这个概念引入经济学理论中的是法国经济学家康替龙（Cantilon）。他把每一个从事经济行为的人，即所有承担按固定价值购买而按不固定价格出售商品的风险的人都称作是创业者，从而把创业者与经济领导中的"不确定性"和"承担风险"的活动联系起来。1803 年，法国经济学家萨伊（J. D. Say）在《政治经济学概论》中指出，创业者是将劳动、资本、土地这 3 项生产要素结合起来进行生产的第四项生产要素，是把经济资源从生产率较低、产量较少的领域转到生产率较高、产量更大的领域的人。

在西方社会中，通常把创业者同职业经理作为对比概念加以区分。创业者是指开办或经营自己企业的人，他们既是员工，又是雇主，对经营企业的成功与失败负责。职业经理通常不是他们所管理公司的所有者，而是被雇用来管理公司日常运作的人。职业经理人与创业者的区别在于：一是创业者自己给自己付薪水，职业经理人是别人给薪水；二是创业者搞垮了就要收摊，职业经理人搞垮这一摊还可以去搞其他的摊；三是创业者不怕别人炒鱿鱼，职业经理人要防范别人要你下岗；四是创业者花自己的钱，职业经理人花公司的钱；五是创业者对企业情感深厚，有时难免过于主观与执着，职业经理人与所有权分离，可以较为冷静与客观地看事情（不是绝对的）。

概括地说一名创业者一般具备以下一些特点。

1. 具有强烈的进取精神和成功欲望

创业面临的困难很多，形式多种多样，要克服这些困难，就要具有强烈的进取精神和成功欲望。

2. 工作勤奋

有人认为，成功在于天才。而爱迪生则说："成功等于1%的天才加99%的努力。"下面的案例就很能说明这个问题。

宋如华，1962年4月出生于绍兴，1983年毕业于成都电讯工程学院（现电子科技大学）应用物理系并留校任教，攻读在职研究生，获理学硕士学位。1990年被国家机电部评为"青年教师育人特等奖"。同年11月，被破格提拔为副教授，1992年6月，被电子工业部授予"优秀科技青年"荣誉称号。1992年7月创办托普公司，现任托普集团公司董事长兼首席执行官。到1999年，公司从3个人5000元资本的小公司发展成为资产总额近10亿元，员工近3000人的股份制民营高科技企业集团。宋如华先后被授予"全国星火计划先进个人""成都市第四届十大优秀青年""第五届十大杰出青年""金牛区优秀企业家""金牛区有突出贡献的中青年拔尖人才"等荣誉称号。

1992年，宋如华等3个成都电讯工程学院的年轻人，在成都成华区老龄委的牌子下注册创办了托普公司。"托普"，英文TOP，意为顶峰。但家底仅5000元的"托普"能有什么风头呢？既下了海，宋如华就认定要"甘为人下"，才能做成一些事。现在已记入"托普市场案例"的"教授蹬三轮车"的故事，宋如华记忆犹新。那次，一位客户需要3台终端，宋如华经朋友介绍与福建实达公司成都办事处联系上了。朋友事先给实达的人说，明天电子科技大学有个教授要来，这个教授开了家叫"托普"的公司。第二天，为方便拉货，宋如华自己骑了一辆货运三轮，跟朋友一起到了实达公司，踏进办公室，双方谈得十分投机，不知不觉时间已过中午11时，实达公司经理问："那位教授怎么还没来？"朋友指着宋如华说："这位就是。""你是教授？蹬三轮来的？"大吃一惊的经理说道，"见你拉个三轮车，我还以为成都的三轮车夫素质高，可以侃电脑，原来是教授没架子，亲自蹬三轮！"惊奇过后是佩服，经理立即搬给宋如华3台电脑，连预付款都没收。就这样，托普成了实达在西南的总代理。给这类公司打工，使托普获得了借鸡生蛋的机会，更使托普在这些成型企业学到了企业管理、市场营销等经营知识。

3. 充满自信

在创业之初，创业者在社会上的知名度很低，要取得成功就需要自信。而即便是企业迅速发展时，自信也同样重要。北京富亚企业为了展示富亚涂料的绿色无毒，总经理很认真地做实验，请小猫小狗喝富亚涂料。一群动物保护组织的成员举行了抗议。在此情境下，总经理伸手拿来玻璃杯，张口喝了下去……在场的人惊呆了。事后证明，富亚涂料当年的销量增加了400%。总经理的"喝"就是自信,"喝"就是市场。虽然这种极端的促销做法不值得提倡,但对自己企业产品的自信却是创业者必不可少的品格。

4. 善于冒险

有人说创业者要敢于冒险,但这种冒险绝不是狂热的孤注一掷、不计后果。冒险过程中要善于抓住机会,而一旦捕捉到商机,就要直面风险大胆决策、果断行动,努力争取成功。

5. 积极创新

在我国家用电器市场上,近年来一波又一波价格战此起彼伏,只有海尔集团无动于衷。为什么呢?请看洗衣机一个产品,海尔在收集的用户信息上看到:农民兄弟提出,农村用洗衣机洗土豆地瓜,虽然能洗,但是不太好用。海尔人并没有认为洗衣机怎么能洗地瓜呢,而是设计研究,生产出专门销往农村的大地瓜洗衣机。这款洗衣机推出后,又有人提出土豆洗出来后,削皮很费劲,海尔又推出削土豆皮洗衣机。之后驻守海岛和边疆缺水地区的战士们提出,我们这儿没有干净水洗衣服,白衬衣都洗黄了,海尔接着专门为战士们生产能使黄泥水、海水变清的洗衣机。西藏地区爱吃酥油,可打酥油是个费力的活,藏民提出能否帮我们解决,海尔又研究出专门销往西藏的打酥油洗衣机。有人提出用搓板洗衣干净,洗衣机要像搓板那样就好了,于是又有了搓板式洗衣机……这样不断创新,推出多姿多彩的产品,还用去打价格战吗?海尔集团总裁张瑞敏曾说:"当大家都在分市场的这一块蛋糕时,我们再另做一块如何?"海尔集团成功的例子告诉我们任何一个产品一个事物都不是完美的,也就是只有更好,没有最好,要想在竞争中立于不败之地,就要向完美挑战,积极创新。

6. 意志顽强

创业不可能一帆风顺,更不可能坐享其成。在成功的创业者中,很少有人是在最初的项目上一次成功的。经历一次又一次的失败而不轻言放弃是创业者的主要行为特征。即使失败了,也会毅然地站起来。轻型商用喷气机之父比尔·利尔先后4次积聚了财产又失去了财产;比萨饼创新之王汤姆·莫纳汉先后4次面临破产的危险;亨利·福特在推出新型汽车并获得重大成功之前曾两次破产。因此,创业者必须主动确定未来可能实现的目标,并心平气和地接受失败,失败是成功之母,创业者应该把失误看作自己最大的财富。

7. 要有社会意识、社会责任感

著名的化工专家,我国重化学工业的开拓者侯德榜为了开拓中国制碱工业,在制碱技术和市场被外国公司严密垄断下,带领广大职工长期艰苦努力,解决了一系列技术难题，正常生产出优质纯碱，奠定了我国基本化学工业的基础，也培养出了一大批化工科技人才。抗日战争爆发后，侯德榜积极响应抗战，利用工厂设施，转产硝酸铵炸药和地雷壳等物资，支援前线。工厂被日本飞机3次轰炸，无法生产之后，侯德榜又组织职工紧急拆迁设备，并将人员和资料一同送往内地。中华人民共和国成立后他又克服重重阻碍，绕道泰国、中国香港、韩国赶回北京，为新中国的化工事业做出巨大贡献。正是侯德榜以社会责任为己任的精神是它不仅成为一名成功创业者的楷模，也成为爱国者学习的典范。

二、创业者应具备基本素质

要成为一名成功的创业者，就需要全面提升自身的素质。不论是广义上、还是狭义上的创业，对于创业者自身条件要求都很高。创业者要达到适用于创业的要求，要做好如下几项工作。

1. 努力树立崭新的就业观念

在市场经济条件下，人们除自主择业外，还要有自主创业的观念。自主创业是指不是通过传统的就业渠道谋取职业发展，而是依靠自己的学识、技能、智慧开办自己的企业。自主创业不仅有利于缓解国家的就业压力，在解决自身就业的同时也为社会创造了新的就业机会，而且还能在创业过程中寻找机会，发挥才干，发掘潜能，促进自我的完善。现代温州的老百姓会把"下岗"称为"站起"。下岗职工周大虎创办的打火机厂，产品远销日、美等多个国家和地区。在温州，下岗没有什么丢脸的，坐等政府和社会来帮助才是耻辱。与其"寄人篱下"等待别人安排、恩赐随时可能打碎的饭碗，不如另起炉灶自己创业，自己打造一个饭碗——最理想的饭碗、最铁的饭碗、自己创造的饭碗。创业者必须具备自主意识，把成功的可能性依托在自己身上，无论客观条件如何变化，必须在现有条件下努力工作。

在社会经济转型时期，敢于更新观念的认识是最重要的。正如先哲所说："穷则变，变则通，通则久！"长时期计划经济下的高就业、包福利的政策，已使许多人失去了创业求职的自由与能力，如同长期笼养的狮虎会失去野外觅食求生的本能。正如动物野生本能是天然的，笼养导致退化一样，劳动者创业能力也应是正常的，人身依附于企业的现象实际上是一种退化。中华人民共和国成立后，我国长期实行单一的计划经济体制，政府包就业，这种"单位所有制"的劳动力管理方式，产生的后果必然是：不利于劳动力流动，不能使劳动力到达最能发挥其长处的岗位，因而不能在全社会优化配置劳动力，不但造成严重的人力资源浪费，而且阻碍着经济社会发展。我国在推进经济体制与增长方式两个重要转变过程中，加快了产业结构与技术结构调整步伐，通过战略性重组使国有工业企业逐步恢复活力，并借助下岗分流，推动劳动力向非公有制企业和高新技术产业转移。但是，长期计划经济养成了中国人要就业先找"单位"，工作以后，凡事靠单位、找组织！因此，许多人就业依旧是找市长而不是找市场。

随着高校扩招，大学生失业早就不是新闻了！对于一部分大学生一出校门，便进入社会的失业大军，这对于社会，特别是对失业者来说，是一个脱胎换骨的痛苦历程。失业者必须经历"苦其心志""劳其筋骨"的挫折磨难过程，全社会也要随同经历阵痛与重生。但另一方面，不塞不流，不破不立，没有这样的磨炼，就不会大浪淘沙，筛选出天才的创业者，也不会逼迫出许多人原来潜在的创业求生能力和活动能力。"祸者福所倚"，失业的遭遇，如洪炉铁砧，锻炼着适应未来经济、社会发展需要的创业型人才，"多难兴邦"，也预示着我国经济未来发展的良好前景。

因此，作为一名新世纪的青年也要对失业持有积极态度。因为，失业不仅包含受挫的一面，还要看到它蕴含着机遇的一面，也为创业者实施创业提供了机会。面对这样看似痛苦的机会，要树立市场观念，按照市场导向选择与调整职业；顾客满意观念，指自己的职业活动必须以顾客满意作为最终评价标准；质量观念，指要从重视品质、素质、重视质量高于重视数量的立场考虑问题；适宜观念，指考虑问题和做出选择，不应盲目主观追求高标准，要从实际出发，凡适宜的就是好的，等等。显然，这里涉及人的价值观。人生观的转变，并不是一蹴而就的，要经历实践的磨炼与教训。但是自己主动地思考与学习，将加快观念更新的速度，可缩短下岗失业者的不适应期，有利于早日抓住机会创业成功。

2. 提高自己的竞争意识、风险意识、法律意识

有商品生产和商品交换的地方，就必然存在市场竞争。竞争是市场经济的内在属性和固有规律，也是市场经济具有活力的源泉。对于个人来说，竞争促使人们满怀希望，朝气蓬勃，充分调动生理和体力上的潜能，不断取得精神上和心理上的满足。竞争是企业赖以生存与发展的基础。

要实施创业就必须提高自身的竞争意识。创业必然伴随着风险。有时候，创业与冒险在某种意义上是同义语。中国近代史上的革命先驱，都是为了革命理想不惜牺牲一切，包括生命。正如陈毅元帅所说："创业艰难百战多"。市场经济条件下，风险和回报是成正比的。敢于冒险、善于冒险是创业者成功的不二法门。因此，创业者要善于发现潜在危机，并尽可能把这种风险减少到最低程度。

创业中的高风险主要来自3个方面：技术风险、市场风险与管理风险。但在许多情况下，风险中也蕴藏着潜在机会和利润。创业者可通过认识、分析风险，善于发现潜在机会，采取正确的决策，从而控制和驾驭风险，减少风险损失并获得风险收益。

法律意识是人们关于法的各种现象的感知、情绪和意志的总和。从内容上看，它包括人们对法律规范和法律行为的把握、评价和态度；从形式上看，它表现为人们对法律现象的理解和认知。

市场经济本身也是法制经济。市场经济的正常运转需要一整套科学的并能严格执行的法律法规。规范的企业都非常重视法律的重要作用。创业者必须系统了解与自己所从事行业密切相关的法律法规，这样就可以使自己的企业合乎市场经济规律，合法经营，健康发展，减少不必要的权益纠纷，把精力放到企业的生产经营中去，同时可以运用法律手段使企业的各项合法权益得到最全面的法律保护，规避商业活动中的风险。一般地说下面的几部法律，创业者必须要有所了解：《中华人民共和国民法通则》《中华人民共和国合同法》《中华人民共和国担保法》《中华人民共和国公司法》《中华人民共和国劳动法》《中华人民共和国税务法》《中华人民共和国票据法》《中华人民共和国证券法》《中华人民共和国消费者权益保护法》《中华人民共和国民事诉讼法》与《中华人民共和国新刑法》等。

3. 提高自身素质，应对高强度的工作

创业者的工作是高强度、高负荷的。因此，应该抓好如下几方面素质的提高。

（1）拥有良好的道德素质。任何人都应具有优良的道德品质，只有那些有道德的人才能成为社会最受欢迎的人。如果一个人连最起码的道德都不具备，那么他就不能取得社会的信任，更不可能被社会所接受。一个人要创业，得先要会做人。不会做人，他的企业就做不大，也不会得到别人的信赖。松下幸之助曾明确指出，一个经营者不一定是万能的，但是至少应该是一位品格高尚的人，因为只有品格高尚的人才能使员工受到感召而毫无保留地奉献。唯其如此，创业才有牢固根基，发展才有持久动力。创业者道德素质最主要的包括如下几个方面：一是重视诚信和企业信用。诚信是创业者的通行证。诚实守信是企业国际化经营的最基本要求，是立业之道、兴业之本。跨国公司安达信公司因为安然公司做假账而濒临破产，南京冠生园因为生产劣质月饼而导致申请破产，失去诚信必将自食其果。二是奉献精神、敬业精神、责任感、使命感。三是为人公道正派。

（2）提高身体素质。身体素质是指人体在运动、劳动和生活中所表现出来的力量、速度、耐力、灵敏及柔韧性机能能力。健康的身体素质表现在两方面：一方面是对繁重而紧张的工作具有较强的承受能力，能精力充沛生机勃勃地从事工作；另一方面表现为反应敏捷，体格强壮，耳聪目明。这是以人的中枢神经系统的功能为物质基础的。只有人体各部机能健康协调发展，人的神经系统才能处于兴奋状态，表现出反应敏捷、体格强壮等。创业期间任务艰巨、工作繁重。由于责任所系，创业者一方面要组织调整企业内部关系，另一方面要开拓市场，发展对外关系，工作压力巨大。高强度、高负荷的工作，必然会导致严重的体力透支，沉重的精神压力，没有规律的生活节奏……创业工作的性质和特点决定了对创业者身体素质的要求应比一般人要严格得多。如果创业者没有强健的体魄，是无法承受这种繁重劳动的。毛泽东同志，年轻时积极锻炼身体，正好为后来艰苦的革命工作打下了基础。可以说，正是其良好的身体素质，才使其具备了应对大量工作的能力。因此，创业者无论工作有多忙，都要尽可能地保证充足的睡眠与休息、充分的体育锻炼与规律适量的饮食习惯。而且在生活中要适度节制欲望，烟、酒等对身体不利的嗜好要适当控制。

（3）锻炼心理素质。世界卫生组织给健康下的最新定义是：健康是一种身体上、精神上的完全平衡状态。一个人只是身强力壮，没有器质性疾病，还不完全健康。只有体格和心理两方面都健康的人，才算得是真正健康。

对于创业者来说，心理健康往往比身体健康更为重要。人的心理素质对于能否创业。有着至关重要的影响。心理上的偏差或失衡，又会演变为身体器官上的偏差或失衡。比如，凡是过于重视工作任务而不大关心人际关系者往往会患高血压、心血管等疾病；凡是过于重视人际关系而不大关心工作任务者往往会患胃溃疡等疾病。

创业者要拥有良好的心理，要努力增强自己的自信心，遇到困难不悲观，遇到麻烦不急躁，沉着冷静、遇事不慌。要敢于放弃那些与事业发展无关的小事，不因为一些小事动气。

（4）具备敏感政治素质。政治和经济是永远分不开的。创业者不能只盯着市场而不问政治。政府是世界上最成功的推销员，商人是世界上最有钱的政治家。如果能把两者结合到一起，就会创造出商业神话！松下幸之助说：松下的技术加上中国共产党的思想政治工作、就无敌于天下。由此可见政治工作的威力。创业者关系政治一方面可以保证企业的大方向不出问题；另一方面可以抓住政治信息盯住政府的政策，用好、用足、用活政治信息、政府政策，为企业的发展服务。青岛百龙集团孙寅贵从报纸上看到一则消息：韩国外相近日将应邀访华。那时中韩尚未建交，但孙寅贵却敏锐觉察到中韩关系将会有新变化。中韩一旦建交，青岛必然会成为韩国人投资的好地方。于是他分别用 200 万元与 500 万元在青岛买下两块地皮的使用权。结果建交消息一公布，这两块地皮一下子升值到 2000 万元与 5000 万元。

4. 提高创造性解决问题的能力

创业是一种复杂的劳动，创业者要想创造性解决问题使企业迅速发展，就需要具有卓越的综合能力，这些能力包括以下几个方面。

（1）要有敏锐的信息收集、处理和调查谋划能力。对于创业者而言，信息就是成功的机会。不仅要善于收集大量的信息，而且一定要具有很强的信息处理能力，能从丰富的信息中挖掘出对自己发展有用的信息，使信息为自己产生效益。江苏风神汽车维修公司总经理李淑华，1992 年夏天偶然听到南京市外经委一位工作人员说，有位美籍华人想在宁投资，但不知做什么项目好。说者无心，听者有意。李淑华当晚就找到有关专家请教有市场前景的投资项目，并以最快速度草拟了项目计划书，第二天她胸有成竹地敲开外商所住的金陵饭店房门，滔滔不绝地分析市场行情，终于打消了外商的疑虑，满心欢喜地把钱交给她经营。当初身无分文的她，如今已是年创利税 300 万~400 万元的公司老总。李淑华回忆创业经历时，感慨地说："捕捉商机的眼光比资本要重要得多。"只要你注意观察，善于透过信息的面纱来感知隐含着对自己有用的内容，设法满足别人的需要，商机就在你的身边。当然能否把信息变成财富，决定性因素是人的洞察力。对信息进行选择、利用信息分析和解决问题，这是创业必须具备的首要能力。因此，在收集、处理信息的基础上，创业者还应当具有调查谋划能力。创业的机会并不总是送到每个人面前，他需要创业者认真调查、捕捉并善加谋划。1981 年，英国王子查尔斯和黛安娜在伦敦举行盛大婚礼。世界上许多企业家都绞尽脑汁想利用这一千载难逢的机会发财，但出人意料的是，在诸多经营者中，一个生产经营望远镜的老板取得了意想不到的成功。这位老板在捕捉到信息后，调查到人们的注意力都集中在婚礼的用品上，于是他谋划生产人们都能看清王妃容颜的望远镜。在婚礼那一天，正当人们为距离远看不清王子和王妃容貌而焦急的时候，千百个卖童手持望远镜突然出现在人群中。他们高喊："卖望远镜了，一英镑一个，请用一英镑看婚礼盛典。"顷刻间，望远镜被抢购一空。从这一事例中，我们可以清楚地看到调查谋划能力的重要作用。

（2）要有较强的综合决策能力。拿破仑在决定命运的滑铁卢决战中，就做出了一个致命的错误判断。那天早上,他视察阵地,认为头天晚上下过大雨,道路泥泞,可以把炮击时间推迟几个小时。这次错误的判断,使拿破仑失去了战机,结果在推迟的这段时间里,敌人的援军赶到了,使他一败涂地。在市场经济条件下,情况千变万化。创业者会碰到大量的需要及时做出决策的问题。作为企业的创办者,必须具备科学的决策能力。决策成功则百事兴旺,决策失误则会影响到企业与员工的切身利益。决策者要提高综合决策能力就要善于使用运筹学、博弈方法等现代、科学的决策方法。同时,在具体的工作中,要做好市场调查、冷静地选择投资机会、科学地进行可行性研究、理性地实施投资项目的评估,并且善于在多个备选方案中选优。

创业者在实际决策过程中更要善于当机立断。"当断不断,反受其乱"。刘邓大军过淮河的故事就是一个很好的例子。

淮河是刘邓大军跃进大别山的一道天然鸿沟。8月正值雨季,河深水急。尽管河对面没有国民党军队的拦截,但河面上无桥、无船,十几万人的大军如何过河!况且,敌人的追兵已距我军15千米。两天内不能过河,我军将背水一战。

指挥部里,邓小平来回踱着步子。在人们的印象里,淮河只能搭桥或乘船才能渡过,不能徒步涉过。邓小平突然转过身来问:"淮河真的只能搭桥或乘船才能过去?"刘伯承双眉一展:"对呀,我们为何不对淮河进行实地考察。"邓小平接着说:"伯承,如果能够徒步过河,你先行指挥渡河,我和李达在后指挥阻击。"刘伯承对大家说:"政委说了就是决定,立即行动!"

淮河岸边,刘伯承亲自登上一只竹排,手持竹竿,提着马灯,全神贯注地测着水深。邓小平在指挥所里焦急地等待着结果。过了一会,河边传来了消息:淮河正巧在退潮,水不是很深,可以徒步过河。邓小平紧绷的脸上露出了笑容。

8月26日,刘邓大军十几万人开始渡河。那壮观的场景令人激动不已。一天以后,部队全部渡过河去。说来也巧,我军刚一过河,上游就下来了洪峰。河水骤然猛涨起来。赶到河边的国民党追兵望着刘邓大军远去的背影,只能"望河兴叹"。后来邓小平回忆道:"那一路真正的险关是过黄泛区,过淮河。过淮河,刘伯承去探河,水深在脖子下,刚刚可以过人。这就是机会呀!我们刚过完,水就涨了,就差那么一点点时间。运气好呀!以前,从来不知道淮河能够徒涉,就这么探出条道路来了,真是天助我也!有好多故事都是神奇得很。"

(3) 要善于挑选良将。一个成功的创业者,不但能对雇员进行选择、使用和优化组合,而且能运用群体目标建立群体规范和价值观,形成群体的内聚力。创业者不但要善于发现人才,还要善于用好人才。要用其所长,避其所短。汉高祖刘邦说过：运筹帷幄之中，决胜千里之外，吾不如张良；帅百万之众，战必克，攻心取，吾不如韩信；抚百姓，给馈饷，不绝粮道者，吾不如萧何；吾能用之，所以能得天下。可见知人善任是何等重要。

（4）要具备很优秀的人际交往能力。卡耐基说过：一个人的成功，15%靠他的专业技术，而85%要靠他处理人际关系的能力。在中国这样一个重视人际关系的国度里，要想创业必须具备社会交际能力。对于创业者而言，创业过程就是与周围环境的动态交流过程。要想旗开得胜，马到成功，必须建立起各方面的社会关系，套用现代一个时髦的表达方式就是："具备很强的'人脉'"。创业者要时常与人（包括顾客、供货商、员工、政府机构、银行等）接触交往，因此建立关系网是必要的工作，尤其是在创业初期更为重要。在这阶段，创业者要不断争取业务，联络各种不同的人。在与人沟通时也需要利用人际关系和谈判的技巧和知识。因此，创业者要努力令别人信服，否则就不可能成功。他们必须使风险投资者相信，他们的创新和发明是可望获得成功的，这样才能获得风险资金。他们必须说服关键的员工加盟本公司，接着使这些员工相信，必须为了未来而牺牲现在，这样才能生产出优质的创新产品。他们必须说服供应商和批发商拿出钱来支持他们实现梦想，这样才能获得必需的物资和出售自己的产品。最后，他们必须使消费者相信他们的产品的确物美价廉，这样消费者才会买下它们。

第六章　创业团队组建与产品开发原则

有这样一则笑话：3个乞丐在华尔街乞讨。第一天，第一个乞丐在他的破杯子上写下"Beggar（乞丐）"一词，经过一天的乞讨，他挣了10美元。第二天，第二个乞丐在他的杯子上写下"Beggar.com"，一天过后他收到了成千上万美元，并获得支持，在纳斯达克（全国证券交易商协会自动报价表）发行IPO（股票）。第三天，第三个乞丐在他的杯子上写了"e-Beg"（电子乞讨），微软、IBM和惠普公司派出公司的副总裁就建立战略联盟一事与他进行磋商并为他提供免费硬件咨询。此外，CNBC（美国国家有线广播公司）还报道说"e-Beg"运用了Oracle公司95%的技术，并且Oracle宣布已着手开发乞丐行业矩阵；一个B2B（商家对商家电子商务）工业协会同意在乞丐社区提供一条龙供应联营服务。

通过这则近乎荒诞的笑话，我们不难发现，创业者要开发一件新产品或者在市场竞争中立于不败之地，就需要有好的创意、良好的开发策略、符合市场规律的方法。只有这样才会开发出好的新产品。

在当代的创业过程中，由一个人完成创业活动时几乎是不可能的事情；寻找合伙人、组建创业团队、注册公司、开发新产品是创业设想变成现实的重要环节。

第一节　艺术领域创业团队组建

"一个篱笆三个桩，一个好汉三个帮"。创办企业或其他创业实体，都不可能是一个人的活动，也不可能由一个人独立完成。创业和经营企业都要有一个可靠的团队。这个团队不一定从创建开始就是一成不变的，而是会不断地更新、补充，会重组、改组，但作为核心创业者，必须要创建一个高效、团结、敬业的团队。

一、创业团队及类型

(一) 创业团队及构成要素

所谓团队就是一群为达到共同目标而一起工作的人员。每个成员的心中都有相同的目标,并为之奋斗。严格地说,团队是指由一些具有共同目标和不同角色分工、技能互补的人所组成的共同体。

创业团队就是由少数具有技能互补和角色分工的创业者组成的团队,他们为了实现共同的创业目标和一个能使他们彼此担负责任的程序,共同为达成高品质的结果而努力工作。

1. 目标(Purpose)

创业团队应该有一个既定的共同目标,为团队成员导航,知道要往何处去。目标在创业企业的管理中以企业远景、战略的形式体现出来。

2. 人(People)

在一个创业团队中,人是所有创业资源中最活跃、最重要的资源。创业团队应充分调动队员的各种资源和能力,将人力资源进一步转化为人力资本。目标是通过人员来实现的,所以,人员的选择是创业团队中非常重要的一部分。在一个创业团队中,肯定需要有人出主意,有人制订计划,有人负责实施,有人协调不同的人一起工作,还有人监督团队工作的进展、评价团队的最终贡献,不同的人通过分工来共同完成创业团队的目标。所以在人员选择方面要考虑人员的能力、经验如何,能力是否互补等。

3. 定位(Place)

创业团队的定位包含两层意思:一是整个团队的定位,即创业团队在企业中处于什么位置,由谁选择和决定团队成员,团队最终应对谁负责,团队应采取什么方式激励下属;二是个体(创业者)的定位,即成员在创业团队中扮演什么角色,是制订计划还是具体实施或评估。大家共同出资,是委派某个人参与管理,还是共同参与管理,或是聘请第三方(职业经理人)管理。这体现在创业实体的组织形式上,既是合伙企业还是公司制企业。

4. 权限(Power)

创业团队中领导人的权力大小与团队的发展阶段和创业实体所在的行业密切相关。一般而言,创业团队越成熟,领导者所拥有的权力相应就越小;在创业团队发展的初期,领导权相对比较集中。

5. 计划（Plan）

计划有两层含义：一是目标的最终实现，需要一系列具体的行动计划，可以把计划理解成达到目标的具体工作程序；二是按计划进行，可以保障创业团队的顺利发展，只有在计划的指导下，创业团队才会一步一步地贴近目标，最终实现目标。

（二）创业团队的类型

创业团队可从不同的角度、层次和结构来划分。依据创业团队成员之间的关系，可将其分为以下3种类型。

1. 核心型创业团队

一般在团队中有一个核心人物，充当领队的角色。这种团队在形成之前，一般是核心人物有了创业的想法，然后根据自己的设想进行创业团队的组建。加入创业团队的成员也许是核心人物熟悉的人，也有可能是不熟悉的人，但这些成员在企业中更多的时候是扮演支持者的角色。

这种创业团队的特点是：①组织结构紧凑，向心力强，主导人物在组织中的行为对其他个体影响巨大；②决策程序相对简单，组织效率较高；③容易形成权力过分集中的局面，从而导致决策失误的风险加大；④当团队成员与主导人物发生冲突时，成员往往处于被动地位，在冲突较严重时，成员一般会选择离开团队，因而对组织的影响较大。

2. 关系型创业团队

这种创业团队的成员之间一般在创业之前都有密切的关系，可能是同学、亲友、同事及朋友等。通常，在交往过程中，他们共同认可某一创业想法，并就创业达成共识以后，开始共同进行创业。在创业团队组成时，没有明确的核心人物，大家根据各自的特点进行自发的组织角色定位。因此，在企业初创时期，各成员基本上扮演的是协助者或者伙伴的角色。

这种创业团队的特点是：①团队没有明显的核心，整体结构较为松散；②组织决策时，一般采取集体决策的方式，通过大量的沟通和讨论达成一致意见，因此决策效率相对较低；③由于团队成员在团队中的地位相似，因此容易在组织中形成多头领导的局面；④当团队成员直接发生冲突时，一般采取平等协商的态度消除冲突，团队成员不会轻易离开，但是一旦冲突升级，使某些团队成员撤出团队，就容易导致整个团队的涣散。

3. 民主型创业团队

这种创业团队是由网状创业团队演化而来的，基本上是前两种的中间形态。

在团队中,有一个核心成员,但是该核心成员地位的确立是团队成员协商的结果,因此核心人物从某种意义上说是整个团队的代言人,而不是主导型人物,其在团队中的行为必须充分考虑其他成员的意见,不如核心型创业团队中的核心主导人物那样有权威。

二、理想的创业团队组建

(一) 创业团队组建的基本条件

1. 树立正确的团队理念

(1) 凝聚力。加强团队成员的凝聚力,使他们明确其处在一个命运共同体中,共同受益,共担风险。团队工作的成功不能靠个别的"英雄",而是所有人的工作相互依赖和支持的结果,即依靠事业成功来激励每个人。

(2) 诚实正直。这是有利于顾客、公司和价值创造的行为准则,它排斥纯粹的实用主义或利己主义,拒绝狭隘的个人利益和部门利益。

(3) 为长远着想。拥有正确团队理念的成员相信他们正在为企业的长远利益工作,正在成就一番事业,而不是把企业当作一个快速致富的工具。他们追求的是最终的资本回报及由此带来的成就感,而不是当前的收入水平、地位和待遇。

(4) 承诺价值创造。拥有正确团队理念的成员会承诺为了每个人而使"蛋糕"更大,包括为顾客增加价值、使供应商随着团队成功而获益、为团队的所有支持者和各种利益相关者谋利。

2. 确立明确的团队发展目标

目标在团队组建过程中具有特殊的价值。

(1) 目标是一种有效的激励因素。如果一个人看清了团队的发展目标,并认为随着团队目标的实现,自己可以从中得到很多的利益,那么他就会把这个目标当作自己的目标,并为实现这个目标而奋斗。从这个意义说,为了共同的目标而奋斗是创业团队克服困难、取得胜利的动力。

(2) 目标是一种有效的协调因素。团队中队员的个性、能力肯定有所不同,但是"步调一致才能取得胜利"。只有目标一致、齐心协力的创业团队才会取得最终的胜利与成功。

3. 建立责、权、利统一的团队管理机制

(1) 创业团队内部需要妥善处理各种权力和利益关系。首先,要妥善处理团队内部的权力关系。在创业团队运行的过程中,要确定谁负责何种关键任务和谁对关键人物承担什么责任，以使权利和责任明晰化。其次，要妥善处理创业团队内部的利益关系。一个新创企业的报酬体系，不仅包括股权、工资及奖金等金钱报酬，还包括个人成长机会和相关技能提高等方面的因素。由于新创企业的报酬体系十分重要，而在创业早期阶段其财力有限，因此要认真研究和设计整个企业生命周期的报酬体系，以使之具有吸引力，能够保证按贡献付酬和不因人员增加而降低报酬水平。

（2）制定创业团队的管理规则。要处理好团队成员之间的权力和利益关系，创业团队必须制定相关的管理规则。规则的制定要有前瞻性和可操作性，要遵循先粗后细、由近及远、逐步细化、主次到位的原则。这样有利于维持管理规则的相对稳定，而规则的稳定有利于团队的稳定。创业团队的管理规则大致可以分为两个方面：一是治理层面的规则。其主要解决企业剩余索取权和剩余控制权的问题。治理层面的规则大致可以分为合伙关系与雇用关系。除了利益分配机制和争端解决机制之外，还必须建立进入机制和退出机制，约定以后创业者退出的条件以及股权的转让、增股等问题。二是文化层面的管理规则。其主要解决企业的价值认同问题。企业章程和用工合同解决的是经济契约问题，但作为管理规则，它们还是很不完备的，对此，要由文化契约来弥补。文化契约包括很多内容，可以用"公理"和"天条"这两个词来概括。所谓公理，就是团队内部不证自明的东西，它构成团队成员共同的终极行为依据；所谓天条，就是团队内部任何人都碰不得的东西，它对所有团队成员都构成一种约束。

（二）创业团队组建的关键要素

创业团队是否能够取得成功关键是团队的互补性。团队的互补性是指通过团队成员间扬长避短，来平衡由于教育、家庭环境方面的不同所造成的创业者知识、能力、心理等特征的差异，发挥各自优势，弥补彼此不足，从而形成一个在知识、能力、性格及人际关系资源等方面面面俱优的优秀创业团队。

1. 创业团队互补

据统计，创业企业的成功率只有20%，只有20%的新企业能生存5年或更长的时间，而35%的新企业在开业当年就夭折了，活过5年的只有30%，生存10年的仅为10%。初创企业因为资金、技术相对较弱，不够成熟，缺乏管理方面的经验，要想获得成功，就必须付出更大的努力。而其中重要的一点，就是必须高度重视创业团队的组织设计。组建一个高效、优势互补的团队是创业取得成功的重要基础，通过团队成员之间的技能互补，可提高企业驾驭环境不确定性的能力，从而降低新企业的经营风险。更为重要的是，团队创业具有更强的资源整合能力，能同时从多个融资渠道获取创业资金。调查发现，合伙创业成功的比率高达60.5%，这充分表明团队创业有利于分散、降低创业失败的风险。

2. 创业团队中不同角色的贡献

不同角色在团队中发挥着不同的作用，一个创业队要想紧密地团结在一起，共同奋斗，努力实现团队的远景目标，各种角色都不能缺少。

（1）创新者提出创新观点。没有创新者，团队的思维就会受到局限，就会缺少创新创新是创业团队发展的源泉，企业不仅在技术开发方面要创新，更要在管理方面创新。

（2）务实者善于执行。"千里之行，始于足下"，有了好的创意还需要靠实际行动去实践，而且，实干者在企业人力资源中应该占较大的比例，他们是企业发展的基石。没有没有竞争力，只有通过实干者踏实努力地工作，美好的愿望才会变成现实，团队的才能实现。

（3）凝聚者协调各种关系。没有凝聚者的团队，人际关系会比较紧张，冲突的情形会更多，团队目标的完成将受到很大的冲击，团队的寿命也将缩短。

（4）资讯者提供信息支持。当今社会，信息是企业发展必备的重要资源之一。创业团队要想在社会中生存和发展，必须及时掌握正确的信息。没有与外界的信息交流，企业就会失去目标和方向。

（5）协调者调节各方利益和关系。从某个角度说，管理就是协调。各种背景的创业者凝聚在一起，经常会出现各种分歧和争执，这就需要协调者来调节。协调者要有一种个性的号召力来帮助领导沟通各方面关系，从而使团队和谐融洽。

（6）推进者促进决策的实施。没有推进者，效率就不会高，推进者是创业团队发展的"助推器"。

（7）监督者监督决策实施的过程。监督者是创业团队健康成长的鞭策者，没有监督者的团队会大起大落。

（8）专家为团队提供指导。没有专家，企业的业务就无法向纵深方向发展，企业的发展也将受到限制。

（三）组建创业团队的程序和方法

创业者有了创业点子后，可以采用以下方法组建创业团队。

（1）撰写创业计划书。通过撰写创业计划书，并以创业计划书为蓝本进一步使自己的思路清晰，也为后来的合作伙伴寻找奠定基础。

（2）认真分析自身优势、劣势。要对自己正在或即将开展的创业活动有足够清醒认识，并使用 SWOT 法分析自身的优势、劣势。

（3）确定合作形式。通过第二步的分析，并根据自己的情况，选择有利于实现创业计划的合作方式，通常是寻找能与自己形成优势互补的合作者。

（4）寻求创业合作伙伴。可以通过媒体广告、亲戚朋友介绍、各种招商洽谈会、互联网等形式寻找自己的创业合作伙伴。

（5）沟通交流，达成创业协议。找到有创业意愿的合作伙伴后，双方可就创业计划股权分配等具体合作事宜进行多层次、多方位的全面沟通。

（6）落实谈判，确定责、权、利。在双方充分交流达成一致意见后，创业团队还需对合伙条款进行协商。

（四）创业团队组建的原则

为了组建一支优秀的创业团队，以保证其沿着共同目标，求同存异，最后实现团队愿景，创业者在组建团队时应遵循以下一些原则。

1. 知己知彼

《孙子兵法》云："知己知彼，百战不殆。"在创业团队中，团队成员都应该非常清醒地认识到自身的优势、劣势，同时也要对其他成员的长处、短处一清二楚，这样可以很好地避免团队成员之间因为互相不熟悉而造成的各种矛盾、纠纷，迅速提高团队的向心力和凝聚力。同时，团队成员的熟悉更有利于成员工作的合理分配，最大限度地发挥各自的优势。

许多创业者选择的合作伙伴多是同学、朋友或校友，但是很快就失败了，为什么？因为他们选择的合作伙伴虽然都是他们的"熟人"，但是他们之间缺乏交流、沟通，其实团队成员之间还是很陌生的。

2. 要有带头人

在创业团队中，带头人的作用更加重要。带头人如大海航行中巨轮的舵手，指引着创业团队前进的方向。创业团队中必须有可以胜任的领导者，这种领导者并不是单单靠资金、技术和专利决定的，也不是谁提出什么好的点子谁就当头。他是团队成员在多年同窗、共事过程中发自内心认可的，在创业团队中有巨大、无形的影响力，有一呼百应的气势和号召力。

许多创业团队在很短的时间内就消亡了，很重要的原因在于带头人根本不是一名合格的领导者，而领导者的作用"决定了一切"。

3. 有正确的理念

创业团队不要一开始就想着失败，尤其不要用那些"经典"的"只能共苦，不能同甘""天下没有不散的宴席"等理论来支配自己的思想和行动，应该树立坚定的信念，要坚信团队的事业一定会成功。

4. 有严格的规章制度

俗话说："没有规矩不成方圆。"创业初期，创业者就应该把该说的话说到，该立的字据立到，不要碍于情面；要把最基本的责、权、利说得明白透彻，尤其是股权、利益的分配更要明确，包括增资、扩股、融资、撤资、人事安排及解散等。这样在企业发展壮大后，才不致因利益、股权等的分配分歧而产生矛盾，导致创业团队解散。

（五）合伙人的选择

正如前文所说，当代的创业不再可能是由一个人完成的事情。曾经有的初创公司是由一个人做决定的，结果就是公司做一个条幅都需要创业者决定，事无巨细，这样的公司是很难走向成功的。当下的创业活动，合伙人才是创业团队的核心，也是组建创业团队的基础；一个创业企业的合伙人最少要两个人，合作的形式，就会涉及股权分配。股权可以融人、融钱，对外融钱，对内激励。任何企业发展过程中的战略、品牌还是管理体制变化，都需要的是股权结构、顶层设计的变化。所以要想创业公司发展得长久、前期就先把股权架构处理好。因此，经营一个公司，不是去经营公司的产品，公司能盈利多少，最重要的是经营公司的价值。在京东公司赔钱的时候，人们也都知道京东公司很值钱，因为，京东公司会在某一年盈利。这就是股权的价值。在创办公司时，一定要选好合伙人。有一些公司，在业务经营很顺畅的情况，由于合伙人出现了经济或其他方面的问题，直接导致公司经营受到影响，选择合伙人一定要选好人品。

应该选择什么样的合伙人是一个现实的问题，人品是第一位的，此外还要考虑合伙人必须有共同的价值观，要是有能力、有梦想的人，而且都愿意为共同的企业先付出，有正确的金钱观、遵守规定和原则。对于初创企业，选择合伙人时一定要慎重；艺术领域创业活动一种不可取的倾向的是找有资金的，这种情况直接导致这样的人只想投钱，不想合伙，最终只考虑收益，会打乱创业者最初的想法；对于资源的提供者可以按照市场规律评估价值，还要防止没有认真考虑就随便给出股权，防止如果理念不同影响后期决策。

有人说创始人需要解决的问题，第一件是股权、最后一件也是股权。所以，选择选择合伙人需要注意如下几方面的问题。第一，选择合适的合伙人胜过完善的股权结构；第二，创业初期一定要有大股东，创始人有一定独立决策权；第三，股份分配所有股东都需要出资，合伙人之间不要有干股；第四，最好避免资源入股、技术入股等，以防止收益分配时出现意见不合；第五，对于人才激励形式可以多样化，创业初期留住人才不能单靠股份激励；第六，要预留期权池，为未来引进关键性人才做准备；第七，要遵守公平原则，实现合伙人的团结。

第二节 创业公司注册

要把创业想法变为现实，就需要一个创业载体，注册公司是创业者必须完成的工作。在熟悉企业的组织机构、构成及职能的基础上，完成创业企业登记注册，是开始创业经营活动的基础。

一、企业的组织机构、构成及职能

根据《中华人民共和国公司法》，我国目前的公司可以分为有限责任公司、股份有限公司、上市公司和国有独资公司4种形式。

有限责任公司是指两个以上股东共同出资，每个股东以其出资额为限对公司承担责任；公司以其全部资产对公司的债务承担责任的企业法人。

股份有限公司是指公司注册资本由等额股份构成并通过发行股票或者股权证筹集资本、股东以其所持股份对公司承担有限责任、公司以其全部资产对公司债务承担责任的企业法人。

上市公司是指所发行的股票经国务院或者国务院授权的证券管理部门批准，在证券交易所上市交易的股份有限公司。

国有独资公司是指国家单独出资、由国务院或者地方人民政府授权本级人民政府国有资产监督管理机构履行出资人职责的有限责任公司。

要建立创业企业，就需要了解企业组织机构的构成及职能等基本问题。

公司组织机构是对公司经营活动进行决策、执行和监督的公司最高领导机构。公司组织机构包括3个部分的内容，即决策机构、执行机构和监督机构。

决策机构包括股东大会和董事会。股东大会是由公司全体股东组成的决定公司重大问题的最高权力机构，是股东表达其意志、利益和要求的主要场所和工具。董事会是由董事组成的负责公司经营管理活动的合议制机构。在股东大会闭会期间，它是公司的最高决策机构。除股东大会拥有或授予其他机构拥有的权力以外，公司的一切权力由董事会行使或授权行使。作为合议制机构，公司的业务活动必须由全体董事组成的董事会议加议决定，任何一个董事都无权决定公司的事务，除非董事会授权他这样做。

公司执行机构是指由公司高级职员组成的具体负责公司经营管理活动的一个

执行性机构。它是公司业务活动的最高指挥中心,实行首长负责制。其主要职责是贯彻执行董事会作出的决策。

公司的决策权和管理权大部分集中在少数人手中,这是提高公司经营管理效率的需要。为了防止他们滥用权力,违反法律和章程,损害公司所有者的利益,所有者及股东要对他们的活动及其组织的公司业务活动进行检查和监督,这种监督权由公司的监督机构——监事会来执行。

下面对公司的重要组织机构及职能逐一进行介绍。

(一) 股东大会

股东是公司财产的所有者,虽然他们不直接参与公司企业的经营管理,但对公司经营管理,每个股东都有表达其意见的权利。股东大会就是由公司全体股东所组成的公司最高权力机构,对公司重大问题发表意见,是公司最高决策机构。

股东大会的各种会议,主要依据公司法或公司章程所规定的以股东会议的召开时间为固定时间或可选择的其他时间为标准进行划分。《中华人民共和国公司法》规定,股东会议分为股东年会和股东临时会。

股东临时会是指公司除每年必须召开1次股东年会以外,当有下列情形之一发生时,董事会应在2个月内召开股东临时会:①董事人数不足公司法规定的人数或者公司章程所规定人数的2/3时;②公司累计未弥补的亏损达实收股本总额的1/3时;③持有公司股份10%以上的股东请求时;④董事会认为必要时;⑤监事会提议召开时。

股东大会是公司的最高权力机构,一切事务,除股东固有权外,凡不违背效力规定的强行法规与公司资本的范围,都可决议。依据《中华人民共和国公司法》,股东大会行使以下职权:①决定公司的经营方针和投资计划;②选举和更换公司董事,决定有关董事的报酬事项;③选举和更换由股东代表出任的监事,决定有关监事的报酬事项;④审议和批准董事会的工作报告;⑤审议和批准监事会的工作报告;⑥审议和批准公司的年度财务预算方案、决算方案、利润分配方案和弥补亏损方案;⑦决议增加或减少公司注册资本;⑧决议是否发行公司债;⑨决议公司合并、分立、解散和清算等事项;⑩修改公司章程。

股东大会的召开一般都会通过一些决议,这些决议又有普通决议和特别决议之分。

普通决议采用投票表决或举手表决方式,以简单多数获得通过的决议,即为普通决议。公司的某些事项必须在股东大会上做出决议方可处理,而又未规定应通过何种决议;在此情况下,依照公司章程规定,采用通过普通决议就可以了。

其目的在于保证这些事项不单独由董事会处理。有些公司董事会也把自己无力处理的事项提交股东大会，通过普通决议后再执行和处理。

在公司正常运作期间，对某些重要的事项做出决定，必须采取特别决议即必须经出席股东大会的持2/3以上表决权的股东同意方可通过的决议。通过特别决议后，再由董事会或监事会具体执行与处理。

应该指出的是，不论是普通决议，还是特别决议，通过时都按每1股份有1票表决权计数表决，且是以出席股东大会的股东所持表决权计算，股东不出席或不委托代理人出席自动丧失其表决权。

凡召开公司股东大会，都须将会议的一切议程记录在案并予以保存。会议的决议事项，不论其为股东年会或股东临时会，都应形成会议纪要，记载会议时间、地点、主席的姓名及决议方法、决议结果，并由出席会议的董事签名，以作为各项会议议程的证据。

（二）董事会

股东大会虽是公司的最高权力机关，但由于一般股东只关心股利分配和股票价格对自己利益的影响，而对公司的大计方针、发展战略并不关心，这就导致一般股东与公司的联系越来越松散，股东大会仅就公司的发展方向、经营规模和盈利分配等重大问题做出原则性决定，而真正掌握实权发挥决策作用的是公司董事会。董事会是股东大会闭会期间行使大会职权的常设权力机关，也是最高业务执行机构、企业管理中枢，负责处理公司重大经营管理事项。

董事会的重要地位和作用使得股东们对董事的选任十分审慎。现代各国公司的董事会，大都由经济管理专家、技术专家、法律顾问及高级职员等组成，人员素质很高。

1. 董 事

董事是公司董事会的基本成员，由股东大会选任，以公司代理人和公司财产受托人的身份代表公司对公司事务进行管理。

董事是企业经营人，代表全体股东管理与执行公司的业务，因而董事与公司业务的盛衰和股东权益保障息息相关。所以，只有具备一定条件的个人才可以担任公司董事，亦即担任董事必须具备一定的资格。

《中华人民共和国公司法》规定，董事会设置董事5~19人，一般须是单数。具体董事人数应据公司规模、管理的层次与幅度，由股东大会讨论并在公司章程中明确规定。董事人数缺额达1/3时，应召开股东大会临时予以补选。

公司董事经由创立大会或股东大会选任后，就具有以下职权：①董事会的出席权。公司业务由董事会集体执行，董事为董事会的基本成员，所以董事有参与董事会并执行业务决议的权力。②业务执行权。董事为公司负责人，对于公司营业上的事务有办理的权力。③公司代表权。董事在其职务范围内，有代表公司从事一切法律行为的权力，有代表公司作为原告或被告或其他一切诉讼行为的权力。④执行业务费用预付或垫款偿还请求权。董事执行公司业务所必需的费用，可以请求公司预付；董事因执行公司业务代垫的款项，可向公司请求偿还，并支付垫款的利息。⑤经理人员的任免及报酬的决定权。公司经理人员的聘任、解任及报酬的决定须经逾半数公司董事的同意。

公司董事在其任职期间，不仅享有一定的权利，而且也必须承担相应的义务。包括有：①创立会报告义务。公司成立前，董事经创立会选任后，应立即就关于公司设立的必要事项进行切实调查并向创立大会报告。②各种登记申请的义务。公司创立，董事连同监事应向主管机关进行申请设立登记。③公司股票、债券签发的义务。公司发行股票及公司债券，应记载法定记录事项，并应由董事签名盖章后，方可依法执行。④持有或增减股份的申报公告义务。⑤依法履行职务的义务。⑥公司遇重大损失时，董事有立即向监事会报告的义务。

公司董事的选任，一般在公司成立之际。若公司属发起设立，由发起人在其任足第一次发行股份，按股缴足股款后，召集发起人会议推选董事；如果公司属募集设立，在股份募足股款缴足后，由发起人召集创立大会，选任董事。公司成立以后，董事由股东大会产生。

2. 董事会

董事会是指公司股东大会所选出的 5~19 名董事所组成的公司的常设决策机构，是公司的法定代表。它由股东大会授权，决定公司的具体经营方针、政策、经营范围、规模以及其他与公司长远发展有密切关系的重要事项，并就这些问题对股东大会负责。

董事会是股东大会闭会期间公司的常设权力机关，负责行使公司的所有重大权力，具体包括：①负责召集公司股东大会，并向股东大会报告工作；②执行股东大会的各项决议；③决定公司的经营计划和投资方案；④制定公司年度财务预算方案、决算方案；⑤制定公司利润分配方案和弥补亏损方案；⑥制定公司增加或者减少注册资本的方案以及发行公司债券的方案；⑦拟订公司合并、分立或解散方案；⑧决定公司内部管理机构的设置；⑨聘任或者解聘公司经理，根据经理提名，聘任或者解聘公司副经理、财务负责人，决定其报酬事项；⑩制定公司的基本管理制度。

与董事会的职权相对应，董事会负有其应尽的义务，具体包括：①向股东大会报告的义务。董事会应在股东大会召开前，准备好按照公司章程和有关规定要求的各项报告。②备置公司章程及各项簿册于公司的义务。董事会应将公司章程及股东大会会议记录、资产负债表、利润表置备于本公司，并将股东名册及公司债存根簿，置备于本公司或其代理机构。股东及债权人持有关证明文件，在指定范围内，有权随时查阅。③召集股东大会的义务。召集股东大会既属于董事会的权限，也应视为董事会的义务。④申请宣告公司破产的义务。当公司资产不足以抵偿其所负债务时，董事会应立即申请宣布公司破产。⑤通知公告公司解散的义务。公司解散时，董事会应立即将解散的要旨通知各股东，如果公司发行了无记名股票，就应进行公告。但公司因破产而解散时，不在此限，法院依破产法的规定应进行公告。

按照公司章程的规定，通常应由公司董事长召集董事会会议。但每届第一次董事会，则由所得选票代表选举权最多的董事召集。召集董事会议，应在会议召开1日以前向公司各董事发出通知，并载明召集事由。但当有紧急事由时，可以随时召集董事会。至于每1营业年度董事会应召集的次数和日期，如果公司章程有明文规定，就应依规定执行；如未规定，则由召集人斟酌决定。

董事长是股份公司必备的、常设的业务权限执行及代表人，是公司的法定代表人和最高负责人。①董事长的选任。《中华人民共和国公司法》规定，董事会设董事长1人，由董事会以全体董事的过半数选举产生。董事会设置有常务董事的，首先选出董事，然后由董事会选产生常务董事，最后由常务董事选举产生董事长。②董事长的职权。作为公司的最高负责人，董事长主要行使以下职权：主持股东大会和董事会会议；检查董事会会议的实施情况，并向董事会报告；签署公司股票、公司债券；公司章程或董事会决议授予的其他权力。

(三) 经理人员

公司的经营业务由董事会做出决策，但董事会并不负责经营业务的具体执行或实施，而是聘任经理人员具体负责公司的日常经营管理活动。因此，经理人员是公司必要的、常设的经营业务执行机构。

经理人员是经董事会过半数的董事同意委任，秉承股东大会、董事会的决议，有权管理公司事务并有权代表公司签字的人。一个公司可有1人或数人担任经理，当有数名经理应以1人为总经理，其他的人为副总经理、经理或副经理。总经理是经营业务执行机构的最高行政首长，其他经理人员协助总经理工作。

（四）监事会

由于股份公司是所有权与经营权相分离的法人组织，其经营决策权集中在董事会成员手中，日常事务管理权更集中在受聘于董事会的总经理一人身上，因此，公司股东为防止其委任者滥用职权，违反法令和公司章程，损害股东的利益，客观上就要求对委任者的活动及其经营管理的公司业务进行监察和督促。但是，由于为数众多而又十分分散的股东受知识能力的限制（行使监督职能需要有专门的知识技能）、管理公司时间上的限制（股东大会1年的召集次数总是有限的）和空间是的限制（股东分散于全国各地，多数股东有其自己的职业很难脱身），所以就由股东大会授权公司的监督机构——监事会，代表股东大会以监督公司业务执行为其主要权限，并对股东大会负责。

二、创业企业登记注册

营业执照指工商行政管理机关发给工商企业、个体商户的准许从事某项生产经营活动的凭证。其格式由国家工商行政管理总局统一制定，主要包括企业名称、企业地址、负责人姓名、筹建或开业日期、经营性质、生产经营范围、生产经营方式等。没有营业执照的工商企业或个体工商户一律不许开业，不得刻制公章、签订合同、注册商标、刊登广告，银行不予开立账户。

根据创办企业不同的法律形态，企业的营业执照分别为"个体工商户营业执照""个人独资企业营业执照""合伙企业营业执照""企业法人营业执照"等。

企业注册登记是企业取得营业执照的基础，在登记注册一家企业过程中需要提交如下信息。

（一）法人、企业法人及法定代表人

法人是指具有民事权利能力和民事行为能力，依法独立享有民事权利和承担民事义务的组织。根据《中华人民共和国民法通则》的规定，法人必须具备四项条件：①依法成立；②有必要的财产或者经费；③有自己的名称、组织机构和场所；④能够独立承担民事责任。从设立性质上讲，我们日常接触的法人主要包括企业法人、事业法人、机关法人等。

企业法人是具有国家规定的独立资产，有健全的组织机构、组织章程和固定场所，能够独立承担民事责任、享有民事权利和承担民事义务的经济组织。确立企业法人制度的好处是：使具备法人条件的企业取得独立的民事主体资格，真正成为自主经营、自负盈亏的商品生产者和经营者，在法律上拥有独立的人格，像

自然人一样有完全的权利能力和行为能力。

《中华人民共和国民法通则》规定："依照法律或者法人组织章程规定，代表法人行使职权的负责人，是法人的法定代表人。"法定代表人必须是法人组织的负责人，能够代表法人行使职权。他可以由厂长、经理担任，也可以由董事长、理事长担任。

(二) 企业住所、经营场所（企业选址）

企业法人住所指企业法人的主要办事机构所在地，主要办事机构是指首脑机构或主要管理机构。经营场所指企业法人主要业务活动、经营活动的处所。企业法人住所和经营场所的法律意义是不同的，但实际工作中，企业法人住所和经营场所往往是同一地点。

住所和经营场所作为企业法人的主要登记事项，是构成企业法人的基本条件，也是企业法人进行民事活动不可缺少的条件，没有住所和经营场所的企业是不允许存在的。企业只有拥有固定住所才能进行经济往来，使业务活动正常进行。企业法人住所是其承担民事责任的前提条件，一旦发生经济和法律责任，如无固定住所，就可能找不到企业，企业也就无法承担经济责任和法律责任。这不但会损害第三者的利益，而且会给经济秩序和监督管理工作造成混乱。企业住所也是确定登记主管机关和司法机关管辖的依据及企业开展诉讼的需要。经营场所是企业进行生产、经营、服务的基本条件，厂房、店堂的大小是确定企业经营规模的依据之一。所以必须把住所和经营场所作为企业法人的主要登记事项。

住所使用证明包括产权证明、房屋租赁协议等。房屋租赁的期限必须在1年以上。公司住所使用证明是指能够证明公司对其住所享有使用权的文件。

公司住所和经营场所是租赁用房的，需提交房主"房屋产权登记证"的复印件或有关房屋产权归属的证明文件、使用人与房屋产权所有人直接签订的房屋租赁协议书或合同；公司住所是股东作为出资投入使用的，则提交股东的"房屋产权登记证"或有关房屋产权证明的文件及该股东出具的证明文件。

(三) 注册资本和注册资金

注册资本是公司的登记注册事项之一，是投资人对企业的永久性投资，是经国家确认的公司独立财产的货币形态，包括流动资金和固定资产以及无形资产，也叫法定资本。注册资金是国家授予企业法人经营管理的财产或者企业法人自有财产的数额体现。

注册资本与注册资金的概念有很大差异。注册资金所反映的是企业经营管理权;注册资本则反映的是公司法人财产权,所有股东投入的资本一律不得抽回,由公司行使财产权。注册资金是企业实有资产的总和,注册资本是出资人实缴的出资额的总和。

公司的注册资本必须经法定的验资机构出具验资证明(表明公司注册资本数额的合法证明)。依照国家有关法律、行政法规的规定,能够出具验资证明的法定验资机构是会计师事务所和审计师事务所。有限责任公司的注册资本为在公司登记机关登记的全体股东认缴的出资额。

(四)经营范围

经营范围指国家允许企业法人生产和经营的商品类别、品种和服务项目,反映企业法人业务活动的内容和生产经营方向,是企业法人业务活动范围的法律界限,体现企业法人民事权利能力和行为能力的核心内容。《中华人民共和国民法通则》规定:"企业法人应当在核准登记的经营范围内从事经营。"这就从法律上规定了企业法人经营活动的范围。经营范围一经核准登记,企业就具有了在这个范围内的权利能力,同时承担不得超越范围经营的义务,一旦超越,不仅不受法律保护,而且要受到处罚。核定的企业经营范围是区分企业合法经营与非法经营的法律界限。

《中华人民共和国公司法》对公司的经营范围有以下要求:①公司的经营范围由公司的章程规定,公司不能超越章程规定的经营范围申请登记注册;②公司的经营范围必须进行依法登记,也就是说,公司的经营范围以登记注册机关核准的为准,公司应当在登记机关核准的经营范围内从事经营活动;③公司的经营范围中属于法律、行政法规限制的项目,在进行登记之前,必须依法经过批准。

(五)验资证明

验资证明是会计师事务所或者审计师事务所及其他具有验资资格的机构出具的证明资金真实性的文件。依照《中华人民共和国公司法》的规定,验资具体由在会计师事务所工作的注册会计师或在审计师事务所工作的经依法认定为具有注册会计师资格的注册审计师负责。

委托人委托验资机构验资需按规定办理委托手续,填写委托书,并提交如下文件:①公司章程。②公司名称预先核准通知书。③投资单位上月末资产负债表。④投资人的合法身份证明。⑤各类资金到位证明:以货币出资的,应提交银行进账单;以非货币出资的,应提交经有法定评估资格的机构评估的报告书和财产转移手续;以新建或新购入的实物作为投资的,也可以不经过评估,但要提供合理作价证明；建筑物以工程决算书为依据，新购物品以发票上的金额为出资额。⑥验资机构要求提交的其他文件。

验资后，验资机构应出具验资报告，连同验资证明以及其他附件，一并交与委托人，作为申请注册资本的依据。

有限责任公司股东发起人的出资方式有以下几种：①货币。设立公司必然需要一定数量的货币，作为创建公司时的开支和生产经营费用。②实物。实物指有形物，即既能看见又可摸到的东西，一般是以机器设备、原材料、零部件、建筑物、厂房等出资。③工业产权。这是一个内容非常广泛的概念，按照我国已经加入的《保护工业产权巴黎条约》的规定，工业产权的保护对象为：发明专利、实用新型、外观设计、商标服务标记、厂商名称（商号）、货源标记或原产地名称、制止不正当竞争等。抽象地说，凡是可用于工业（更确切地说是各种生产经营行为）领域、能够提高企业市场竞争力并能创造利润的智力创作成果，都属于工业产权。④非专利技术。它是受《中华人民共和国技术合同法》保护的一种无形资产，确切地说应当是非专利成果。在广义上，它可以被看作一种特殊的工业产权；但在狭义上，由于未经法定程序授予，也无独占性和明确的时间、地域限制，故被排斥在工业产权之外。⑤土地使用权。它是一种财产权利，即依照法律规定的程序和方式合法取得使用土地的权利。从财产的分类上讲，应当划为有形财产，但其又不同于土地本身。因为它涉及土地的使用，而不涉及对土地所拥有的其他权利。

（六）公司章程

公司章程是关于公司组织和行为的基本规范，不仅是公司的自治法规，而且是国家管理公司的重要依据。

公司章程是公司设立的最主要条件和最重要文件。公司的设立程序以订立公司章程开始，以设立登记结束。《中华人民共和国公司法》明确规定，订立公司章程是设立公司的条件之一。审批和登记机关要对公司章程进行审查，以决定是否给予批准或者给予登记。公司没有公司章程的，不能获得批准，也不能获得登记。

公司章程是确定公司权利、义务关系的基本法律文件。公司章程一经有关部门批准，并经公司登记机关核准，即对外产生法律效力。公司依公司章程享有各项权利，并承担各项义务，符合公司章程的行为受国家法律的保护；违反章程的行为，有关机关有权对其进行干预和处罚。

公司章程是公司对外进行经营、交往的基本法律依据。公司章程规定了公司的组织和活动原则及其细则，包括经营目的、财产状况、权利与义务关系等，为投资者、债权人和第三人与该公司的经济交往提供了条件和资信依据。凡依公司章程与公司进行经济交往的所有人，依法可以得到有效的保护。

鉴于公司章程的上述作用，必须强化其法律效力。这不仅是公司活动本身的需要，也是市场经济健康发展的需要。公司章程与《中华人民共和国公司法》一样，肩负调整公司活动的责任。这就要求公司的股东和发起人在制定公司章程时，必须考虑周全，规定得明确详细，不能做各种各样的理解。公司登记机关必须严格把关，使公司章程做到规范化，从国家管理的角度，对公司的设立进行监督和保证公司设立以后能够正常地运行。有限责任公司的公司章程由股东共同制定，经全体股东一致同意，在公司章程上签名盖章。修改公司章程，必须经代表2/3以上表决权的股东通过。有限责任公司的公司章程必须载明下列事项：公司名称和住所，公司经营范围，公司注册资本，股东的姓名或名称，股东的权利和义务，股东的出资方式和出资额，股东转让出资的条件，公司机构的产生办法、职权、议事规则，公司的法定代表人，公司的解散事由与清算办法，股东认为需要规定的其他事项。

第三节　艺术领域创业产品开发原则

创业是一个艰辛的过程，创业的艰难并不等于创业者就可以因此不择手段。在创业的过程中，还是有一些原则需要创业者遵循的，对于艺术领域创业者，在产品开发中应遵循如下3个原则。

一、科学性原则

创业活动是一种典型的创造性解决问题的工作，是人类创造力的集中体现。有人认为艺术领域创业活动与科学原理关系不大。事实上，这种观点是不正确的，在人类解决问题的过程中，科学是任何环节都不可缺少的。科学性原则也是包括创业活动在内的创造性解决问题活动的第一原则。在创业活动中，科学性原则主要体现在以下几方面。

（一）创业活动中所涉及的原理必须是科学的

创业活动所产生的"产品"是广义的，可能依托于可以具体物化的产品、可能依托于技术、还可能依托于服务。但是，不论何种形式的创业活动都必须符合事物发展的客观规律。不仅如此，创业的主体活动是商业活动，要保证商业活动的"科学性",就需要规避国家法律不允许经营的领域,就需要杜绝国家法律不允许使用的经营手段,就要遵循市场的经营规律。只有这样才能保证商业活动的健康发展。一些创业者在创业活动中偷税、漏税,甚至个别人置国家法律法规于不顾,实施制假售假、组织非法传销、囤积居奇、哄抬物价等活动。这种违反科学性原则的做法,必将导致创业的失败。

（二）创业活动的决策是科学的

这一点对于艺术领域尤为重要。艺术创作鼓励发散思维,很多艺术家往往不喜欢对于创业项目涉及的盈利进行精确地计算,这样就可能会出现产品十分好,却不能在市场上推广的现象出现。有人曾经说：在创业成功者中,经历、学识差异很大,但有两点确实很相似的：一是家庭和睦,二是都善于打牌。初听起来,这种观点有一点风马牛不相及。但仔细分析,我们却发现,家庭和睦是创业中应对困难的精神支柱。实际上,在打牌的过程中,人们是要不断进行运筹判断决策的。创业过程中决策是不可或缺的。在决策过程中,要对目前掌握的信息进行分析判断。现代社会中的人类活动趋向于复杂化,经济活动中涉及的信息越来越庞杂,仅仅靠经验进行判断显然是不行的。要更好地对信息进行处理,就要熟练地运用统计学的知识。完成了对信息的处理、分析,决策工作才会顺利进行,而要实施决策就需要提出一系列备选方案进权衡、比较,而没有现代管理学知识,备选方案的设计、权衡、比较也将无法进行。因此,方案决策必须以科学为基础。

（三）创业活动的计划安排应当是科学的

一个好的方案,如果没有具体的规划,将不可能得到实施。任何方案确定之后,都需要订立计划,制订周密的实施计划,就要分析清楚计划的关键环节在哪里？哪些工作是后续工作不可或缺的基础？哪些工作可以平行进行？哪些工作必须按先后顺序执行？在保证完成工作计划、达到工作目标的基础上,订立最好的可供执行的计划是计划安排的目的。要达到这一目的,活动的计划安排也应当是科学的。因此,艺术领域的创新活动往往对于创新主体的状态要求很高,把艺术领域人才创作、展示才华的高峰时间点与创业项目展示有机结合十分必要。

（四）创业活动的实施过程是科学的

有了计划就需要具体的实施,而实施过程中,保证计划在实施中的执行效果和面对计划以外问题的及时处理是实施工作过程中的两个关键环节。要保证计划地执行效果,首先要由科学的工作态度,实施工作的负责人分清楚哪些工作是必须执行、不能变通的,哪些工作是自己有权决定的。面对问题,实施工作的负责人要首先判断当前所面临问题的性质。分清问题是自己可以做决定的，还是需要向上级或最高决策者反馈的。作出这些判断的基础归根到底还是科学原理。

二、有限理性支配下的简单性原则

创业活动是一项不可完全模仿和复制的工作，需要创业者进行理性的思考与判断，而人类所能够思考的范围是有限的。这时候，人类就要进行有限理性的思考，而在有限理性支配下的创业就会选择简单性原则。

假设一个数学家开车到超市附近去办事，就会涉及寻找停车场的问题；他可能希望停车场离办事地点近些，但又不要太拥挤，另外，收费标准越低越好。从绝对的理性出发，就是要找出一个停车场的地点与收费价格之间的最佳关系；西方经济学理论用边际效用理论予以解释，即假定决策者愿意按一定比例，交换不同方面的增量；例如，停车场与办事地点之间的距离每变化100米，相当于拥挤程度减少若干，或等价于停车费减少若干。

实际上，无论多么精明的数学家，都不会进行上述计算和比较的，因为在大多数情况下，人是喜欢简单化的。这就是所谓有限理性支配下的简单性原则。

追求简单化，与鼓励艺术领域人才努力实现对创业项目盈利模型精确计算并不矛盾。有限理性说强调理性活动者思考、推理、计算和认知能力的局限性，完整地说，就是决策者面临复杂的外界环境，在自身认知能力限度的限制下，力图达到一定目的的行为风范。创业活动正是有限理性说的重要表现形式。在创业活动中，人们既能看到创业者对外部环境的适应，更要看到创业者技能局限性对适应过程的意义。有限理性说为创业者制定有效的决策、设计和规划，提供了规定性的原则。因此，"寻求满意"的原则（简称满意原则），已经成为创业领域中最重要的原则之一。而要寻求满意的结果就需要对问题进行简化。因此，努力使问题简单化和寻求满意解是有限理性支配下的人类活动的必然选择。这一点，对于创业活动表现得更加突出。在创业活动中应用简单性原则的主要原因有以下几种。

（一）难以求得理论最佳结果是创业活动应用简单性原则的客观原因

在创业过程中，创业目标能否实现的重要条件是创业方案是否可行。创业方案的可行性是在设计创业实施方案过程中实现简单性原则的前提和基础。创业中的优化工作按任务目标分类一般可分为单目标设计和多目标设计。所谓单目标优化是指需要解决问题的中心目标是单一的优化设计问题。所谓多目标优化是指需要解决问题的目标是多个或多个目标重要程度基本相当,必须全面考虑。创业活动中是以实现目的为表现形式的工作,一般是多目标优化问题,优化是贯穿在创业者创业活动始终的一个过程。

"最优化"是典型数学的概念,在创业活动中实现"最优化"就是实现理论上的最佳,创业活动中绝对最优化是不存在的。为了说明这一问题,下面以一个单目标优化问题为例分析理论最佳的不可获得性。

要设计一条十分路线让推销员沿此路线走过数目及地理位置均已给定的几个城市,且所经过的路程最短。这就是有名的推销员问题。假设几个城市的相对距离如表6-1所示,推销员从甲城出发。

表6-1　各城市之间的距离　　　　　　　　　（单位:千米）

城市	甲	乙	丙	丁	戊
甲	—	250	1450	1700	3000
乙	250	—	1200	1500	2900
丙	1450	1200	—	1600	3300
丁	1700	1500	1600	—	1700
戊	3000	2900	3300	1700	—

对于这个问题,有一个直截了当的优化方法,即试算所有可能路线,取其路线最短者。由于现在有5个城市,我们就必须计算5!＝120条路线的长度。比如,我们先算出"甲-戊-丁-乙-丙-甲"路线长度为8850千米,但这不一定是最优解;再算"甲-乙-丙-丁-戊-甲"路线长度为7750千米,显然优于前者,但也不一定是最短路线。要想用这种方法找到最优解,非把所有120条可能路线全计算、比较一番不可。这个问题的特点是,当城市数目相当多时,可能路线的数目将迅速增长。例如,当城市数目增加到10个时,其组合路线为3628800条;当城市数目增至50个时,其组合路线为50!＝3.04×10^{64}条。这种现象称为"组合爆炸"。假定我们算出每条路线长度并同前次计算结果相比较、删去其中较大者,仅需用0.0001秒,那也要用9.64×10^{52}年才能算完! 这等于说是根本没法算完。对于这类组合爆炸的问题,巧妙的优化法也无能为力了。

(二) 思维习惯性是创业活动中应用简单性原则的认知原因

环境心理学在研究行为性时发现,人有"走捷径"的行为习惯;同样,在思维中也存在着"走捷径"的习惯,通过简洁的思维过程一下子得到思维结果,就是以长期经验积累为基础形成的经验直觉。这种经验直觉在大多数情况下是能够保证思维结果的正确性的。正是这种过程既简单又省力，结果基本正确的价值判断成为创业活动中应用简单性原则的认知原因。确定何者第一、何者第二的过程，实际上是对一个复杂问题进行简单性判断的过程；因此，简单性原则成为优化的外在表现形式。

在理想条件下，人类的整个思维过程完全是具有理性的。在具体的创业实践活动中，涉及的与创业决策相关的主、客观因素很多；在参与判断的主、客观因素中，有可量化但难以计算的、也有不可量化的；对于这类情况的处理，就只能借助创业者的经验使用简单性原则进行判断。因此，在诸多因素的影响下，创业者很难完全按理性思维解决问题。在此情况下，创业者的由习惯性思维所引起的简单性判断作用更大。所谓习惯性思维就是由于外界环境的影响，创业者根据个人的知识积累和经验，对具体问题做出判断的思维方式。由于这种思维是受创业者固有的思维习惯影响的，因此，被称为习惯性思维。习惯性思维所反映出的思维特点可以被称为"思维的习惯性"，"思维的习惯性"创造了简单性原则在创业活动中的实现条件。

由于思维习惯性的存在，创业者很难获得综合的、一致的效用函数。它对备选方案的价值考虑，是受到注意力支配的，注意力的影响就决定了创业者考虑范围的简单化。当创业者对创业中的问题进行分析时，他的价值考虑将集中在当前所面临基本问题上；创业者的思维空间就被限制在待解问题系统这一有限范围内，不可能把待解问题系统之外的其他相关需求都同时加以考虑。即使同时存在多种需要，也要首先顾及其中最迫切的问题；有时由于条件过于复杂，甚至只重点考虑核心的需求目标。因此，创业者对备选方案的优劣衡量，不是依照某个囊括全部价值的效用函数，而是一个遵循简单性原则的部分的效用函数。

由于思维习惯性的存在，创业者根本不可能真正寻找一切备选方案。在决策过程中，他们往往只考虑与做抉择最有关系的少数方案，这便形成了方案选择上的简单性。同某一事物有关的其他事物，尽管从原理上讲是极其大量的，但由于使用了简单性原则，人们只考虑其中的少数几件，而把其中大部分忽略掉了。比如，一个人在决定花钱买车时，考虑到的备选方案可能只限于购买本地区某几家商场里的某几种车，尽管他做抉择的客观环境还包括其他地区的另外一些车，甚至包括把这笔买车钱花到其他用场上去。

由于思维习惯性的存在，创业者在做任何决策时，即使在进行重要决策时，也很难把一切可能后果都认真考察一番。实际上创业者只是对备选方案的后果有着一般的了解;他可能会对一两个重要后果,认真地加以思考,但他决不去思考其余的无数可能后果;也可以说创业者不可能对诸多复杂因素一一考虑。世界上的事物之间的联系,原则上讲是普遍的,但人们在实际思考时,只考虑很少的几个主要联系,这便形成了决策方案制定上的简单性。

由于思维习惯性的存在,创业者会主动寻求简单。因为创业者尽可能不同复杂性情况(通过优化方法实现简化)打交道,由于没有一致的效用函数,不考虑一切备选策略,也不考虑每个策略所可能导致的一切或然事件;所以,他在不同时期所做的决策,很可能是不一致的。从连续推移的时间上看,即使侥幸获得"此时"之"最优",等到"彼时"来看,很难仍是"最优"的了。所以,"最优"概念本身,对于受"思维习惯性"影响的创业者来说,是很成问题的。放弃"最优",选择"次优";创业者实现了优化与简单性在创业活动中的统一。思维习惯性影响下的创业者思维活动体现出的正是典型的简单性原则。

(三) 功利性是创业活动中应用简单性原则的动机原因

创业过程中的工作往往是以完成某一特定任务为目标,相当一部分工作几乎没有任何重复性的;随着特定的终极目标的实现,工作即告一段落或完成。工作任务的一次性、非重复性决定了每次活动必须根据需要因时因地按目标的要求、环境的情况、当时的技术条件进行的工作。创业活动的设计与实施是一种强功利性条件下的经济活动,创业者由于受经济利益的驱动,在选择方案时就会自觉的以经济价值为标准选择经济上最合适的方案(即从经济角度出发的最简方案);因此,创业者思考时不可避免地带有功利性倾向,对目标实施条件进行选择与简化也就不可避免。这时,简单性原则就成为工作的首选思想原则。

对于创业活动中的具体项目,完成任务的时间、资金、人力、物力都有要求;这就决定了实施方案设计不可能完全是理论上的设计,设计中常常出现为了完成任务而不得不作设计调整的现象。这种调整是为了满足上述时间、资金、人力、物力等功利性要求而做的,调整后的设计内容就不可避免地带有功利性色彩。在功利性的驱使下,创业者在进行设计决策时往往由于条件所限而主动或被动地放弃了对全部可行设计方案的考察;进而依据简单性原则遴选出部分设计方案进行优化。事实上,创业活动中的方案决策实际上是创业者在高度的功利性条件下进行的;创业重要目的之一就是实现利润最大化,即在完成任务的前提下实现成本最小;成本最小的实质就是使总资本投入最小。实现总资本投入最小的过程中,实际上是一个协调总资本投入中各类资本投入比例关系的过程。显然要达到这一要求就必须建立一组关系函数。虽然主要变量只有两个("物量资本"和

"人力资本"),但两者又都受许多因素的制约,因此很难建立或构造出一组理想的、能够全面反映各种因素的关系函数。建立或构造出的关系函数往往是忽略一些次要条件的结果,这一点是完全符合简单性原则的。最优化结果求解的困难,导致选择"次优化方案"的使用正是功利性因素作用的结果,也正是简单性原则在创业活动中作用的体现。

在创业决策中的另一种功利性倾向就是追求最终效果的"最佳"。效果"最佳"往往与实施过程的安全性、用户的舒适性相矛盾。而在以工程活动为代表的工作中,安全性又是创业者不可侵犯的准则。在功利性原则的支配下,方案设计者往往采取在不违反关于工程的安全性的定量化、可操作和可考核的标准的前提下,降低使用者的舒适性的办法(实际上是把"使用者的舒适性"这一条件弱化和变相简化了);除非安全性、舒适性成为产品在市场上的卖点,创业者追求这方面的市场效益,才会暂时放弃这一思路。

(四) 寻求满意解是创业活动中应用简单性原则的技术原因

对于一个具体的问题而言,整个问题中的评价、选择工作,不可能完全用优化方法来完成,其中大部分工作都要用次优化方法来完成(即寻求满意解),以寻求满意解作为完成任务、实现目标的技术手段正是简单性原则的体现。

在数学优化理论中,问题的解有3种类型:最优解、满意解、可行解。最优解是求解数学模型得出"解集"中的"最佳值",是一种很好地达到解决问题全部要求却很难在现实生活中实现的"理想状态",创业者在创业活动中基本不会采用。可行解是求解数学模型得出的"解集"。由于"可行解"中包括一些"极差值",它是一种只能达到基本要求的"临界状态",创业者在创业活动中也基本不会采用。满意解是求解数学模型得出"解集"中的"中间值",是一种较好地达到解决问题全部要求的"惯常状态",创业者在创业活动中会常常采用。因此,创业者在确定方案时,就会在"可行解"中寻找"满意解"。现实世界中各种条件相互制约,不可能使全部条件均达到"最佳";因此,寻找"满意解"只能实现目标条件大体上的"满意"。下文提出的满意原则是指在工作中实现其总体目标,"满意"的概念不同于日常习惯上的满意,它是一个数学意义上的"满意"。

创业者的功利性思想决定了创业活动中过程就是寻求解决问题方案满意解的过程。寻求满意解,意味着寻求在当时看来比较满意的解决问题方案。这个方案,通常经过逐步搜索而构造出来的。寻求满意解的创业者通常不是先把一个个方案先构造出来,然后挑选一个。而是先构造一个方案,看看满意不满意。如果是满意解，就停止搜索；如果不是满意解，再构造下一个方案。如果找到许多方案，都不能令他满意，他就会降低自己的满意解标准。满意解标准的出现实际上就是放弃了复杂性原则选择了简单性原则。显然，寻求满意解的过程，是一个考察方案的过程；寻求满意的创业者的最后选择，往往取决于他构造的方案的顺序。比如，假设甲方案比乙方案更好，但两者皆达到了满意解标准（欲望），这时，先构造了哪个方案（如乙），那个方案就被接受了；决策者不再继续构造其他方案（如甲）。

在具体的寻求满意解的过程中，首先，根据产生欲望并以境况优劣程度来调整欲望水平的机制，来确定什么是"满意解"或"好"；然后，寻找备选方案，直至找到一个"足够好"的方案为止。这个原则对设计解决问题的方案模型和思维模型的工作提出了一个要求：所设计的方案模型和思维模型应当是符合简单性原则和满意原则的模型，它应当体现这样一种机制，使人在无法完全了解复杂事物的情况下，仍能处理复杂事物（用简单性原则处理复杂事物）。由于在复杂世界里，备选方案不是给定的，而是必须去寻找；又因为备选方案不是只有一两个或有限多个（从本质上说有无穷多个）；因此，根据满意原则，创业者通过将简单性原则引入思维过程，避免了试图在真实世界里寻求最优的困难——寻找、评价和比较无穷无尽的备选方案，避免了思考、策划过程进入永无止境的恶性循环。满意原则提供了现实的终止判据，即一旦找到足够好的备选方案，便停止思索，告一段落。因此，满意原则是简单性原则在创业活动中得以实现的载体。

创业活动具有复杂性和非线性的特征；但是由于理论上的最佳结果难以实现的客观原因以及思维习惯性、功利性思维和满意原则的存在，创业者总试图在一定范围内将复杂变成简单，将非线性转化为线性。在这个以简单性为原则的转变中，理论上的最佳结果难以实现的事实是基础，功利性思维是动机，思维习惯性是转换的辅助力量，寻求满意解是外化表现形式。

三、简化原则

艺术领域的产品不仅要求有可靠的性能，较高的质量，适宜的价格，更主要地要求能够在生理上和心理上满足人的需要。作为产品的用户和最终消费者，人的主观因素对于产品设计的成功起着决定性作用。

艺术领域产品设计是实现技术创新的基础，简化是实现产品设计的有效手段，也是以产品为依托的创业活动中的有效手段。设计者在进行产品设计时，常常采用简化设计目标或思维过程的手段实现设计任务。

因此，简化在艺术领域产品设计两项典型工作——设计"成本"核算、有利于消费者理解模型的作用十分重要。

(一) 简化有助于完成设计"成本"核算

艺术领域创业活动的最终产物是"产品"，产品设计创新的目标是设计出"好"的"产品"。评价"产品"的"好"与"坏"的标准，是"产品"的"价值"；具体地说就是"产品"所能达到的"功能"所需要的"成本"。

"产品"的"功能"和"成本"是一对矛盾体；要完成设计"成本"核算，衡量"产品"的"价值"，就必须分析"产品"的功能与成本之间的关系，功能越强、质量越高、成本越低，产品就越有价值。三者之间的关系可以用公式 V（价值）$= F$（功能）$/C$（成本）或公式 V（价值）$= Q$（质量）$/C$（成本）表示。研究"产品"价值的目的是对产品设计的最终结果进行评价，进而确定什么是好的或是值得做的；因此，价值分析必须以"产品"的整体或整体中某一部分为代表的硬件为研究对象。解决功能与成本之间矛盾的核心任务是实现"产品"价值最大化。在完成预期工程目标的前提下，具体的解决办法可以是降低"产品"的成本，也可以是在"产品"的成本不变的条件下，使"产品"的功能提高。只有搞清功能和成本、质量与费用之间的关系，才能找到解决问题的途径。要实现"产品"价值最大化的首要任务，就要研究用户的需求（即对"产品"的功能、质量、性能的要求）与成本的关系，并努力实现这些关系表达方式的简单化。

在对成本分析的过程中，不可避免地涉及"人力资本"和"物量资本"配置的问题。理想的资源配置结果是"人力资本"和"物量资本"双向节约，进而导致总成本的降低。但是"人力资本"节约和"物量资本"节约往往存在矛盾，要解决这对矛盾就要对资源配置进行优化；因为，在科学技术水平一定的条件下，完成两种资本一起节约是不可能实现的，现实的解决方案必须是简化问题，以其中一种资本的节约为中心。由于产品设计涉及许多问题；同时，在具体问题中的许多条件和参数都处于变化之中，在量化表现为具体的数值是动态值。因此，很难通过计算得出实际资源配置的"最佳"值。即便通过理论计算得出一个近似的"最优解"，拿到实际生产环境中，也会因具体的条件与参数的变化而变成不是"最优解"。要解决这一问题，就需要理论与经验相结合：既要考虑理论计算得出的结果又要考虑实际环境中无法量化的条件和参数，将两者之间的关系简化。即确定设计时侧重的一方，将某一方作为优先考虑的重点；从而确定在一种条件下选择"物量资本"节约优先，在另一种条件下选择"人力资本"

节约优先。具体地说,在工业化时代,特别是在工业化时代早期,"物量资本"投入在资本总量中所占的比重大于"人力资本"投入在资本总量中所占的比重;"物量资本"的节约就成为该时期资本节约的重点。当科学技术水平提高以后,"人力资本"投入在资本总量中所占的比重逐步加大,最终导致"物量资本"投入在资本总量中所占的比重小于"人力资本"投入在资本总量中所占的比重;"人力资本"的节约就成为该时期资本节约的重点。

"产品"的"价值""功能""质量"与"成本"几者关系的多样性决定了价值评价标准的多样性;要准确地获得价值评价标准,就需要在几者的多样性关系中寻找共性特点,最终获得一种相对简单的价值评价标准。因此,也可以说解决功能与成本之间矛盾的关键在于应用好简化手段。要完成产品设计,就不可避免地对价值进行评价;要得到评价标准,就必须对相关条件进行简化(量化)。由于"功能""质量"与"成本""费用"是两组不同的概念,他们具有不可通约性;在量化过程中就需要有些将几对关系联系起来的简化公共变量。"好"的公共变量的标准是变量具有简单、易于理解、便于操作的等实用性特征。要达到这一要求就需要对各种条件进行简化处理。因此,简化在产品设计决策过程中,简化有助于完成设计"成本"核算。

(二) 简化有利于消费者理解模型

在艺术领域产品设计工作中,设计者的一项重要工作就是建立设计模型。现代设计往往是通过计算机来实现的,设计者与计算机的联系纽带是数学化或者专业符号化的设计模型;因此,设计模型是产品设计工作的基础,也是设计者对设计对象实体的专业语言描述。由于将思想用本专业术语表达,并最终符号化是计算机的工作基础,所以,设计者交给计算机的设计模型常常是一个抽象的、简单的、离散化的模型;要进行产品设计就必须处理模型与实体的关系,要更确切的表述设计问题就必须解决两者之间的矛盾。解决矛盾的关键就是将复杂的事物和广义的"系统"通过离散方法分解成有限个简单事物或"子系统"来进行分析与处理(即实现系统分解、简单化的过程);只有该阶段的问题具有合理性和符合现实性的特征,设计整体的近似最优解才有可能求出,预期的产品设计目标才可能顺利实现。

艺术领域创业公司呈现给消费者必然是具体的、复杂的、连续性的具体事物。实体是模型的基础,模型是实体的表述形式;两者关系决定了其联系是紧密的。

一个复杂的事物和现象,要认清它的实质并不容易,但如果把它分解开来认识,可能就要容易得多,这就是"分析和综合"的作用。所谓分析就是在思维中把事物分解成各个部分、阶段、方面或把事物的个别特性及同其他事物的个别联系区分出来,获得对事物某些侧面或联系的正确认识。综合就是在思维中把事物的各个部分、阶段、方面及个别特性综合起来,探求其各个部分之间的复杂联系,把事物作为多样性统一的整体再现出来,真正深入到事物的本质,把握事物的发展规律。分析和综合是人类认识世界的强有力手段。如果没有这些手段,那么甚至连感觉、知觉等最简单的基本心理活动形式也不可能有。客观世界、客观事物和现象极其复杂和具体地呈现在人们面前,具体事物是多样性的统一,如果不把具体的东西分成若干组成部分和因素,不加以分析,那么就不可能认识这个具体的东西。如果化学家不能分析出化学过程中的各个组成部分——化学元素,那么他对化学过程、对物质的化合和分解的规律就会一无所知。同样,如果经济学家不通过分析去找出基本经济因素——商品、价格、价值、剩余价值等,去认识它们的本质,那么他对社会及其经济发展规律性也就无从认识。

  在完成上述工作之后,就需要要用最简单的语言告诉客户,这个产品是什么。一个普通人要鉴赏一位艺术家的作品,只有两个办法,第一,自己首先成为一个艺术鉴赏家;第二,由一位表达能力强的艺术家用通俗的语言告诉鉴赏者作品的优点是什么。显然,第二种方法是更有效的。同样,在体育活动中,把深奥的运动原理转化成简单易懂的"肌肉记忆"型动作,也是非专业人士喜欢的。所以把一个极其复杂的"集合",运用"离散"手段进行介绍是让客户了解产品的一种基本方法,也是设计者在产品设计中与客户进行顺畅沟通的表现形式,把产品的特性,用最简单、通俗,并且是非专业的语言介绍给客户,就可以使消费者很容易理解产品的基本情况,并刺激消费欲望。

第七章　创业计划书及路演材料制作

艺术领域创业往往是以艺术方面的某些特色性项目为基础的，有专业知识和技能背景的创业者可以通过撰写创业计划书、制作路演所需的视频与PPT、参加或举办路演来争取投资或其他创业者进入创业项目。本章重点介绍撰写创业计划书和制作路演所需的视频与PPT的基本方法。

第一节　创业计划书的写作

创业计划书，又名商业计划（Business Plan）是由创业者准备的一份书面计划。它不仅仅是一种业务构思的策划和一份信息的披露，而且是吸引投资的宣传单，更是以后公司运作的指导书。写好创业计划书，就可以使头脑中的创业规划书面化、具体化，并且可以利用该计划书说服风险投资商，使创业者设计的创业项目获得风险投资和国际创业组织的扶持，从而使创业项目获得进一步发展的机会。因此，创业计划书的写作是创业的基础性工作。

一、创业计划书写作的注意事项

在国外，一个风险投资公司每月都要收到数以百计的各式各样的创业计划书，每个风险投资家每天都要阅读几份甚至几十份创业计划书，而其中仅仅有几份能够引起他进一步阅读的兴趣，更多的则被淘汰了。所以，如果一份创业计划书既不能给风险投资者以充分的信息，也不能使投资者感兴趣，其最终结果只能是被淘汰。因此，创业者必须提供一份简洁、完整的创业计划书给风险投资商。一般情况下，一份《创业计划书》最长不要超过50页，最好在30页左右。同时，在计划书中要全面披露与投资有关的信息。因为按照证券法等相关法律，风险企业必须以书面形式披露与企业业务有关的全部重要信息。如果披露不完全，当投资失败时，风险投资人就有权收回其全部投资并起诉企业家。在计划书的写作过程中要把握简明扼要、条理清晰、内容完整、语言通畅易懂、意思表述精确等基本撰写原则。在具体的创业计划书写作过程中还应注意如下几方面问题。

第一，要让风险投资者感到投资这个项目是值得的。而要做到这一点，就要使风险投资商对计划书中所描述的企业的产品或服务感兴趣。要做到这一点，在创业计划书中，需回答好如下问题：产品正处于什么样的发展阶段？它的独特性怎样？企业分销产品的方法是什么？谁会使用企业的产品，为什么？产品的生产成本是多少，售价是多少？企业发展新的现代化产品的计划是什么？

第二，要细致分析竞争对手的情况。要做到这一点，在创业计划书中，需回答好如下问题：竞争对手都是谁？他们的产品是如何实现其价值的？竞争对手的产品与本企业的产品相比，有哪些相同点和不同点？竞争对手所采用的营销策略是什么？要明确每个竞争者的销售额、毛利润、收入以及市场份额，然后再讨论本企业相对于每个竞争者所具有的竞争优势，要向投资者展示顾客偏爱本企业的原因是：本企业的产品差别化程度高，性能价格比优，质量好，送货迅速，定位适中，价格合适等。创业计划书要使它的读者相信，本企业不仅是行业中的有力竞争者，而且将来还会是确定行业标准的领先者。

第三，创业计划书要给风险投资者提供企业对目标市场的深入分析和理解。要细致分析经济、地理、职业以及心理等因素对消费者选择购买本企业产品这一行为的影响，以及各个因素所起的作用。创业计划书中还应包括一个主要的营销计划，计划中应列出本企业打算开展广告、促销以及公共关系活动的地区，明确每一项活动的预算和收益。创业计划书中还应简述一下企业的销售战略。市场调研工作可以主要围绕以下内容进行：投资项目中的产品或服务处于什么样的范畴？是研发（R&D）性质、生产性质、分销性质或是服务性质？该领域目前的情况如何？产品或服务处于一个什么样的阶段？其市场前景如何？目前的市场状况怎样？是繁盛还是萧条？

第四，创业者要表明企业的商业计划是无懈可击的。创业者在创业计划书中，应该明确说明下列问题：企业如何把产品推向市场？如何设计生产线，如何组装产品？企业生产需要哪些原料？企业拥有哪些生产资源，还需要什么生产资源？生产和设备的成本是多少？企业是买设备还是租设备？解释与产品组装、储存以及发送有关的固定成本和变动成本的情况。

第五，展示自己管理队伍。把一个创意转化为一个成功的风险企业，其关键的因素均是要有一支强有力的管理队伍。这支队伍的成员必须有较高的专业技术知识、管理才能和多年工作经验。管理者的职能就是计划、组织、控制和指导公司实现目标。在创业计划书中，应首先描述一下整个管理队伍及其职责，然后再分别介绍每位管理人员的特殊才能、特点和造诣细致描述每个管理者将对公司所做的贡献。创业计划书中还应明确列出管理目标以及组织结构图。

第六，写好计划书的摘要。创业计划书中的摘要十分重要。因为，它是风险投资者首先要看的内容；所以，计划书的摘要必须能让风险投资者有兴趣并渴望得到更多的信息，努力把投资者吸引住。

二、创业计划书的具体内容

（一）创业计划书摘要

创业计划书的摘要将是风险投资者阅读创业计划书时首先要看到的内容。虽然，一个写得很好的"摘要"并不一定便能为一个项目带来投资，但一个写得不好的"摘要"却一定可以使风险投资者决定放弃对该项目的投资。在这部分内容里面，创业者应该提及商业价值、产品或服务、目标市场、核心的管理手段和财政需求等，当然也应该包括预期投资人得到的回报。尽量对计划的描述显得清晰、客观、逻辑性强，这样可以让风险投资者真正懂得创业者的计划。

一份创业计划书的摘要一般仅有几页纸的内容，它主要包括：①风险投资项目的简要介绍；②联系方法和主要的联系人；③业务范畴和类型；④管理团体和管理组织；⑤产品或者服务及其竞争状况；⑥市场状况；⑦资金运用计划；⑧财务计划；⑨生产经营计划；⑩风险投资资本退出方式等。

（二）公司原来的业务发展历史与未来

这部分内容是为了让风险投资者对作为可能投资对象的公司有一个初步的了解。如果创业者是一个刚踏入社会的年轻人，从未有过创业的历史，那么你不妨在这一部分向风险投资者把你的产品或服务创意情况作一番介绍，包括你的成长经历、求学过程、性格、兴趣爱好与特长、你的家庭及对你成长的影响、你的创意是怎样想出来的、为什么要独立追求创业等等。这样，将一个粗线条的你展示给风险投资者而不至于让他摸不着头脑。这部分要介绍的内容应包括公司过去的发展历史、现在的情况以及未来的规划，具体而言，主要包括以下几方面。

（1）公司概述包括公司名称、地址、联系、方法等。写作中可以写上"本公司位于……"然后在后面写上地址、电话和联系人。

（2）公司的自然业务情况。公司的发展历史；概要介绍公司所从事的主要业务，用尽可能短的几句话使风险投资人了解本企业的产品或服务。介绍公司成立于何时，第一次生产产品或提供服务是在什么时候，公司发展经历了哪几个重要阶段等等。但这部分的介绍必须简短切题，尽量不要超过一页，最长不能超过两页，否则就过于冗长。

（3）对公司未来发展的预测。这部分可以按时间顺序描述公司未来业务发展计划，并指出关键的发展阶段。如果公司预计未来业务发展需要经受许多变动因素的考验，通常应该在这里讲清楚。这部分还可以重点说明是本公司与众不同的竞争优势或者独特性。

（4）公司的类别与隶属关系，如系合伙公司还是股份公司。这部分主要说明公司所有制性质，此外，还需说明本企业是否是一家有着附属公司的母公司。在公司拥有多家子公司或附属机构的复杂情况下，则应该用图表来表示其法律关系，并在他们之间划上线条、写出所占股权的比例。

（5）公司的公共关系。这部部分内容包括公司产品或服务的销售过程和分销渠道，生产所需原材料及必要零部件供应商情况。如果在产品生产到销售过程中，还有其他一些协作者/分包人参与其中，通常也需要予以说明。

（6）公司的保险情况。主要描述公司已经购买或者打算购买的保险险种。写作这部分时，只要列出与本企业经营活动有关的保险险种即可，不要把医疗之类的保险也列入其中。

（7）公司的知识产权。本部分主要对企业持有或将要申请的专利和商标进行详细描述。企业可以通过对专利与商标的描述来强调其独特性，或者在此列出企业的专利和商标清单，从而让风险投资者自己来判断这种独特性。

（8）公司的法律诉讼。主要描述企业目前可能卷入的诉讼案件，包括别人起诉本企业的案件和本企业起诉其他人的案件。风险投资人一般不愿向那些卷入一大堆诉讼案件的公司进行投资。在他们看来如果风险企业被很多人起诉，那么企业本身的生产经营方式一定存在某些问题；反过来，如果风险企业老是起诉其他人，那么风险投资人就有理由担心在投资到位后也被这家企业起诉。因此，如果本企业卷入的历史诉讼案较多，那就应该在本部分向风险投资者解释其细节以使其克服对这类企业天然的抵触情绪。

（9）公司的纳税情况。主要说明向公司征收的特定税种，如果本企业正处于营运之中，还应说明企业纳税情况。

（三）公司的研发情况

主要介绍投入研究开发的资金，包括过去已经投入的和未来打算投入的资金。但同时必须指出所有这些研究开发投入所要实现的目标。对风险投资人而言，如果由于某种程度上的判断失误，从而投资了一位纯粹的研究人员而不是一位开发产品的企业家，那就是一场噩梦，也就是说他们想要的是一位能将研究结果转为市场产品，最终赚取利润的企业家。在这部分中，可以重点阐述如下内容：公司的技术研发力量和未来的技术发展趋势；公司研究开发新产品的成本预算及时间进度如何；风险投资者最关心的是公司的技术研发队伍是否具有足够的实力把握市场上产品技术发展的脉搏，是否能够迎合顾客的需要开发新产品、开拓新市场，是否能够保证公司未来竞争发展对技术研发的需要。

创业者应该在仔细评估自己实力的基础上，给出详细的说明。因为技术研发是公司未来发展的主要推动力。

（四）介绍产品或者服务

这部分主要要向风险投资者展示下列一些内容：产品的名称、特征及性能用途；产品的研究开发过程；产品处于市场周期的哪一阶段；产品的市场前景和竞争力如何；产品的技术改进和更新换代计划及成本。

风险投资者对产品或者服务的可销售程度和创新程度进行评估。可能会问下列的问题：产品或服务具有什么样的实用价值？它能为用户提供什么样的功能？它的市场周期有多长？有无新产品开发计划作为储备？市场上是否已经或即将有同类产品或服务？同其他同类产品或服务相比，你的产品是否具有独特性？你对产品的知识产权保护将采取哪些措施？产品的价格弹性多大？老产品质量出现问题，将如何与顾客妥善解决而不会影响公司声誉？

在回答这些问题时，一定要实事求是，绝不能随意夸大而做出不切实际的承诺，让风险投资者对产品或服务充满信心。在具体的表达中，要表现出产品或服务具有创新性，只有当一个新的产品（服务）优于市场上已有的产品（服务）时，它才可能受到顾客的青睐。只有清楚地解释产品（服务）能完成的功能，顾客才能认清它的哪些价值。如果市场上存在替代性产品（服务），应该解释自己的产品提供了哪些额外的价值，从顾客的角度去评价产品（服务）存在的优点和缺陷，对竞争者的产品（服务）也应当做出同样的分析。产品定价必须充分考虑所有影响因素以使最终形成的价格在逻辑上是合理的，并且是市场可能接受的。在这部分内容中，还可以列出该产品的前三名主要买主及其购买金额与本批购买量（这些内容也可以用表格形式来表述）。

（五）描述管理团队

很多情况下，风险创业者的创业能否成功，最终要取决于该企业是否拥有一个强有力的管理团队；创业者要深刻认识到：企业管理的好坏，直接决定着企业产品（服务）质量、市场经营、竞争情况的好坏等。因此，风险投资者在阅读你的创业计划书时特别注重对创业者的管理团队的考核评估。因此，创业者要做好如下几项工作。

（1）创业者必须对公司的管理团队的主要情况作一个全面介绍，包括公司的主要股东及他们的股权结构，董事和其他一些高级职员、关键的雇员以及公司管理人员的职权分配和薪金情况，有时候介绍他们的详细经历和个人背景也是十分必要的。对小企业而言，一般介绍3名左右核心人物即可，对大企业来说，最多也不要超过6位。

（2）将公司的管理机构，包括股东情况、董事情况、各部门的构成情况等用一览表的形式或者其他明晰的形式展示出来。

（3）要向风险投资者详尽展示你公司管理团队的战斗力和独特性，包括他们的职业道德、能力与素质。

（4）向风险投资者介绍管理团队具有与众不同的凝聚力和团结战斗精神；描述管理团队人才济济且结构合理，在产品设计与开发、财务管理、市场营销等各方面均具有独当一面的能力，足以保证公司以后成长发展的需要。

（六）市场分析

要对市场进行分析，就需要首先确定目标市场。要完成这项工作首先要对产品的销售金额、增长率和产品或服务的总需求等做出有充分依据的判断。创业者应该细分产品或服务的各个目标市场，并且讨论你到底想从他们那里取得多少销售总量、收入、市场份额和利润。在现实生活中，每个个体都具有各自不同的需求，但在一定的群体中这种需求存在一定的相似性，他们构成了对一类产品或服务的需求，当市场营销人员能够识别出人们共同拥有的这种特性，并且在某一组或几组中有足够的人数时，他们就成为某一种产品的目标市场。

1. 市场细分标准

通常被最广泛地接受和使用的市场细分标准或尺度包括以下几种。

（1）人口统计因素。这是基于以下因素的划分标准：年龄、性别、爱好、民族、种族、受教育程度、婚姻状况、孩子的数目或其他需供养者、收入水平等。

（2）地理因素。这包括居住区域（一种典型的方法是根据邮政编码来划分）、城市、地区等。

（3）心理因素。包括在态度、兴趣和观点基础上所做的划分。

（4）与产品的使用相关的因素。根据产品到底如何被使用来划分。产品数量、时间、使用周期乃至售后服务需求、物流条件都属于这样的因素。

（5）产品的应用或特殊使用目的也是一种关键而明显的细分标准。

在实际工作中，市场营销人员往往同时选择几种尺度来进行市场细分，选择其中的一个或几个作为目标市场，在这个过程中，要根据企业的目标、产品、优势与劣势、竞争者的战略等因素来进行。

2. 市场细分注意事项

在进行市场分析时，要注意以下几点。

（1）为了使分析到达一个可控的水平，应该对完成任务的过程进行规范，即从假定你的公司开始运作，整理出所有将可能出现的问题，并找到一些可以反映这些问题的信息指标。

（2）利用一切可用的资源，找到有助于分析的信息。

（3）分析应从整个行业和目标市场讲起，再逐渐细化到各个单独的顾客群和他们的销售潜力。

（4）要把竞争者考虑进去，认清所有可能对占领潜在市场构成威胁的障碍。在充分调查的基础上，充分掌握潜在竞争者的优势和劣势，对最主要的一个竞争者的相应销售、收入、市场份额、目标顾客群、分销渠道和别的相关特征等做出合理估计。同时，在计划书中将竞争对手与创业者自身情况进行比较并暗示自身的竞争优势在多大程度上可以应付这些竞争。

（七）生产经营计划

在这一部分，创业者应尽可能把新产品的生产制造及经营过程展示给风险投资者。主要内容包括：新产品的生产经营计划；公司现有的生产技术能力；品质控制和质量改进能力；现有的生产设备或者将要购置的生产设备；改进或者购置生产设备的成本；现有的生产工艺流程。另外，风险投资者还希望从这一部分中了解生产产品的原料如何采购，供应商的有关情况，劳动力和雇员的有关情况，生产资金的安排计划，相应的厂房、土地等如何规划安排等等。在介绍生产情况时，主要是对产品生产全过程及影响生产的主要因素进行介绍。重点是生产成本的分析与介绍。此外还要对与生产密切相关的设备、厂房和生产设施、相关基础设施情况进行描述。

（八）财务分析和融资需求表述

财务分析资料是创业计划书的重点，也是需要花费相当多时间和精力来编写的部分。在具体的工作中要完成财务分析和融资需求分析两项工作。

1. 财务分析

财务分析将包括以下几方面的内容。

(1) 过去3年的历史数据。公司过去的经营成果对风险投资者有主要的参考价值，因此，创业者应该提供在过去的3年中公司的经营财务情况，主要提供过去3年的现金流量表、资产负债表、损益表以及每年度的财务报告书。

(2) 今后3年的发展预测。主要根据企业的经营计划、市场计划的各项分析和预测，在全面评估市场信息和公司财务环境系统的情况下，提供未来3年的预计资产负债表、损益表以及现金流量表。

(3) 投资计划。投资计划是财务分析的一个非常重要的组成部分，它向风险投资者展示他所关心的关于未来双方合作投资于新的风险投资项目的问题。它的内容应该回答以下问题：①预计的风险投资数额为多少？其中，创业者期望从风险投资者那里获得多少投资？是以贷款、出售债券还是以出售普通股、优先股的形式实现？②风险企业未来的筹资资本结构如何安排？包括全部债务情况的说明。③获取风险投资的抵押、担保条件，包括以什么物品抵押，什么人或机构将提供担保。④投资收益和未来再投资的安排。⑤风险投资者投资后，双方对公司所有权的比例安排。⑥投资资金的收支安排及财务报告的编制，包括编制种类及周期（按月，按季度，半年或一年）。⑦投资者介入公司经营管理的程度如何？

2. 融资需求分析

在进行融资需求分析时，要做好以下几项工作。

(1) 提议融资方式。企业家可以在普通股、优先股和可转换债券以及附购股权证券等几种融资工具中向风险投资人提议一种。注意要对有关发售这些金融工具的众多细节问题予以说明，以免风险投资人产生过多的疑问。

如果出售的是普通股，通常要求说明：是否分配红利？红利是否可以累积？经过一段时期后股份是否要求赎回以便风险投资人撤回投资？估计的发售价格是多少？该种股权是否有所限制？普通股持有人具有什么样的投票权和注册登记权（安排上市从而变为公众公司）？

如果发售的是优先股。则需要说明：支付何种股利？股利是否可以累积？对优先股有何回购安排？优先股是否可以转换为普通股？优先股股东是否具有投票权？对优先股权有何限制？是否在董事会具有控制权？如果是可转换优先股，那么转换价格是多少？优先股具有哪些优先权？

如果发售的是可转换债券，也需要对相关条款做出说明。例如：债券期限是

5年还是10年？债券利率以多高为宜？是固定利率还是变动利率？该债券可以转换为普通股还是优先股？

（2）分析融资基本问题。主要对资本结构、融资抵押、担保、融资条件进行分析。

（3）对财务报告制度、资金运用、股份所有权、费用支付等问题进行说明。

（4）对风险投资者对企业经营管理的介入方式进行说明。风险投资者一般要求在企业董事会中占有1~2个席位，如果企业希望风险投资者对经营管理的介入更深一些，那么可以在此加以说明。

3. 表述的一致性

由于财务管理和融资工作在一个公司经营管理中所占地位的重要性和财务管理与企业其他方面管理的密切相关性，财务分析规划的内容编制和融资需求分析是否出色对于风险企业能否获得投资具有十分重要的影响。因此，创业计划书的财务分析和融资需求分析部分必须与其他各部分保持一致，建议写作时聘请专业顾问帮助编写或给予指导。

（九）风险因素分析

尽管风险投资的高风险是众所公认的，但是风险投资者仍然想尽可能多地弄清风险企业可能面临的风险，以及风险的大小程度、创业者将采取何种措施来降低或者防范风险、增加收益等。因此，在创业计划书中必须对此做出说明。创业者要描述的是风险投资人投资本企业将要面临的主要风险，所有的风险都要一一列出。对于初创企业下面内容是要主要考虑的因素：经营期限短、资源不足、管理经验不足、市场不确定因素、生产不确定因素、清偿能力、对企业核心人物的依赖、其他可能出问题的地方。对于上述问题必须进行实事求是地分析，千万不要为了增大获得投资的机会而故意人为缩小、隐瞒风险因素，因为这样将会令风险投资者对创业者产生不信任。

（十）风险投资的回报与退出之路

在这部分要回答两个直接关系到风险投资者本次风险投资是否成功的关键问题。

一是他将获得多少投资回报？投资回报对风险投资人来说当然很重要。创业者要向风险投资人表明如果他投入了自己所要求的资金量，他会得到什么样的回报。

二是他的投资资金如何退出？风险投资人收回投资大体有3种方式：第一种

方式是公开上市。上市后公众会购买公司股份，风险投资人所持有的部分或全部股份就可以卖出。第二种方式是兼并收购。就是把企业出售给一家大公司（通常是某个大集团）。如果采用这种方式，创业者一定要提到几家认为对本企业感兴趣并有可能采取收购行动的大集团或大公司。第三种方式是偿付协议，就是给风险投资人提供一种"偿付安排"。在偿付安排中，风险投资者会要求本企业根据预先商定好的条件回购其手中的权益。

（十一）检　查

创业者在创业计划书写完之后，最好再对计划书检查一遍，看一下该计划书是否能准确回答风险投资者的疑问，争取投资者对本企业的信心。通常，可以从以下几个方面对计划书加以检查。

（1）创业计划书是否显示出自己具有管理公司的经验。

（2）创业计划书是否显示了自己有能力偿还借款。

（3）创业计划书是否显示出自己已经进行过完整的市场分析；是否能让投资者坚信计划书中阐明的产品需求量是确实的。

（4）创业计划书是否容易被投资者所领会。

（5）创业计划书中是否有计划摘要并放在了最前面；计划摘要能否引起投资者的兴趣。

（6）创业计划书能否打消投资者对产品与服务的疑虑。

（7）创业计划书的语言、语句、语法表达上是否没有问题。

在进行完上述检查工作以后，一份规范的创业计划书就完成了。

第二节　创业路演视频与 PPT 制作

制作视频和 PPT 是参与创业者路演活动前的两项重要基础性工作。鉴于两者制作过程差异较大，下面将作为两个主题分别进行介绍。

一、视频的制作

（一）视频的概念

根据视觉暂留原理，连续的图像变化每秒超过 24 帧画面以上时，人眼无法辨别单幅的静态画面，这样的画面看上去就会产生平滑连续的视觉效果，这种连续的画面就是视频。视频技术一般是指把一系列静态影像运用捕捉、纪录、处理、存储、传送、重现的各种技术转变成电信号。

电影是利用照相术将动态的影响捕捉为一系列的静态照片。视频与电影属于不同的技术，它最早是为以阴极射线管技术为基础的电视系统服务的，随着时代的不断进步，新的显示技术的发明，使视频技术所涵盖的范围更大，逐步发展成为可以用各种不同的格式将视频记录下来的技术，并能够在电脑上播放。计算机网络的发展也使视频得以在网上传播。

电视的标准和计算机的标准，使人们试图从两个不同的方面来发展视频通信技术。随着计算机性能的提升，并且伴随着数字电视的技术，这两个领域又有了新的交叉和集中。伴随着电运算速度、存储容量的提高，以及宽带技术的逐渐普及，普通的计算机都具备了采集、存储、编辑和发送视频文件的能力。视频制作软件的增多也使视频质量越来越高，同时也使普通人可以制作视频，这就是路演活动展示环节常常需要提供视频的原因之一。

（二）视频的主要格式

（1）MPE 格式。GMPEG-1 是被广泛地应用在 VCD 的制作和一些视频片段的技术 MPEG-2 则是应用在 DVD 的制作；同时在一些高清晰电视上应用。

（2）AVI 格式。AVI 格式，也称音频视频交错格式，就是视频和音频交织在一起进行同步播放，是一种桌面系统上的低成本、低分辨率的视频格式。它的一个重要的特点是具有可伸缩性，性能依赖于硬件设备。它的优点是可以跨多个平台使用，缺点是占用空间大。

（3）RM 格式。RM 格式是视频流技术的始创者，图像质量比 VCD 差些。

（4）WMV 格式。WMV 的主要优点在于：具有可扩充的媒体类型、本地或网络回放、可伸缩的媒体类型、流的优先级化、多语言支持、扩展性等。

（5）n AVI 格式。n AVI 是 New AVI 的缩写，追求的目标是压缩率和图像质量。

（6）DivX 格式。DivX 格式是由 MPEG-4 衍生出的另一种格式，它采用了 MPEG4 的压缩算法同时又综合了 MPEG-4 与 MP3 各方面的技术，其画质直逼 DVD 并且容量只有 DVD 的数分之一。

（7）RMVB 格式。RMVB 格式是一种由 RM 视频格式升级延伸出的新视频格式，它的先进之处在于 RMVB 视频格式打破了 RM 视频格式平均压缩采样的方式，在保证平均压缩比的基础上合理利用比特率资源，就是说静止和动作场面少的画面场景采用较低的编码速率，这样可以留出更多的宽带空间，而这些带宽会在出现快速运动的画面场景时被利用。这样在保证了静止画面质量的前提下，大幅地提高了运动图像的画面质量，从而图像质量和文件大小之间就达到了微妙的平衡。

（8）FLV 格式。FLV 格式由于形成的文件极小、加载速度极快，使网络观看视频文件成为可能，它的出现有效地解决了视频文件导入 Flash 后，使导出的 SWF 文件体积庞大，不能在网络上很好的使用等缺点。

（9）F4V 格式。F4V 格式的主要的优点是，在相同文件大小情况下，清晰度明显比 FLV 要好。

（10）MP4 格式。MP4 是一种描述较为全面的容器格式，被认为可以在其中嵌入任何形式的数据，各种编码的视频、音频等都可以使用。

（三）视频制作过程

参与路演活动的创业者，只有重视视频制作的计划性，遵循视频制作流程的科学性，才能提高视频制作的质量。不同的视频内容和形式，其制作流程会存在差异，有着不同的制作过程，但考虑到路演活动的特点，所需的视频编制流程是基本相同的，从准备到完成的过程大致可分为 3 个阶段，即策划构思阶段、拍摄录制阶段和编辑合成阶段。

1. 策划构思阶段

策划构思阶段是视频制作的第一阶段。视频要实现预期目标，就必须先进行策划构思，选择适合的主题、表现角度和表现方式。在具体工作中，重点做好如下工作。

（1）确立视频主题，收集相关资料，草拟脚本。路演活动所拍摄的视频必须要有特定的表现主题。参与路演活动的全体成员应共同讨论，按照选题原则，扬长避短，确定主题，充分展示利用电视手段的优势。选题要具备独创性、前沿性。对视频的拍摄主题、形式形成总体规划后，便开始撰写脚本。撰写文学脚本是视频创作的基础，是用文字对视频内容的表述，脚本是对大量生活素材的加工和提炼，是直观形象艺术的构思，是视频的制作蓝图，是关系到视频质量优劣的关键。视频的脚本，是为拍摄而写的，因此必须有可拍性，必须能用电视镜头表现出来。

（2）创业团队成员开会，确定分镜头方案。脚本确定后，就需要根据脚本的内容进行创造性的总体构思，并用文字将要表达的内容，分成一系列可供拍摄的镜头单元剧本。分镜头剧本是按照时间和逻辑顺序来描述若干不同景别、不同角度的"镜头"，从而交代事物整个发展过程的一项工作。在分镜头剧本中体现着创作意图、艺术构思以及他的创作风格和个性。在写作分镜头剧本时，应当尊重调研基础,并采纳其他人员的意见,内容必须具体、细致和明确,使脚本更加具有可拍性,不笼统、不含糊。

(3) 制订拍摄计划。参与路演的创业者应确定摄制视频人员名单,筹集经费,讨论分镜头剧本,为视频制作做好全面的准备。考虑到静态计划存在局限性和不确定性,在准备阶段要严格按视频要求勘查现场,确定场景,并细化自己的计划。

2. 拍摄录制阶段

完成第一阶段工作后,摄制人员就要投入到实拍阶段。这一阶段的主要工作就是根据拟定好的方案(包括拍摄提纲或分镜头剧本)进行现场拍摄和录制,用摄像机将画面内容与现场音响录制下来。

3. 编辑合成阶段

这一阶段的主要工作是审看、剪辑、制作合成视频,由主要策划人和编辑完成。策划人负责对内容和形式进行再创作,编辑负责技术支持。面对素材,制作人员在电子编辑系统或非线性编辑系统等设备上工作,编辑思路可按分镜头剧本或拍摄大纲,也可按照对内容的理解进行创造性编辑。在具体工作中,重点做好如下工作。

(1) 检查所拍摄的素材。对照脚本,拟定出编辑方案。

(2) 素材粗编。确认编辑方式,按照分镜头剧本顺序和内容进行拼接,在需要时,可以根据主题要求和素材情况,改变原来的构想。粗编主要是完成视频的大体框架,基本确定镜头的顺序和视频内容。

(3) 视频精编。加入字幕、特效和动画,配对白、录解说词、配音响效果声、加入音乐,进行音调、音量等处理,并使声音与画面和谐。视频编辑后,可进行初步审看,看结构是否合理,段落层次是否清楚,有无错误并修改。

(4) 完成片审看。请指导老师和其他专家审看并提出修改意见,直至完成成片。

视频制作是一项复杂的工作,每一个环节都需要专业技巧的支持,每一道工序都是紧密联系的。因此,制作者要努力熟悉每个工序,并根据视频内容具体情况具体分析处理,才能使制作流程更合理,也才能制作出满意的视频。

(四) 视频制作中的技术性技巧

在制作视频过程中需要掌握如下几方面的技术性技巧。

1. 处理好声音和画面

在制作视频过程中,声音与画面是构成视频的主要基础性材料,两者形影相随、相辅相成、不可割裂。因此，处理好画面和声音关系十分重要。

在拍摄路演活动所需视频时，声音和画面之间的关系主要有两种，一种是声画同步、一种是声画分立。声画同步通常是指画面中的影像和它所发出的声音同时呈现、同时进行、同时消失，声画统一、互相吻合，是画面、声音关系处理的一种方式，也是视频中最基本、最常见的声画组合形式，给视频增光添彩、使其真实感人。声画分立就是画面、声音之间平行、分立，比较典型的就是在视频创作中使用画外音。

不管使用何种方式，路演所需视频的声音画面都要求从现实中来，实有其事，真有其声，要善于发现，精于挑选，采录富有表征意义和有价值的声音画面。因此，要注意出处理好两种关系：第一，动与静的关系。动和静对立统一，相辅相成。以动写静，以静写动，是传统的艺术手法，事物往往是在对比、冲突等抗衡因素中显出风貌、神采。生命不止，运动不息。动，是永恒的，静，是相对的、暂时的。在视频中动与静手法的运用更是常见，更能表现出影片的主题和真实性。第二，虚与实的关系。虚与实、藏与露，是艺术创作中的一条重要规律，也是处理视频中声画关系不可忽视的问题。视频画面的声音，贵在有虚有实，有藏有露，有艺术的直接形象，也有艺术的间接形象，相映生辉，相得益彰。

2. 合理运用解说词

视频中的解说词是对人物、画面、展品或旅游景观进行讲解、说明、介绍的内容，采用口头或书面解释的形式，或介绍人物的经历、身份、所做出的贡献、社会对其评价等，或就事物的性质、特征、形状、成因、关系、功用等进行说明。解说词可以是主持人讲解、也可以是字幕讲解。

视频中解说词的作用主要包括如下内容：第一，补充画面背景。视频的所有画面都是在进行时态下拍摄，但要完整表现一个事件，就必须讲清过去和未来，对事件背景进行介绍，这时就需要解说词在视频中和画面一起相互串联、铺垫，互相补充，构成完整又形象的主题信息。第二，整合画面、衔接内容。视频是由一个个画面组合而成的，如果没有解说词的衔接、整合，画面则可能因为没有明确的指示关系而显得无序、杂乱。同时，画面与内容的衔接与转场，往往也需要解说词的过渡和连接。好的解说词可以保证视频内容的自然、流畅与和谐。第三，表现细节解说可以对处于无序状态的画面信息进行概括、整合，又可以对画面信息给予逻辑重点的强调突出，将画面中未曾强调、观众未曾留心的细节放大。第四，突出画面，深化主题。画面以形象、生动见长，可以充分给观众展示一个个具体、逼真的影像、事件过程。视频画面本身具有转瞬即逝性，对其中的一些能够深化主题的信息，画面本身有时并不具备时间延展性。通过解说词的内容完全可以调动观众的想象和联想能力，引导他们联想到画面之外更多的信息、更深的含义和其他信息。解说词可以通过外在语言的强调和刻画，更有利地突出展现视频的主题。第五，增添审美，创造意境。视频的解说词与画面是同一生活情态的两种不同的语言渠道，画面是社会生活的形象化反映，画面与画面的组合构成一种画面语言。但这种语言只能通过画面形象和画面的内在逻辑性来对生活实施审美，即视觉审美。而对此更深层次的理解和联想，就是解说词通过语言抒情等多种手段完成的对生活的审美，是听觉上的审美。

写作解说词时，需要注意如下问题：第一，做好总体构思，整体布局。视频的解说词写作必须从总体出发，综合考虑画面、同期声、音乐音响、图片、表格、字幕等各种元素之间的作用，整体布局。第二，注重细节描写。为路演活动中所拍摄的视频中，解说词对细节的描写可以使画面信息的逻辑重点的强调更加突出，将画面中未曾强调、观众未曾留心的细节扩大。第三，选择合适的叙述角度。第三人称的叙述角度可以多方面、全方位地叙述，还可以给人留下深刻的印象，但是这种叙述方式往往使观众感觉是个旁观者，从而感到冷漠、生疏、不够真实亲切。第一人称的叙述角度具有明显的主观参与意识，有很强的现场气氛，容易给观众真实亲切的感受，同时便于发表意见，直抒胸臆，表达情感。但是第一人称的叙述角度受到"我"与"我们"主观视点的限制，超过这一视点之外的活动，就难以表现。多种人称叙述角度交替出现也是一种很好的叙述方式。这种方式灵活多变，既有深度又有广度，既能客观介绍，又能畅抒主观情感，兼有第三人称与第一人称的共同优点。需要注意的是，最基本的人称应该统一，不能太混乱，不分主次。第四，做好解说词结构布局。也就是处理好解说词的开头、主体与结尾的关系。努力实现"虎头、凤肚、豹尾"的目标，开头要引人注目，主体要丰厚翔实，结尾要响亮有力。解说词尽量注重时代感与生活化做到叙事干净利落，语言晓畅明白，词句短小简洁精练，语言力求口语化、形象化，在满足上述要求的基础上追求文学性。

3. 视频制作过程中节奏处理合适

在视频制作过程中作者对作品节奏的把握，是决定视频制作成败的因素之一。节奏一般是指物体运动时交替出现的包括张弛、紧松、徐疾、长短、高低、跳跃、平稳、流畅、重复、凝滞、轻、重、强、弱等等合乎规律的状态。

视频节奏的体现方式主要包括外部节奏和内部节奏。所谓外部节奏，主要是指画面上一切主体的运动，以及镜头转换的速度而产生的节奏。也就是观众可以直接耳闻目睹到的节奏形态。如画面转换节奏、解说词快慢节奏、音乐旋律节奏等，这些节奏形态有机地交融在一起，构成了作品的外部节奏。所谓内部节奏，主要是指由情节发展的内部联系或人物内心情绪起伏，以及创作者的思绪波澜而产生的节奏，当然也包括观众欣赏的情感接受节奏。视频的制作，虽然可以体现为内、外两种节奏方式，但在作品中都往往有机地交融在一起：作品的外部节奏，往往以内部节奏为依据；作品的内部节奏，往往以外部节奏为表现形式。在创作时，要巧妙地用外部节奏为内部节奏服务。视频作品的节奏主要表现为镜头在视频中的长短、快慢、张弛程度。好的编辑手段、和谐的内在运动规律、有序的表现手法，都会使视频呈现出活力，主导着观众在流畅、自然的节奏中感受视频主题。视频的节奏主要表现为编辑节奏、动作节奏、声音节奏和情绪节奏4种节奏形态。

编辑节奏是指视频在素材完成之后，进行后期编辑制作过程中的组合手法。主要是根据视频所需要传递的社会价值而确立，要求编辑节奏围绕事物发展的内部联系再现其运动状态。一个镜头在屏幕上停留的时间越短，作品的节奏便越快；一个镜头在屏幕上停留时间越长，作品的节奏便越慢，也就是说，短镜头，造成快节奏；长镜头，造成慢节奏。编辑节奏要充分和视频的内容结合起来。

动作节奏主要表现为视频中动态镜头本身所表现出的动作内容，主要包括：被摄景物是运动的物体，并表现着一定的运动节奏，或是用固定的镜头去表现人物内心活动等。这就需要根据镜头的动作节奏，去合理地把握视频的节奏。

声音节奏主要是有声语言的运动节奏，它是指视频中所有有声语言因节奏运动变化而产生的效果。这种效果为视频内容服务，又因内容而产生节奏形态。具体包含着人声语言节奏、音乐语言节奏和音响语言节奏3种节奏形态。人声语言节奏形态的主体是人发出的声响，及其因人发出声响速度的快慢、高低而产生的效果。它主要是指以片中人物的语言、电视解说词的解说语言、主持人语言、播音员语言等为主的语言节奏。音乐语言节奏形态的主体是通过后期艺术加工塑造的适合于视频内容的音乐节奏效果。如背景性、戏剧性音乐语言状态，抒情性、描绘性语言状态，说明性语言状态等。在视频中，音乐语言的运动节奏必须依托视频的内容和节目形式来进行。音响语言节奏形态主要是指人声和音乐以外的其他音响形成的节奏形态。有时候，观众不看画面语言，仅听音响语言节奏，就能受到情绪感染。

情绪节奏主要是指情节发展的节奏或因人物内心情绪起伏，以及视频制作者的思绪波澜而产生的节奏,还包括观众欣赏的情感接受节奏。情绪节奏是关系着视频能否受到欢迎和被接受的极为重要的组成部分,把握好视频的情绪节奏,才能相应地调整好视频的编辑节奏和其他语言节奏。视频中的所有语言节奏,都依托情绪节奏而展开,依托情绪节奏而运动。情绪节奏作为整个视频的节奏核心,主导着整个视频运动的快慢。因此,在画面编辑的过程中充分考虑到了节目的运动节奏,画面长短、快慢处理得当,讲求有序合理,章法有度,讲究起伏有高潮,有落点,高潮迭起,形成运动节奏曲线,就能激起观众的情绪和波澜,切忌一慢到底或一快到头的做法。

所以,在构思及制作前,一定要细细揣摩题材的深度性,多捕捉些微妙细节,制作者要努力透过事物为人熟知的一面,去揭示事物不为人知的另一面,从熟视无睹中发现、挖掘典型,揭示出一些值得关注的有价值的东西。在剪辑时要极力体现出创作者的主导理念,把碎片有机地拼接成有观赏性且具深思性的视频作品。

4. 注意细节表现

在视频作品中,细节是个非常重要的因素。所谓细节,是指在视频中构成人物特点、事件发展、社会情境的最小组成单位,是对表现对象的局部或细微变化的展示。

视频首先要真实,内容是非虚构的,客观真实是视频创作的基本原则。视频画面往往是具体、逼真、生动、感性的,细节就是体这些特点的最好方式,细节的具体性、逼真性,可以为表现主题服务。要使提交的视频感动评委或者投资者,就要源于真实的生活,从真实的生活中取材,记录生活中感动人的故事和细节,来表现视频真实性的本质特征。

细节在视频中的表现是多种多样的,大致可以分为动作细节、神态细节、物品细节、环境细节和解说或口述细节。所谓动作细节主要是指用身体特别是四肢所表现出来的细节。所谓神态细节主要是指人物面部、眼睛表现出来的细节。神态细节的冲击力特别强,喜、怒、哀、乐等在人物脸上一看便知,可以用特写镜头实现。所谓物品细节主要是指借助物品与人的各种关系实现视频制作目标,通过物品反映人们情感的依托,使用物品细节中手段时物品实际上是用来反映主题思想一种情感、一种象征。所谓环境细节主要是指用利用一些特殊环境所具有的特征来展现交代环境的细节。所谓解说或口述细节主要是指通过解说或口述方式进一步说明画面,使信息量加大,满足观众对信息的需求。

细节的主要价值是表现主题,因此,一切细节都必须为主题服务。在视频拍摄时，细节的捕捉是非常重要的，细节捕捉得好，视频就会精彩，就会更好吸引评委和观众。一般需要注意以下三点：首先，要从所调研的事件中找出最有代表意义，最吸引人、打动人的细节。其次，努力进入角色，"感情投入"换位思考感受所采访对的真实感受，捕捉拍摄视频的关键细节。最后，合理使用特写镜头的冲击力对细节画面进行全面展现。特写镜头是观众在生活中不常见的视觉感受，它可以突出细节特征，清晰地展现细节，从而达到透视事物、揭示事物本质的目的。

二、PPT 的制作

（一）PPT 的概念

PPT 一般是指 Microsoft Office PowerPoint。Microsoft Office PowerPoint 是微软公司开发的演示文稿软件。使用者可以在投影仪或者计算机上进行演示，也可以将演示文稿打印出来，进行交流。利用 Microsoft Office PowerPoint 不仅可以创建演示文稿，还可以在会议、远程会议或在网上给观众展示演示文稿。Microsoft Office PowerPoint 做出来的文件叫演示文稿，其格式后缀名为：ppt、pptx，也可以保存为 pdf、图片格式等；2010 及以上版本中还可保存为视频格式。演示文稿中的每一页被称为幻灯片，每张幻灯片都是演示文稿中既相互独立又相互联系的内容。

一套完整的 PPT 文件一般包含：片头动画、PPT 封面、前言、目录、过渡页、图表页、图片页、文字页、封底、片尾动画等；所采用的素材包括：声音、视频等。

在中国，PPT 正成为人们工作生活的重要组成部分，在工作汇报、企业宣传、管理咨询、教育培训等领域都有着广泛的应用。

（二）制作 PPT 的原则

去书店购买讲述制作 PPT 的书籍，会发现绝大多数的书都在讲解如何使用 Microsoft Office PowerPoint 软件，讲如何插入文字、插入图片、如何调整母版、如何添加动画、如何添加过场特效等，显然本书的篇幅是无法叙述如何使用 Microsoft Office PowerPoint 软件的内容。下面将介绍 PPT 制作过程中，使用 Microsoft Office PowerPoint 软件具体方法以外的技巧。

在路演活动中，一份成功的团队展示 PPT 材料通常由幻灯片、注解和发言背景资料 3 部分组成。因此，在开始设计、制作 PPT 的要努力避免把文字、数据等所有信息都放到幻灯片里。设计、制作简单扼要、图文并茂的幻灯片是提高团队展示演说质量的有力保证。要制作出质量好的 PPT，应当注意遵守以下原则。

1. 简单性原则

所谓简单性原则就是在设计 PPT 时，追求简约，就像威廉·奥卡姆在著名的"奥卡姆剃刀"理念中论述的："如无必要，勿增实体"。在路演活动中，如果遵循简单性原则，一般能够设计出优秀的幻灯片。简约思想是设计时需要遵循的一个重要原则，但这并非要把幻灯片设计得过于简单。设计过程所要追求的是得体、适度的简单，就像爱因斯坦曾经说过的那样："凡事需要尽可能地简化，但不要简单过了头"。在设计 PPT 时，尽量少用要点列表，一般情况下应当在其他表达方式无法实现时再用，这是设计 PPT 时，需要注意的。同时，不要受模板里某些默认格式影响。

2. 优先使用图片原则

在观看 PPT 时，图片比文字更容易被记住。也就是说，相比文字而言，观众对图片的印象会更加深刻。当图片能够代表普通而且具体的事物时，画面往往能够达到最好效果。图片的使用是人与人之间一种有效而且自然的交流方式。比如要在路演活动中，说明一场自然灾害对社会造成的不良影响，如果选择用 PPT 写出来或者仅仅是口头描述一下显然没有使用灾后的照片并配以简练的文字效果更好，对于观众来说，图片更具视觉冲击，更让他们印象深刻。

在设计 PPT 时，可以假设幻灯片上哪些文字内容可以用图片替代，然后选择合适的图片。在引用别人的观点时，有时也可以加入图片以增加画面效果，从而调动观众的情感。这时，通常可以选择大图而不是小图来作为幻灯片的背景，然后在图中的适当位置插入必要的文字。因此，必须保证图片的分辨率至少与幻灯片的大小相当，而且这些图片上要有足够空间插入文字。

3. 留白原则

在设计 PPT 时，很多人都想在留白处填充更多元素。事实上，在设计幻灯片时最容易犯的错误就是，不留一点空白部分，在每张幻灯片上塞满文字、图框、剪贴画、图表、脚注等等。

留白是带有目的性的。有些设计者可能会重点关注文字、图形等"积极"元素，而忽视运用留白使设计作品达到吸引观众眼球的效果。从表面上看，在幻灯片上运用留白是一种空间的浪费，但是，很多情况下，正是留白赋予 PPT 新的活力。需要注意的是留白并不等同于空白和一无所有，因此，需要在 PPT 设计中考虑平衡问题。

PPT设计中的平衡问题非常重要，巧妙地利用空白是达到PPT画面平衡的有效方法之一。一个平衡的设计作品能够传递出清晰、独立却又统一的含义。设计优秀的幻灯片往往需要目的明确，并能够时刻引导观众积极阅读，使他们不用刻意寻找哪里是需要关注的内容。因此，要努力通过清晰明确的主次排序，实现画面元素的良好平衡，帮助把不同重要程度的团队展示内容的展现得清清楚楚。空白绝不是被动或消极元素，相反，它们可以为画面带来积极的作用。通过精心设计和安排展示元素的位置，空白也能产生强有力的效果，并使画面更具动感。因此，如果想使幻灯片更具视觉冲击和动感，可以考虑不对称设计的方法。这样，画面会因包含形状和大小各异的图形变得更具动感而不显得单调沉闷。与不对称的设计方法相比，对称能给人以平和、正式和稳固的感觉。虽然有时居中对称的设计会导致两边空出留白，但这也是可以采用的。在设计幻灯片时，图形大小和形状的选择也十分重要。但是，如果没考虑留白部分所占的空间，就导致设计的盲目和随意性，进而导致最终的画面效果平淡无味。优秀的幻灯片中往往既有对称设计，也有不对称设计。从古至今，艺术家都在追求在其作品中体现"黄金分割"的完美比例。与自然界中那些拥有黄金比例的事物一样，拥有黄金分割的图片更具视觉美感。因此，可以借助从黄金分割衍生而来的三等分原则，作为幻灯片设计中的一个基本技巧。三等分原则能够帮助设计者找到平衡点，从而使画面更加美观，更具艺术美感。

4. 对比原则

对比原则，简言之就是突出事物的不同之处。运用对比原则的幻灯片容易引起观众的注意，从而赋予作品更大的能量。因此，设计者必须将不同的元素加以区别，而且对比要强烈。对比是设计中最重要的概念之一，原因是，几乎所有的设计元素都能成为对比的对象。在设计工作中，通过设计布局（远近、详略）或颜色（深浅、冷暖色调），又或字体（下划线、粗体）以及元素的位置（居上、居下、集中、分散）等都能产生对比的效果。

对比能够突出某些元素，帮助观众迅速地抓住信息。优秀的幻灯片都有一个清晰的焦点，而且不同元素间具有强烈的对比。如果所有元素都是千篇一律的话，观众很难找到重点。设计中如果遵循了对比原则，就比较容易实现调动观众兴趣，帮助他们更好地理解发言者观点的目标。如果对比不够强烈，就会造成画面平淡，很容易影响观众的理解。

在设计PPT时，线条、形状、颜色、文本、大小、字体等每一个具体元素，都能产生对比的效果，这是需要设计者认真权衡的。

5. 重复原则

所谓重复原则。就是在设计 PPT 时，多次使用相同或相似的元素。对比的作用是突出区别，而重复则为了给人协调和统一的感觉。人们使用幻灯片模板时，就体现了重复的设计原则。例如，所有的幻灯片拥有相同的背景和字体等。

同时，需要注意的是，不要在一套幻灯片中出现太多的简单重复。因为，许多模板的背景使用多次后，如果不做更新，观众再次看到便会感到厌倦，要改变这种局面就需要适当调整重复的办法。比如，不影响主题的表达的前提下，根据文字内容相应地改变插入图表的大小和位置，重复效果会变得更好。

6. 对齐原则

所谓对齐原则，就是不要让幻灯片上的任何东西像是被随意摆放上去的，而要让各元素就好像被无形的线条贯穿在一起。重复原则主要是针对一套幻灯片中不同幻灯片之间提出的对策，而对齐原则则针对的是每张幻灯片上的元素而言的。

在设计 PPT 时，如果不注意对齐的问题，往往会造成幻灯片中的各元素看起来不整齐，这常常会给评委老师和观众一种业余和粗糙的感觉。有时观众也有可能察觉不出这些细节，但是，如果使画面上的元素互相对齐，就能让幻灯片版面显得更加整洁和清晰。如果再配合其他设计原则，就能使观众理解得更快、更容易，也容易赢得评委老师的青睐获得理想的得分。

7. 就近原则

所谓就近原则，是指设计者为了使结构更加清晰，根据需要把某些相关元素摆放在一起的做法。这样，将相关的内容放在一起，画面就不会显得松散。观众会自然而然地认为那些距离较近的内容是属于一个整体的，同样也会认为那些距离较远的内容相互之间联系没有那么紧密。

幻灯片不是书本或杂志那样可以从容阅读的东西，因此每张上面的内容不能过多。当检查设计好的幻灯片时，要追问几个问题：最先映入眼帘的是什么？其次又是什么？什么最吸引人的？

8. 其他需要注意的事项

（1）PPT 结构最好采用总分总方式。要在大标题以后，用第一张幻灯片介绍发言人和发言内容。在结尾设计一张结论幻灯片，让自己有机会在结束发言之前再次强调要阐述的核心观点。

（2）内容尽量简练合理。在标题设计方面，主标题画龙点睛，副标题说明具体内容。文字尽量简洁、提纲挈领。

（3）根据演讲的对象和环境选择适宜的模板。幻灯片页面和文字的配色要考虑和模板色系一致。

（4）在每张幻灯片最多 5~6 个项目符号，并且每段的句子要短，努力使文字变大，容易辨认。

（5）尽量努力在每页幻灯片采用文字、图表和图形的混合方式展示内容，避免全文字的页面。能使用图表就尽量图表，图表要尽量展现关键信息，如最大值、最小值、目标值等。

（6）字体要规范。整套幻灯片中包括颜色、字体、背景等方面的格式应该保持一致。幻灯片的所有标题应当采用相同的字体、大小、格式、位置和颜色。避免使用过多的字体，减少下划线、斜体和粗体的使用，同时，幻灯片中的内容部分尽量使用笔画粗细一致的字体，如黑体字体文本框间应注意对齐。文字较多应注意分区。使用英文时，为了使听众容易辨不要全部采用大写字母。

（7）字体大小合理。要充分考虑在个人电脑上预览和在正式场合幻灯片放映区别，保证全场都能看清楚。标题字体的大小在该幻灯片中最大，副标题的字体比正标题小一些，放置的位置也要每张都一致。正文字体应该比标题要小，标题字号 36 磅以上，正文字号 28 磅左右。注意同一页字体、字号不超过 3 种。

（8）页面设置美观。可以设置为 35 厘米宽的幻灯片，四周保持 12 毫米左右的空白边缘，以防内容被幻灯片框所覆盖。不要把整段整段的文字搬上幻灯片，同时避免整张幻灯片都塞满内容，影响美观和听众观看。为了防止内容超出屏幕，同一套幻灯片使用统一的横向或者竖向，不要混杂使用。注意字体颜色和背景色搭配。一般应保证同一页文字颜色不超过 3 种。

（9）幻灯片上只应当出现关键性的词语或短句，而不是发言稿上的每句话，防止把 PPT 文件变为 Word 文件。

（10）动画选择要合理。动画不要超过 3 种，防止为追求效果而影响内容介绍。

第八章 创业中的沟通与表达

在创业活动中,创业中的沟通与表达是不可缺少的环节,会议、谈判、路演都是创业者需要面对的。艺术领域的创业活动往往涉及一些其他行业人士所不熟悉的技法和内容,这就需要创业者与投资人多进行沟通和介绍;因此,创业中的沟通与表达更加重要,这就是本书加入沟通与表达内容的原因。

第一节 会议沟通

在创业企业发展过程中,召开会议是开展工作的一种重要形式。人们经常通过召开会议进行沟通,达成一致目标,形成工作目标和方案,好的会议沟通可以推动工作开展。在开展创业活动中,掌握会议沟通的技巧,用高效率会议推动活动开展意义重大。

一、会议与会议沟通

要成功地举办一次会议,尤其是大型会议,需要考虑很多方面的问题。做好会议沟通是核心,很多辅助性工作也十分重要。一般来说,会议的准备和礼仪工作是两个典型工作。下面简单介绍会议、会议沟通的概念,会议的准备和礼仪工作。

所谓会议,是指人们怀着各自相同或不同的目的,围绕一个共同的主题,进行信息交流或聚会、商讨的活动。一次会议的利益主体主要有主办者、承办者和与会者,其主要内容是与会者之间进行思想或信息的交流。

我们可以说会议实际上也是会议召集者针对特定对象所组织的一种沟通活动。不论是会议的主持、发言、讲话,还是会议的讨论、决定、总结,都会涉及沟通的技巧。一次成功的会议,通过会议主要组织者的讲话,所有与会者的讨论,最终达到统一思想、达成共识的目的。与会者掌握了相应的沟通艺术,就能把每次会议都开得生动活泼，富有实际成果。会议沟通，是一种成本较高的沟通方式，沟通的时间一般比较长，常用于解决较重大、较复杂的问题。需要采用会议方式进行沟通的情况主要有如下的几种：第一，需要统一思想或行动时；第二，需要当事人清楚、认可和接受时；第三，传达重要信息时；第四，澄清一些谣传信息，而这些谣传信息将对团队产生较大影响时；第五，讨论复杂问题的解决方案时。

只有事先做好准备工作，才能保证会议地顺利进行与圆满结束，比较典型的会议准备工作包括：开会的时间是否能保证主要与会者都能参加，如果与会者不能出席时是否有替代人选，怎样联络；会议的主席、主持、记录人员、现场服务人员等相关人员的安排是否妥当；会议需要什么辅助器材，由谁负责；会议进行的时间预计有多久等。

会议场所的选择有很多种，最常用的是自己的会议室；大型的、重要的会议则可以专门租用饭店的会场。不管采用哪种方式，对会场的基本要求是一致的，一般要求如下：会场应该舒适宽敞，隔音效果好，采光通风良好，没有其他干扰，最好有窗帘，便于在放投影资料时看得清楚，安静不嘈杂，空调良好，插座、电源、白板、麦克风等设备齐全。

在准备会议的过程中，必须把工作做细致，有关会议的各个事项，如时间、地点、会议议程等都应该用文字记录下来，便于在后续工作中按照计划执行。有关会议的决定、通知等要打印出来发给相关人员，不能只进行口头通知，以防止被忘记。

现代化的会议离不开各种辅助设备，在召开会议之前，就应该把各种辅助器材准备妥当。一般需要做好如下几方面工作。

第一，桌椅、名牌、饮水。桌椅是最基本的设备，可以根据会议的需要摆成圆桌型或报告型，如果参加会议的人数较多，一般会使用报告会的形式，这时不需要准备座位牌；如果参加会议的人比较少，往往可以使用圆桌的方式，这时常常要制作座位牌，即名牌，让与会人员方便就座。会议上的茶水饮料最好准备矿泉水，因为每个人的口味不一样，有的人喜欢喝茶，有的人喜欢喝饮料，还有的人喜欢喝咖啡，所以如果没有特别的要求，矿泉水是最能让每个人都接受的选择。

第二，签到簿、名册、会议议程等资料。签到簿的作用是帮助了解到会人员的多少，分别是谁，一方面使主办会议者能够查明是否有人缺席，另一方面能够使主办会议者根据签到簿安排下一步的工作。打印名册可以方便会议的主持人和与会人员尽快地掌握各位参加会议的人员的相关资料，加深了解，彼此熟悉。打印会议议程等资料可以让全体与会者了解会议内容、程序，保证会议按照计划进行。

第三，黑板（白板）、笔。在很多会议中，与会人员为了更好地说明问题需要在黑板或者白板上写字或画图，在黑板或白板上表述具有即兴、方便的特点，是PPT和视频等需要事先准备的表达方式的有益补充；因此，不能忽视；同时，粉笔、万能笔、板擦等配套的工具也需要一起准备。

第四，各种视听器材。现代的投影仪、幻灯机、摄像机、电子教鞭等视听设备，给人们提供了极大的方便。在召开会议前，必须先检查各种设备是否能正常使用，如果要用幻灯机，则需要提前做好幻灯片。录音笔和摄像机能够把会议的过程和内容完整记录下来，在与会者同意的情况下可以录音和录像。当需要立即把会议的结论或建议打印出来时，就需要准备一台打印机。

第五，会标、背景板、展板。会标一般指会议名称和会议标语横幅。有时为了强化会议效果，可以采用喷绘将会标美化、渲染为会议背景板。采用喷绘写真画面时，一定要注意采用环保材料，否则喷绘写真画面散发的刺鼻气味不仅影响会议氛围，对与会者，尤其是主席台就座人员身体健康不利。为渲染会议或活动，还可以在会场内外放置展板进行宣传。

会议中的礼仪十分重要，一般来说需要从主持人和会议座次的安排角度注意。会议主持人在主持会议要在介绍参会人员、控制会议进程、避免跑题，控制会议时间等方面做好工作，保证会议畅通。

会议座次的安排一般可以分成两类：方桌会议和圆桌会议。

大多数情况下会议室中是长方形的桌子，包括椭圆形，就是所谓的方桌会议，方桌可以体现主次。在方桌会议中，特别要注意座次的安排。如果只有一位领导，那么他一般坐在这个长方形的短边的这边，或者是比较靠里的位置。就是说以会议室的门为基准点，在里侧是主宾的位置。如果是由主客双方来参加的会议，一般分两侧来就座，主人坐在会议桌的右边，而客人坐在会议桌的左边。

还有一种是为了尽量避免这种主次的安排，而以圆形桌为布局，就是圆桌会议。在圆桌会议中，则可以不用拘泥这么多的礼节，主要记住以门作为基准点，比较靠里面的位置是比较主要的座位，就可以了。

二、会议沟通的具体技巧

会议沟通的具体技巧很多，主要包括会议主持人的沟通技巧、会议上发言的沟通技巧、组织会议讨论的技巧3个方面。

（一）会议主持人的沟通技巧

为了会议的顺利进行，作为会议主持人需要在开会前进行准备，确定会议议程，在会议进程中要完成宣布开始、掌握具体议题讨论、做好会议总结、宣布散会等几项工作；并要因会制宜，调动情绪，让与会者去听、去记、去发表意见，达到开会的预期目标。因此，会议主持人在主持会议时，要讲究分寸，说话的分量要适度，不能不到位，也不能太过，不然会使人产生歧义和误解，影响会议效果。语言的分量主要由词意和态度来决定，词意是指语言的本意；态度是指表达时所持的表情和情绪。

会议主持人的沟通技巧主要体现在两个方面：一方面是主持人要善于提问；另一方面要尽量有效地控制好会议的进程。

1. 会议主持人提问的技巧

提问是会议中不可缺少的环节，作为会议主持人更是需要经常提问。一般情况下，主持人在主持会议过程中的提问主要表现为如下3种。

第一种提问是以确认事实为目标的，主要目的是确认事实或信息，或者寻找某一个或一类广泛问题的事实答案等等。比如主持人可以问，"这件事是什么时候发生的？""这次意外事故有多少人受伤？""活动报道发出后，网民对此反响如何？"等等。

第二种提问是以寻找解释为目标的，主要目的是希望被提问者能够对问题给出解释。比如主持人可以问，"我们对这个现象如何解释？""您怎么解释出现的问题"等等。

第三种提问是以向被提问者征求意见为目标的，主要目的是希望对方做出判断。比如主持人可以问，"您为什么觉得这是最好的？""这个方案可以解决我们面临的问题吗？""我们是否可以接受对方的条件吗？"等。

在会议讨论阶段，以确认事实为目标的提问最好在讨论开始就提出来。一般情况下，这个阶段的讨论主要是以分析问题为重点。而随着讨论的深入，主持人往往使用以向被提问者征求意见为目标的价值判断性问题来提问。而以寻找解释为目标的提问，往往会在整个讨论过程中多次出现。

主持人的提问方法又可分为一般性的发问和反语性的发问两种类型。一般性的发问大多数是用来引发讨论的开场白，希望与会者中的一些人能就准备讨论的主题提出意见并进行讨论。主持人的这种提问，往往可以自己先对问题做出介绍，然后提问。比如主持人可以说："……以上是我对这个问题的一点看法，希望大家继续补充,谁有好的想法?"

而反语性的发问则是用来激发与会者的思考,而不是用来寻求特定答案的。这种发问多半用来引发参与者的兴趣,引起他们集中注意,或者建议他们从其他的角度深入探讨。比如主持人可以说:"毫无疑问,我们对准备提交的创业计划书文案进行了比较细致的调研,但是如果要在路演会上做出很好的展示,我们应该如何做去适应现场的环境呢?"

主持人在主持会议时,即便不使用头脑风暴等思维激励方法也要注意不要对每一个意见都加以评论,因为过多的评论会妨碍与会者自由地交流意见。

2. 主持人如何有效地控制好会议的进程

会议在何时开始?需要多长时间?解决什么问题?如何讨论每个问题?这些方面都需要主持人有效地控制,否则,会议就很难达到预期效果。

主持人要有效控制会议进程需要做好3方面的工作:一是在时间上和议题上把握好会议进程。二是要善于处理会议上出现的各种局面。三是做好会议总结。

在时间上和议题上把握好会议进程需要做好如下几方面工作。

首先,要保证会议按时开始。这样才能够使迟到的与会者感觉到迟到的错误所在。

其次,制定基本的规则。只要是会议,即使是"头脑风暴型"会议,也要做到有章可循,基本的规则可以为每个人建立一个共同遵循的会议行为标准。一般会议规范应该包括以下内容:①按时出席;②有备而来;③遵循议程;④别人发言时不要插话;⑤不要喋喋不休,讲完后,给别人一个发言的机会;⑥对别人要表现出礼貌和尊重。

再次,控制好会间休息时间。当主持人宣布会议休息时,要讲明休息时间多长,会议再次开始前一两分钟,巡视一下会场。如果还有许多人没有回到座位上,就应该发出召集信号,宣告下一阶段会议即将开始。

最后,从程序上控制会议。主持人要想保证会议进行的连贯性,就需要用会议的议题掌控会议、循序渐进。具体地说要做好如下4方面工作:①界定需要解决的问题;②对该问题进行会面讨论;③探讨可行性方案,并权衡各项解决方案的利弊;④确定最终解决方案。为了保证会议在预期的轨道上。一旦发现话题偏离正题,主持人可以通过提示与会者注意的方式将讨论者拉回到正题上来。

会议上出现的需要主持人处理的局面主要表现为如下几种情况。

第一种情况,面对发言太长的与会者。首先,如果发言人一再地重复陈述自己的意见,主持人就可以问一些只需回答"是"或"不是"的问题,然后,马上向其他参与者提出一个可自由发挥意见的问题。其次，可以利用总结。主持人打断一个人发言以便汇总成综合意见，很少有人会认为这是一种拦阻。当主持人做完总结以后，只需指向另一个参与者发问就可以了。最后，如果前两种方法失效，主持人只能有技巧地、直接指示他停止发言，主持人可以这样说："您说的这点很重要，我们希望听到更多人的意见。"或者"其他的人还没有发表意见的机会呢！我想先听听他们的意见，然后请您针对他们的观点发表意见，好吗？"

第二种情况，面对不愿发言的与会者。一个有活力的群体需要每一个成员都能够发表意见，因此引导不愿发言的与会者发言就显得十分重要。主持人可以这样说："已经有好几位朋友对这个问题提出了很多宝贵的意见，但是还有人没有机会发言，请问哪位愿意再贡献一些意见呢？"

第三种情况，处理不同的观点。主持人在听不同的看法和意见时，不要试图寻找对方的错误，应该注意自己和参与者的想法有哪些相同的地方。听的态度要尽量和善，要尊重对方的观点，要多从对方的立场来考虑，这样才能避免冲突，有利于双方的沟通。

做好会议总结是保证会议善始善终的关键。因此，在会议即将结束前，主持人要根据会议的要求、会议气氛、与会人员、时间安排等情况，对会议的有关情况及所取得的成果进行全面、客观的总结，对不能确定的或未解决的问题作出解释说明。会议总结要简明扼要、全面准确、重点突出、实事求是，一般需要包括会议基本情况、会议的主要收获、如何在今后的工作中落实会议决定的意见。

会议总结的技巧和方法主要有如下几种：第一，回顾法。即简要概括地回顾叙述会议讨论哪些问题，达成了哪些共识，解决了什么难题，加深与会者的印象。第二，归纳法。即在简要回顾会议的基础上，对整个会议进行高度归纳、概括。比如："我们这次会议开得很成功，概括起来有几个特点一是……二是……三是……""我们这次会议形成了几个方面的共识：一是……二是……三是……初步解决了几个方面的问题：一是……二是……三是……现在，对解决这几个方面问题的对策，与会者已经形成了共识，拿出具体的对策措施，下一步关键是抓好落实。"第三，鼓动法。对会议不做全面总结的情况下，用鼓舞人心的话做总结，对大家提出希望和要求，号召大家为实现某个目标或完成某项任务而努力。

(二) 会议上发言的沟通技巧

会议上发言是沟通重要形式，要实现更好的沟通除了用好目光、姿态、手势等演说技巧以外，还需要做好如下3方面的工作。

1. 会议上发言讲话要注意避免歧义

口头表达无法像书面语表达那样借助字形区分一些词语的确切含义。因此，在说话时要有意识地避免使用一些容易造成歧义、误解的词语。像"这个学期我们不再进行期中（终）考试"，说出来就会有歧义，因为"期终"和"期中"是一组同音词。同音词是声音相同而意义完全不同的一组词。这种同音词在即席讲话中有时可能造成意义的混淆，妨碍人们顺利地进行交际。例如：食油—石油，骄气—娇气，财物—财务，漫画—漫话，抱负—报复，旷工—矿工，水利—水力，会话—绘画，等等。在讲话中需要使用这些词的时候，可以有意识地加以变换调整，如把"期终"改说"期末"，把"食油"改说"食用油"，把"骄气"改说"傲气"，等等。如果实在不好变换说法，就要对这种同音词另外略加解释，以避免产生歧义。

2. 明确自己的观点，防止跑题

会议发言大多数是即席发言，观点是即席发言的核心，应该贯穿于发言的始终的全过程，观点起着纲领的作用。支撑观点的材料使用、词语的选择、语句的结构，甚至发言时的情感控制、表情姿态等，都要受到观点的影响制约。会议发言要努力要做到观点正确、鲜明、集中、深刻。

邓小平刚刚复出工作时，正值"文化大革命"后期，为了在全国搞好整顿，小平同志做了大量的调查，同时发表了不少旗帜鲜明的精彩的发言。1975年7月14日，他在一次关于整顿军队的谈话中说道："在军队，部分人中，滋长了骄气。有的甚至不只是骄气，而是骄横……过去军队同志坐公共汽车，向来是给老人、带娃娃的妇女让座位的，现在有的不让了。有个战士坐车，一个妇女抱着娃娃，他不让座，娃娃哭了他也不理。旁边有位老人说，雷锋叔叔不在了。从这件事情上是可以看出问题的。"

小平同志所举的例子虽然是小事，却体现了正确、鲜明、集中、深刻几个特点。

再比如在谈尊重知识时，小平同志就有如下精辟："一定要在党内造成一种空气：尊重知识，尊重人才。要反对不尊重知识分子的错误思想。不论脑力劳动，体力劳动，都是劳动。从事脑力劳动的人也是劳动者。将来，脑力劳动和体力劳动更分不开来。发达的资本主义国家有许多工人的工作就是按电钮，一站好几个小时，这既是紧张的、聚精会神的脑力劳动，也是辛苦的体力劳动。要重视知识，重视从事脑力劳动的人，要承认这些人是劳动者。"

长期以来，在一些人的头脑里，对"知识分子也是劳动者"这个事实都不承认，怎么能谈得上"尊重"呢？这样一针见血的即席发言必然能使听众思想上受到震动，受到深刻的教育。

3. 以精彩的哲理名言启迪听众

科学家、思想家等伟人的至理名言，是实践经验的总结、历史经验的概括、丰富生活的凝练、人生奋进的指南。组织者在会议讲话中，如能准确、恰当地直接引用哲理名言，不仅可以增加讲话的理论分量，而且可以起到纲举目张的作用。

发言者在会议讲话中还可以适当地引用名人的诗文。恰当引用诗文，不但使演讲变得熠熠生辉，而且对揭示主题、衔接过渡都有奇妙的作用。当然引用诗文必须准确，必须服务主题，绝不能为引用而引用，否则就会画蛇添足、适得其反了。

（三）组织会议讨论的技巧

讨论会议是会议的重要环节，只有充分讨论才能提出新观点。要想巧妙安排好组织会议讨论，需要做好如下工作。

1. 巧妙地掌控讨论的节奏

会议的讨论议题应当明确、集中，不宜太多。议题要符合下列要求：时机适当，所要讨论的议题应是工作中亟待解决的问题；合法可行，所讨论的问题要合法并具备实现条件；主题明确，会议议题中心是什么，要解决什么问题，必须使与会者明确，这样才能便于讨论。

会议要根据议题来合理安排会议程序。一般来说应当注意以下几点：需要立即作出结论的议题应排在前面，其他问题，可排在后面；需要会议成员集中精力商讨的问题，应安排在会议的前半段；最后一项议程以努力实现大家的意见一致为好。

组织者要掌控讨论的节奏，还要注意以下3方面的问题。

（1）不要心不在焉。会议主持者在听取与会者的意见时如果态度认真，精神专注，与会者会感到会议主持者重视他的意见，从而把自己的想法无保留地讲出来；如果心不在焉，就会使与会者感到会议主持者并不重视他的意见，并不是真心诚意地听他讲话，从而把一些准备谈的重要意见留下不讲了。

（2）不要仓促表态。会议主持者在听取意见时，最好多提问题，不仅使与会者把全部意见无保留地谈出来，还要引发他谈出事先没有考虑到的一些意见。

（3）不要只埋头记录，不思考。会议主持者在听取意见时，既要记下要点，也要注意思考，善于从与会者的发言中捕捉和发现有意义的内容，并及时把它提出来,借以引发全体与会者的进一步思考。

2. 要正确对待反面意见

"兼听则明,偏听则暗",如果会议组织者能正确对待反面意见,并从反面意见中汲取智慧,就能集思广益,博采众长,作出正确的决策。因此,与会者要认识到如下几点。

(1) 反面意见不一定是错误意见。反面意见往往是指与居主流地位的多数人的意见相反的意见。反面意见可能是错误的,也可能是正确的。因此,不能将它同错误意见混同起来。明确这一点,组织者主持会议时,才有可能在思想上重视听取反面意见。

(2) 提反面意见未必就是和会议组织者唱对台戏。人们看问题的角度各不相同,认识、判断能力也不一样,意见相左,观点相悖,都是正常现象,用不着大惊小怪,更不能胡猜乱疑。

(3) 处理反面意见要妥善。出现反面意见时,会议组织者既不要断然拒绝,也不要急于解释,而应以热情欢迎的态度,认真地、耐心地听取,要让提意见者详尽地阐明自己的意见和理由,然后对他们的意见进行认真的分析。对其中合理的部分应肯定,并纳入方案或决议之中,有的合理意见由于某种客观原因一时不便纳入的,也应明确说明,以使提意见者理解。对其中不合理的部分,也应通过讨论,从正面说明道理。

在一般情况下,对会议组织者不宜反面意见采取少数服从多数的方式予以否决。因为"真理往往在少数人手里",少数人所持的反面意见也可能是正确的。有些具有突破性的真知灼见,也往往是由少数人甚至个别人提出来的。所以,不轻易采取少数服从多数的表决方式解决,有利于等待多数人在实践中转变认识,接受少数人的正确主张。即使在客观形势要求必须马上作出决定,需要采取少数服从多数的表决方式时,也需要允许少数人保留意见。

3. 巧妙处理讨论进程出现的问题

(1) 讨论中出现争吵。会议活动中发生不同意见的争论,有时会出现争吵、无理纠纷等情况,常常导致会议开不下去。这时就需要会议主持者立即恢复会议的正常秩序与正常气氛。在讨论过程中出现争吵与纠纷时候,会议主持者要及时处置,不可漠然置之任其发展;要从会议大局出发说话,不可就纠纷的微小细节仲裁,以免把自己变成纠纷的一方而失去仲裁的资格;要镇静,不可因反感而气恼发火。

(2) 讨论中出现冷场。冷场,是会议活动中的一种常见而又使会议主持人感到难办的问题。如果是由于与会者对议题不明白、不理解，因而感到无从开口，会议主持者就要详细、明晰地交代议题，邀请与会者发言。

（3）讨论中出现跑题。当讨论出现跑题时，会议主持者可以接过讨论中的某句贴着议题边缘的话，顺势向着议题讨论的方向引申一下，使讨论回到议题上来；也可以联系正在议论中的某一层意思，提出新的话题，使议论者在无意中回到正题上来；也可以以时间不多了为由，直接提出新的问题，以扭转离题。

第二节 谈 判

在创业活动中，谈判是一种最具挑战压力的沟通形式之一。理解谈判的内涵，掌握公关谈判的技巧对于提高创业者表达能力十分重要。

一、谈判的概念和基本问题

从有人类社会出现开始，谈判就存在于人类活动的各个方面。无论是在政治、文化、教育、卫生、家庭、婚姻、社交等领域中，还是在大量的经济活动领域；无论是解决有关战争、领土、民族等重大问题的矛盾冲突，还是处理人们日常社会生活的问题，经常需要通过谈判。有分歧、有矛盾、有利益冲突，就会有谈判。谈判是解决分歧、化解矛盾、平衡利益的必然选择。

翻开中国近现代史，很多重大历史事件的都有谈判参与，"西安事变""重庆谈判"等就是实例。

1. 谈判的概念

什么是谈判？谈判是利益各方就共同关心或感兴趣的问题进行磋商，协调和调整各自的经济、政治或其他利益，谋求妥协，从而使各方都感到是在有利的条件下达成协议，促成均衡的一项工作。

谈判的目的是协调利害冲突，实现共同利益。谈判作为协调各方关系的重要手段，广泛应用于政治、经济、军事、外交、科技等各个领域。因此，可以说谈判具有如下内涵。

（1）谈判是由一些特定的社会需求而引起的人类社交活动，人们为了保护和寻求某种利益而进行谈判。

（2）谈判双方必须有一定关系和联系，利益和需求的结合点是谈判的纽带，谈判中一方的需求和利益的满足，往往会涉及或影响到谈判中另一方的需求和利益的满足，谈判双方的需求和利益，形成一种既统一又矛盾的关系。

(3) 谈判双方为了自己的需求和利益，必须通过信息交流、磋商来解决，通过协商来努力达成一致意见，满足各自的需求。语言是他们进行信息交流、磋商沟通的主要工具。

2. 谈判的特点

"一言之辩，重于九鼎之宝；三寸不烂之舌，强于百万之师。"这既是对包括谈判者在内的口才优异者的赞美，也从另一个角度说明处理重大事件中谈判的重要性。因此，可以说谈判有如下4种特点。

(1) 谈判的形式是对等的。谈判的双方在谈判中都有对等的权利。谈与不谈，谈什么，在什么时间、什么地方谈，谈到什么程度，取决于双方的立场和合作的诚意。任何一方如果缺乏合作的诚意，谈判活动都将无法开展。

(2) 谈判结果大多是不平等的。一般情况下，谈判的某一方获得的好处较多，而另一方获得的好处则较少。导致谈判结果不平等的主要原因在于谈判各方所拥有的实力和技巧各不相同，有实力和掌握谈判技艺的一方往往因掌握谈判的主动权而获益。

(3) 谈判是双方由对立到妥协的动态过程。谈判只有在双方都有妥协或合作意向的情况下，才有可能顺利进行。单方面的给予或者单方面的接受，无论是自愿付出还是被动让步，都不能算作真正意义上的谈判。

(4) 谈判的最终目的是根据各自不同的利益进行抉择。如果谈判的结果不是互惠的，谈判将无法进行下去；只有谈判双方都认可的结论才会成为最后谈判结果。要实现谈判目标就需要谈判双方求大同存小异，得与失之间进行选择，尽可能以最小的损失换取最大的利益。

3. 谈判的构成要素

谈判的构成要素主要包括谈判者、谈判背景、谈判目标。

谈判者可以包括台上谈判人员和台下谈判人员。台上谈判人员包括主谈人、谈判组长、负责人。主谈人是指谈判桌上的主要发言人，主要任务是亲自并组织参加谈判的助手与对方进行辩论，将台下研究的谈判目标和策略在谈判桌上予以实现。谈判组长是谈判的总负责人，可以和主谈人是同一个人，也可以是主谈人以外的人；当谈判组长不是主谈人时，他在谈判桌上发言的主要内容一般是补充主谈人的论述，并在主谈人出现与方案明显误差时，做出修正。台下谈判人员主要指负责谈判的领导者以及各种辅助人员。在朝鲜停战谈判中，李克农先生就是谈判的领导者，虽然没有出现在谈判桌前却始终指挥着谈判进程。

谈判背景是指谈判所处的客观环境条件。谈判的背景主要包括政治背景、经济背景和人际关系背景。谈判的政治背景有时直接决定交易成败，谈判开始前应首先考虑这个背景。宏观经济、市场景气、产业走向等无疑对商务谈判具有重要影响。

谈判的目标是谈判的核心，也是谈判的起因、动力，并决定当事各方参加谈判的人员以及所属组织所持的态度，也会影响到谈判的内容和具体进程。

4. 谈判的基本原则

谈判者在谈判过程中，一般需要遵循如下原则。

（1）双方互利。双方互利是指所提出解决方案对谈判各方彼此有利。要实现这一目标，就要在谈判之前做出多种方案，并逐步筛选出共同利益，这样让双方各得其所，这样才能将双方立场、观点、意志力的较量转换成双方共同解决问题的努力，变"对方是否愿意做"为"问题该如何解决"，变双方用各种方法争夺上风为彼此有诚意的沟通。

（2）扩大总体利益。谈判开始，谈判双方首先应一起努力扩大双方的共同利益，然后再讨论和确定各自分享的比例；通过双方的努力降低成本、减少风险，使双方的共同利益得到增长，最终使双方都有利可图。

（3）平等互利。任何谈判都是自愿的活动，在谈判双方的力量不论强弱，在相互关系中都处于平等的地位；任何一方都可以在任何时候退出谈判或拒绝进入谈判；谈判双方应根据需要与可能，有来有往，互通有无，努力做到双方有利。

（4）目标明确、善于妥协。在谈判中，最终目标要明确，在具体的问题上，则可以采取灵活的态度、变通的办法，应积极去寻找隐藏在各自立场背后的共同利益所在，从而使问题逐步解决。因此，在谈判过程中既要坚持科学性原则，同时又要讲究艺术性原则，两者有机结合，才能取得成功。

5. 谈判的一般过程

比较正式谈判的过程一般包括谈判开局、交流试探、磋商交锋、签订协议。

谈判开局阶段的工作主要包括谈判双方见面后，在开始具体谈判内容之前，相互介绍、寒暄以及就谈判内容以外的话题进行交谈的那段时间和经过。开局阶段所占用的时间较短，谈论的内容也与整个谈判主题关系不大或根本无关，但这个阶段却很重要；因为它为整个谈判过程确定了基调。谈判的内容、形式、地点不同导致谈判气氛也大不相同。有的谈判气氛十分热烈、积极、友好，双方都抱着互谅互让的态度参加谈判，通过共同努力去签订一个双方都满意的协议，使双方的需要都能得到满足；有的谈判气氛却很冷淡、对立、紧张，双方均抱着寸步不让、寸利必争的态度参加谈判,针锋相对、毫不相让,使谈判变成了没有硝烟的战争。有的谈判简洁明快,节奏紧凑,速战速决;有的谈判却咬文嚼字,慢条斯理,旷日持久。大多数情况下,可以通过谈判气氛初步感受到对方谈判人员谈判的气质、个性和对本次谈判的态度以及准备采取的方针。

交流试探阶段主要是指谈判人员集中发表各自的意见、动机和意图,通过交换观点,达到相互了解。这个阶段,谈判者要注意聆听对方谈判人员的发言,准确地理解对方的观点。然后与本方谈判人员商量,有针对性地调整谈判方案,确定谈判策略,为磋商交锋阶段做好准备。因此,在交流试探阶段要尽量防止话题过分单一,应该努力探讨各种途径;最好不要互相询问,更不要在具体问题上无休止地纠缠。

磋商交锋阶段是谈判的核心阶段。在这一阶段,双方谈判人员都会依据自己的谈判目标,为达成协议而努力。在磋商交锋阶段,谈判人员应该坚定立场与信念,尽量向本方事先确定的目标努力。同时,磋商、交锋、讨价还价的目标是为努力实现各自的目标和需要,探讨和寻求共同利益的结合点。这一阶段既需要针锋相对、坚持不懈,又要见机行事,适度让步,相互妥协。

签订协议阶段主要是指谈判双方经过反复协商,在各项重要问题达成一致后,把具体条款写成书面协议的过程。协议内容必须与双方谈妥的事项及其要求完全一致,特别是双方权利和义务要明确和肯定,所涉及的概念不应有歧义,前后的叙述不能自相矛盾或出现疏漏和差错。达到上述标准,才能正式签字。

6. 谈判的准备

凡事预则立,不预则废。要实现公关谈判的目标,谈判前的准备工作十分重要。

当可供商谈的对象有很多时,就需要选择那些容易达成一致的谈判对象进行谈判,这样也有利于谈判成功后的合作。各个谈判对象的条件千差万别,因此,要从总体目标出发,在知彼知己的前提下,慎重选择。在完成谈判对象后制订谈判计划和进行模拟谈判对谈判的进展十分关键。制订谈判计划需要做好以下工作。

(1) 确定谈判的具体目标。公关谈判具体目标可分为期望目标和临界目标。期望目标是在公关谈判中所追求的最高目标水平;临界目标是在谈判中可以接受的最低目标水平。当对方提出的条件低于临界目标时,往往需要重新考虑谈判的形势或者终止谈判。在期望目标和临界目标之间是可以商谈的范畴。在此范围,谈判人员可以充分发挥个人的才智,争取尽可能多的利益。目标的确定,必须以客观条件为基础。一般需要考虑下述内容：谈判的性质及其领域；谈判的对象及其环境；谈判所涉及的具体指标的要求；各种条件变化的可能性、方向及其对上述各方面的影响程度；与谈判密切相关的事项和问题以及解决这些问题必须提出的要求或期望等。谈判的具体目标并非一成不变，它往往会根据谈判进程适当调整和修订。

（2）确定谈判要点。确定谈判要点是制订计划的核心工作，它包括以下几项具体内容：①明确谈判目的。一般情况下，一次谈判一般只为一个目的服务。制订谈判计划，往往以谈判目的为中心。②确立谈判程序。谈判程序是议事日程，是决定谈判效率高低的重要环节。在拟订谈判议事日程时，要注意两方面问题，一是互利性，既要符合己方的利益需要，又要兼顾对方的实际利益和习惯；二是简洁性，议事日程要明确，点要尽量少，便于记忆，以保证谈判的总体效率。③选定谈判的时间和地点。谈判前需要认真选择谈判时间，布置好谈判场地，同时，根据谈判对方时间充裕程度相机把握谈判进度。

（3）为了更好地实现谈判目标，有时还可以进行模拟谈判。一般情况下，模拟谈判的形式有以下两种：①组织假设对手，进行实际排演。这项工作是在模拟谈判全过程的前提下，人们扮成不同角色进行试演。一般情况下可以按照从始至终的谈判顺序去演习双方面对面交锋时可能出现的一切情形，包括谈判的气氛、面部表情、可能涉及的问题，对方可能提出的问题及意见，己方的各种答复及策略、技巧的运用等。②就关键问题进行模拟辩论。具体地说，就是把参与谈判准备工作的人员召集在一起，尽量让大家提反对性意见，主谈人练习回答这些反对意见。

二、典型谈判的案例分析

按照参加谈判的利益主体的数目差异划分谈判可以分为双边谈判和多边谈判。在双边谈判中，只有两个利益主体参加。这种情况下，谈判的利益关系比较明确、具体、简单，因而比较容易达成一致意见。在多边谈判中，有两个以上的利益主体参加。多边谈判的利益关系相对于双边谈判来说复杂得多，一般情况下在短时间内难以协调一致。下面分别选择双边谈判和多边谈判案例进行分析。

案例1　单边谈判案例——分橙子的故事

有一个人给了两个孩子一个橙子。这两个孩子商量如何分这个橙子。两个人吵来吵去，最终达成了一致意见，由一个孩子负责切橙子，而另一个孩子选橙子。结果，这两个孩子按照商定的办法各自取得了一半橙子,高高兴兴地拿回家去了。第一个孩子把半个橙子拿到家,把皮剥掉扔进了垃圾桶,把果肉放到果汁机上打果汁喝。另一个孩子回到家把果肉挖掉扔进了垃圾桶,把橙子皮留下来磨碎了,混在面粉里烤蛋糕吃。如果两个孩子充分沟通,就可以想办法将皮和果肉分开,一个拿到果肉去喝汁,另一个拿皮去做烤蛋糕。即便有一个孩子想要全部橙子,也可以选择其他的替代方案。

在双边谈判中,双方不断沟通才能通过资源的置换,实现合理分配,达到双赢的目标。

案例2 多边谈判案例——史蒂芬斯招家庭游泳池的承建商

1999年4月5日,美国谈判专家史蒂芬斯决定建一个家庭游泳池,建筑设计的要求非常简单:长30英尺(1英尺=0.3048米),宽15英尺,有温水过滤设备,并且6月1日前竣工。虽然史蒂芬斯是谈判专家,但在游泳池的造价及建筑质量方面是个彻头彻尾的外行,如何解决这个难题呢?

第一阶段,选择谈判对手。首先,史蒂芬斯在报纸上登了个建造游泳池的招商广告,写明了建造游泳池的具体要求。很快有A、B、C共3位承包商前来投标,各自报上了承包的详细表单,里面有各项工程的费用及总费用。史蒂芬斯仔细地看了这3张表单,发现所提供的抽水设备、温水设备、过滤网标准和付款方式等都不一样,总费用也有不小的差距。

第二阶段,请谈判对手来谈判。4月15日,史蒂芬斯约请这三位承包商到自己家里商谈。第一个约定在上午9时,第二个约定在9时15分,第三个则约定在9时30分。3位承包商如约准时到来,但史蒂芬斯客气地说,自己有件急事要处理一会儿,一定尽快与他们商谈。3位承包商只得坐在客厅里一边相互交谈,一边耐心地等待。

第三阶段,与不同的谈判对手分别谈判。10点钟的时候,史蒂芬斯出来请第一个承包商A先生进到书房去商谈。A先生一进门就介绍自己干的游泳池工程一向是最好的,建好史蒂芬斯的家庭游泳池实在是小菜一碟。同时,他还顺便告诉史蒂芬斯:B先生经常使用陈旧的过滤网;C先生曾经丢下许多未完的工程,现在正处于破产边缘。接着,史蒂芬斯出来请第二个承包商B先生进行商谈。史蒂芬斯从B先生那里了解到，其他人所提供的水管都是塑胶管，只有B先生所提供的才是真正的钢管。后来，史蒂芬斯出来请第三个承包商C先生进行谈判。C先生告诉史蒂芬斯，其他人所使用的过滤网都是品质低劣的，并且往往不能彻底做完，拿到钱之后就不认真负责了，而自己则绝对能做到保质、保量、保工程。

第四阶段，确定合作者。史蒂芬斯通过耐心地倾听和旁敲侧击的提问，基本上弄清楚了游泳池的建筑设计要求，特别是掌握了三位承包商的基本情况：A先生的要价最高，B先生的建筑设计质量最好，C先生的价格最低。经过权衡利弊，史蒂芬斯最后选中了B先生来修建游泳池，但只给C先生提出的标价。经过一番讨价还价之后，终于达成一致。

这个质优价廉的游泳池建好之后，亲朋好友赞不绝口，对史蒂芬斯的谈判能力也佩服得五体投地。史蒂芬斯却说出了这样一段引人深思的话："与其说我的谈判能力强，倒不如说我用的竞争机制好。我之所以成功，主要是设计了一个公开竞争的舞台让竞争者们在上面做充分的表演。竞争机制的威力，远远胜过我驾驭谈判的能力。一句话，我选承包商，不是靠相马，而是靠赛马。"

史蒂芬斯在极短时间内，不仅使自己从外行变成了内行，而且还找到了质量好、价钱便宜的建造者。就这样，3个精明的商人，没斗过一个谈判专家。实际上，面对多个谈判对象选择一个合作者时，作为有选择权的谈判者是处于优势的一方。中国有句古语叫："货比三家"，这其中的"比"就是谈判的关键，通过比较，可以选择最合适的合作者。比较的关键是把要完成的目标当作一个系统去思考，实现整体最优的目标，为了达到这一目标可以在局部上做出调整。同时，作为提供选择的谈判者，相互之间处于竞争状态。如何在竞争中胜出是关键，这同样需要系统性思维，提供需求方所需的条件。同时，在作为谈判竞争者的交流中，有时会透漏出关键信息，可能影响谈判走向。谈判双方应该善于透过现象去把握实质内容，这样才能在谈判取得成功。

三、谈判的典型技巧

语言是谈判的工具，在谈判中语言表达能力至关重要。要在谈判中获得成功，谈判者为了维护自己立场、观点，除了需要提高自身的政策理论水平和专业知识、经验外，还必须娴熟使用谈判语言的基本技巧。事实上，谈判进程往往因人而异，灵活应用谈判技巧，根据谈判对手的处境、心理动向和要求，有针对性地使用谈判表达技巧说服对方实现谈判目标是一个优秀谈判者需要具备的素养。比较典型的谈判技巧有如下几种。

（一）复述观点法

复述观点法包括两种情况：一种是复述自己的观点，加强表达；另一种是复述对方的观点，简单归谬。

在谈判中，谈判者为了实现谈判目标，有时会不断复述本方的观点，引起对手的重视。用好复述方法的关键是有耐心和锲而不舍的顽强态度。只要问题得不到解决，就坚持不懈去复述表明要求，不管对方以什么样的理由、态度来拒绝你的要求，都置若罔闻，绝不被对方的言辞困扰。当对方不耐烦，甚至大发雷霆时，绝不可被对方吓倒或激怒。只要自己心平气和，坚决地"按既定方针办"，使对方认识到你的要求是无法回避的，必须高度重视，认真对待。这样，谈判目标就有可能达到。

谈判高手苏联外长葛罗米柯的谈判特色之一就是不断地说"不"。当对手带着充分的理由来谈判，自己在道理上很难取得优势，也不具备摆脱对手的条件，葛罗米柯就无理由地讲"不"字。1979年，美国国务卿万斯在维也纳同苏联人谈判时，他记录了葛罗米柯说"不"字的次数，共12次．葛罗米柯靠这种无理由的不断说"不"的谈判技巧，营造了一种使对手感到沮丧和绝望的谈判气氛，常常摆脱应承担的义务，竟然在外交谈判中立于不败之地。

在谈判中，当对方发表不同意见时，谈判者可用自己的语言将对方的意见复述一遍，在复述时适当置换概念，是把内容变成自己的观点，并在复述时削弱甚至改变了对方观点，这样，一个十分尖锐的问题就被弱化成一个普通的问题，从而降低谈判的难度。前文提到的西奥多·罗斯福在任总统之前在海军服役期间回答问题的例子就是弱化问题的典型案例。

（二）赞扬对方法

真诚的赞扬会使对方心情愉快，认为自己受到肯定，同时也容易对对方产生好感，这样就可以迅速谈判双方缩短距离，为更好的沟通打下了良好基础。赞扬对被赞扬者是一个极大的鼓舞，用好这种表达技巧十分重要。在谈判活动中，不是每一次赞扬都让人愉快，赞扬是一种艺术，需要技巧。赞扬别人的注意事项在交际过程中的常规技巧中已经做了介绍，这里就不再重复叙述。

（三）巧用拒绝

在谈判中，人与人之间需要互相理解、帮助与合作。但是，由于受到主客观因素（能力、情感、时间条件、利害关系、法律政令）的制约，在无法满足对方提出的要求的情况下，为了充分尊重对方，不伤害他人感情与自尊，就需要拒绝，需要指出的是"拒绝"也需要讲求方式、方法。谈判涉及现场和场外，比较典型的拒绝方法在交际过程中的应对技巧已经介绍，这里就不再重复叙述。

（四）简单归谬法

简单归谬法，就是不从正面对对方的观点进行驳斥，而是从对方的观点出发，顺着对方的逻辑错误进一步推导，把对方的观点尽情引申、发挥、夸张，用违反常理、颠倒是非的话来显示其观点的荒谬性，让对方自己醒悟；或是按照对方的推导逻辑仿造一种更为荒谬的说法，说明谈判对手观点的不合理性。归谬法的具体内容可以参考前文幽默技巧中的介绍。

（五）以曲求直法

以曲求直法，就是不把想说的话直接说出来，而是先谈一些貌似与主题无关，令对方感兴趣、能接受的话题，然后由小及大、由少到多、由浅入深、由远及近、由轻到重、由易到难地一步一步引入正题。这样借助前面的层层铺垫，对方难以接受的观点就会稍微显得缓和，比较容易接受了。有时，为了达到目的，可以多花点时间，先绕开谈判主题，谈点别的，舒缓谈判的紧张气氛，与对方建立心理相容关系后，然后一步步引出主题，让对方接受。在使用这种方法时，应当选择对方感兴趣又和谈判主题有潜在联系的话题，在谈话中慢慢地、自然地使这种潜在关系明朗化，最终让对方自愿谈下去。

（六）旁敲侧击法

由于客观原因，谈判者如果直接阐述观点会给对方造成伤害而形成对抗，这时可用隐约闪烁的话，旁敲侧击启发对方，间接表达思想，让对方细细品味，最终接受。

一位顾客坐在一家高级餐馆的桌旁，把餐巾系在脖子上。经理很反感，叫来一个女服务员说："你让这位绅士懂得在我们餐馆里，那样做是不允许的。但话要讲得尽量委婉些。"女服务员来到那个人的桌前，有礼貌地问道："先生，您是刮胡子，还是理发？"话音一落，顾客立即意识到自己的失态，赶快取下了餐巾。

女服务员真是个聪明的姑娘，她由顾客系餐巾的方式联想到了通常只有发廊在刮胡子或理发前才会把毛巾系在客人的脖子上，并顺势为顾客提供了两个与餐馆并不匹配的服务项目，进而间接地提醒顾客他放置餐巾的方式是错误的。如此不仅不会得罪客人,还很可能会令客人感激并赞赏女服务员的礼貌与机智。

马文潜教授曾经讲过这样一件事:赶集时,有人到陶器店买夜壶。顾客看了看之后说:"好是好,就是大了点。"卖者说:"哎,冬天,夜长呵!"马教授很推崇这一答话的艺术性,他说倘若卖者直言:"大是大,尿装得多呵!"这样一来,含蓄全无,而且使买方尴尬,甚至连生意也做不成了。

陶器店的那个卖主真可谓深谙经商之道,转弯抹角地否定了顾客的看法,并顺水推舟地为自己的商品附加了一个卖点。

(七)顺水推舟法

谈判过程中,常常会有因说错话而陷入尴尬困境的情况,这或多或少会给人际交往带来负面的影响。如何巧妙补救十分重要。将错就错、顺水推舟就是一个好办法。具体做法就是在错话出口之后,能巧妙地将错话续接下去,最后达到纠错的目的。这样,能够不动声色地改变说话的情境,使听者不由自主地转移原先的思路,不自觉地顺着自己的思维而思考,随着自己的话语而调动情感。

有一次,在苏联共产党的代表大会上,赫鲁晓夫再次批判斯大林的错误,这时,有人从听众席上递来一张条子。赫鲁晓夫打开一看,上面写着:"那时候你在哪里?"这是一个非常尖锐的问题,赫鲁晓夫的脸上很难堪。他很难做出回答。但他又不能回避这个问题,更无法隐瞒这个条子,他也知道,许多人有着同样的问题。更何况,这会儿台下上千双眼睛已盯着他手里的那张纸,等着他念出来。赫鲁晓夫沉思了片刻,拿起条子,大声念了一遍条子的内容。然后望着台下,大声喊道:"谁写的这张条子。请你马上站起来,走上台。"没有人站起来,所有的人心砰砰地跳,不知赫鲁晓夫要干什么。写条的人更是忐忑不安,心里后悔刚才的举动,想着一旦被查出来会有什么结局。赫鲁晓夫又重复了一遍他的话。全场仍死一般的沉寂,大家都等着赫鲁晓夫的爆发。几分钟过去了。赫鲁晓夫平静地说:"好吧,我告诉你,我当时就坐在你现在的那个地方。"

赫鲁晓夫巧妙地即席创造出一个场面,借这个众人皆知其含义的场景来婉转、含蓄地隐喻出自己的答案。这种回答既不失自己的威望,也不让听众觉得他在文过饰非。这种巧设情景的圆场之所以很奏效,是因为能让人真正地体验,从而快速醒悟他的质问所存在的强人所难的苛刻之处。

(八)引证事实法

引证事实法就是在谈判时列举事实或数据来证明自己的观点,通过令人信服的事实、精确的数字来表达,使对方感到证据充分,进而赢得信任感。人们对数据普遍有一种信赖的心理。数据可以客观、精确地反映问题，表现事物。人们常说："事实胜于雄辩。"事实、数据往往是公正、客观的，具有很强的说服力。引证事实、列举数字法直来直去，朴实无华，运用得当可以事半功倍。

（九）比喻说理法

面对谈判中的难题，使用比喻说理，不仅可以使谈判者的表达生动、具体，有说服力、吸引力，而且容易让对方理解和接受自己的观点。谈判者要善于在谈判中就地取材，用眼前、身边事物比喻说理，帮助自己阐述观点。喻体近在眼前，双方有目共睹，对方也比较容易被说服。

德国女数学家爱米·诺德获得博士学位后，还不能立即开课，因为她还没得到讲师资格，但她的学识和才华受到了从事广义相对论研究的希尔伯特教授的赏识。在一次教授会上，为爱米·诺德能否成为讲师发生了一场争论。一位教授激动地说："怎么能让女人当讲师呢？如果她做了讲师，以后就要成为教授，甚至进入大学评议会。难道允许一个女人进入大学最高学术机构吗？"希尔伯特教授反驳道："先生们，候选人的性别绝不应该成为反对她当讲师的理由，我请先生们注意，大学评议会毕竟不是澡堂！"对方顿时哑口无言。

希尔伯特用比喻把大学评议会这一崇高学术机构和世俗的澡堂联系起来，让大家看到以性别决定学术资格的荒唐可笑。

第三节　路演中的表达

创业计划书展示和答辩是整个路演活动期间最为核心的环节，既是对较长一段时间以来，创业者对创业项目调研成果的集中检验，也是全面展示创业团队各成员风采的时机。创业者经过调查研究、完成撰写创业计划书工作、路演视频和PPT之后，就可以参加路演了。做好路演，是在赢得风险投资人青睐的关键。

一、创业路演中的表达概述

创业计划的展示主要由创业团队成员将以自己的前期调研为基础完成的创业计划书，展示给风险投资人，并回答风险投资人的问题的过程。随着时代的不断进步，有人将辩论赛引入创业项目展示领域。通过这一形式聚焦某一创业项目，邀请该领域的创业者和投资人，进行一次理性、专业、实际，甚至会决定一个项目能否拿到投资的辩论赛，简称创辩会。通过创辩会比赛，可以分析市场规模用户需求和时机，探讨产品商业模式、爆发能力、核心资源与壁垒、盈利转化，竞争及其他危机等关键问题。把创业问题的讨论变得更加直观、有趣，吸引更多的观众。

要实现创业计划展示的目标，建议参加路演活动的创业者要把握如下几条整体原则，在此基础上再从思维上调整，使用技巧实现目标。

首先，要把展示创业计划书陈述和视频展示当作一个整体和系统，并为答辩环节打下基础。存在于系统整体中的部分，无论该部分是否能作为相对独立的部分都应具有作为整体的部分的内在根据，如汽车的轮子可以作为独立部分存在，而人的手、脚则不能离开整体独立存在。这种部分只有在整体中才能体现它具有部分的意义，一旦离开整体，这个部分就失去了整体的部分的意义；此种特性也称之为系统的不可还原性。无论是简单的二元系统还是多元的复杂系统均具有此种特性，如氧原子、氢原子各有其固有特性。氧原子与氢原子按规律组成的二元系统是水，有与氢和氧完全不同特性。一旦水分解为氧原子和氢原子，也就失去了整体系统"水"的意义。因此，不能把创业计划书陈述和视频展示割裂来看，要把视频展示作为创业计划书陈述的基础。一般视频容易给风险投资人留下更深刻的印象，所以要尽量用视频把比较难以用语言和PPT阐述清楚的问题说清楚。要做到这一点，需要从确定问题、开始调研、设计问卷、数据整理、文稿写作等环节就要树立整体意识，这样自然而然就会实现创业计划书陈述和视频展示有机结合的目标。

其次，要争取创业团队成员全部上台展示，并争取做到每个人在展示环节中都有比较好的表现。如果能够创业团队成员全部上台展示必然会给风险投资人留下团队团结、分工合理的印象。为了加深风险投资人的这个印象，还要尽量保证每一个小组成员在陈述过程中所承担的工作差不多，这样就会显得组内任务更加均衡。

再次，要适当为答辩做出预设性准备。在准备的时候，可以请创业团队成员、指导老师（创业导师），如果条件允许可以外请一些对所要提交创业计划书背景了解程度没有团队成员多的人向创业者提问，这样可以模拟一些重点问题，就可能遇到风险投资人在现场提出的问题。

最后，控制好展示时间。路演活动是一项以短时间评判为依据的活动，因此，时间控制很重要。如果超时，会给风险投资人留下规划能力不强，时间管理能力不强的印象；如果用时不足，也会给风险投资人留下前期准备工作单薄，不够充分的印象。

在上述总体指导思想指导下，提高思维能力是提高创业计划展示能力的核心技巧。

一个小伙子为了参加毕业典礼，买了条裤子，可惜裤子长了两厘米；于是，就在晚饭的操作上，跟奶奶、妈妈、姐姐讲了这个问题。可是，大家都没有反应；吃过晚饭，大家都去忙自己的事情，这件事就没有被再提起。饭后妈妈睡得晚，临睡前想起儿子明天要穿的裤子还长两厘米，就把裤子剪了两厘米，叠好放回原处，半夜姐姐去卫生间户，突然想起弟弟的裤子，于是把裤子剪了两厘米叠好放回原处；奶奶早晨起得早，想起阿东的裤子的事，于是又剪了两厘米放回原处。最后，看着短四厘米的"新潮"裤子，小伙子只好放弃了穿新裤子去参加毕业典礼的念头。

这个看上去有一点"恶搞"的笑话，的确可能在生活中发生过。看这个案例，我们第一反应大多是：人际沟通是十分重要的。然而，即便没有面对面的沟通，如果每一个人的思维是严密的也不会出现案例中的尴尬局面。因为家里人的身高是清楚的，如果在剪裤子之前量一下裤子，问题就不会出现。如果没有思维能力，书面表达能力和口头表达能力将无法实现；如果没有创造性思维能力，即便书面表达能力和口头表达能力很强，也很难在面对难题时，有不落俗套的想法，进而拿出令人信服的解决问题的办法。所以可以说，要提高人际沟通能力，尤其是团队展示能力。就需要全面提高上述能力。因此，要提高团队展示效果，结合提高团队展示环节提高思维能力才是解决问题的关键。

思维可以弥补沟通不足，更能保障沟通顺畅。思维能力是提高人际沟通能力的基础。什么是思维？日常中人们所说的"想一想""考虑考虑""思之再三""沉思良久""深思熟虑""猛然醒悟""眉头一皱计上心来"，乃至"设想""反思""抽象概括""逻辑分析""判断推理"……都属人们的思维活动。然而深入理解思维的本质，涉及生理学、心理学、哲学、语言学、创造学等多个科学领域，蕴含深刻。因而，为思维下个定义，则又是个"仁者见仁、智者见智"的难题。为了有助于对思维的理解，我们从以下几个方面对思维的意义加以解释。

首先，从生理学角度认识思维是"能"的一种形式，是脑的一种职能。脑的这种职能是用于思考问题的（恰如写字是手的职能），思维过程是思考问题的过程即大脑对信息进行加工、整理、复制或再生产的过程。

其次，从语言学角度认识，思维可以定义为：用语言或符号思考。表达一种观念的过程，一定的思想形成的过程。在汉语中"思维""思考""思索"，是同义词或近义词，表达或含有思维意义的词，还有"思""虑""悟"等。特别是"知心"（"恕"为智的异体字），"知心"是墨家学派给思维创造的独特会意字，其含义是"以其知论物",可见思维可以理解为以已有知识对事物的思考。单就词义而言,"思维"是由"思"与"维"构成的概念词。"思"字义为"想"或"思考","维"可以理解为"序"或"方向",据此"思维"可解释为"有秩序的或沿着一定方向的思考。

再次,从心理学角度认识思维。思维是精神生产的过程,是人脑对客观事物的间接的和概括的反映。

最后,从逻辑学的角度解释思维。思维就是指人脑利用已有的知识,对记忆的信息进行分析、计算、比较、判断、推理、决策的动态活动过程,是获取知识及运用知识解决问题的根本途径。

思维是人类区别于其他动物的最根本的特征。在自然界优胜劣汰的竞争中,人类能成为世界的主宰,是因为人有任何其他动物无法比拟的思维能力。人依靠思维展现无限的智慧,不断探索、了解、利用、征服和改造自然,追求不断发展,并主宰着世界。

游说泛指多方活动陈述自己的建议、主张,希望被采纳。在当代中国的游说形式主要有:第一种,出席有关部门专门组织的立法或者行政政策意见听取的座谈会发表观点;第二种,针对决策者个人及其接近者的交往与意见表达活动,这一形式是游说的主要形式,创业者参加路演时答辩就属于这个范畴;第三种,利用权威媒体与权威信息收集机构提供高层领导可以阅看的内参文件;第四种,利用人大代表、政协委员与知名专家在两会或者其他场合发表个人意见,尤其借助于媒体压力引起决策部门注意。

答辩是指应答别人的提问,进行辩解。

游说答辩有时在时间上是紧密相连的,有时在时间上是割裂的。当从游说答辩的表达特点看,游说答辩具有一般演讲、辩论的共性,但与其他演讲、辩论相比也有其自身的特点。概括地说,游说答辩有如下一些独有的特性。

第一,游说答辩具有内容的真实性的特征。虽然,"演讲"是游说答辩的重要环节,但是,"演讲"必须以真实为基础。游说答辩的环境决定了表达者是以自己真实的姓名和身份用现实的创业计划书对考核人员进行演讲和答辩的,表达的性质首先应该是真实性。路演活动中的游说答辩主要是通过答辩看创业者前期工作的效果或者是否具备本活动需要达到的水平。如果过于夸张地去表演,往往会使专家和风险投资人产生一种印象:不稳重、不成熟。演讲不仅内容要真实,而且感情也要真实,只有真人、真事、真理、真情,才能使专家和风险投资人产生共鸣,才能使专家和风险投资人感受到表达的真实内容。当然,游说答辩中也可以借用一些表演艺术手法来增强演讲的感人效果,如相声般的幽默,故事般的悬念和诗歌般的激情等。但是,它使用的范围、程度,都应该受到严格限制,以不影响演讲的真实性为原则。

第二,从路演现场来看,听众的专业性很强,并具有裁判权。同时,创业者是处在一个被考核的地位上,而考核者都是专业人士。听众(专家和风险投资人)都拥有比较高的专业知识,通过创业者的陈述(演讲)能够比较准确地判断出创业者的能力。在路演的游说答辩环节,专家和风险投资人不仅仅是听,真正的目的在于通过听,来筛选、确定谁能够获得高分,谁要被淘汰。这就和其他场合的演讲有着本质的区别。

第三,游说答辩的形式具有严肃性。虽然游说、答辩都以口头语言为主,态势语言为辅的特征。但是,有表达过程中属于考核的一部分,因此,表达者就不可能像普通演讲过程中,为了照顾广泛的听众的不同要求,在口头语言为主的基础上,为了增加演讲的效果,可以比较多的使用夸张性的态势语言,比如手势、眼神等。

第四,游说答辩主要是陈述自己的观点和主张。在游说答辩过程中,无论演讲者掌握多少别人提供的资料,最后作为正式演讲的内容一定要经过演讲者自己的咀嚼消化,成为演讲者自己的观点和主张。

第五,游说答辩的内容结构具有系统性。要使自己在游说答辩中获得成功,创业者在表达过程中要始终抓住一个中心思想,并围绕着它能阐述。使考核者能迅速抓住陈述的论点、论据和论证过程,一听就懂,并且认可你阐述的观点,同意你提出的主张。因此,在陈述之前,要做好充分的准备,仔细考虑推敲,把要陈述的内容组织得有条有理,保障表达内容结构具有系统性。

第六,游说答辩的过程,具有听众信息反馈的特征。参与答辩的风险投资人因为要对创业者进行评判,也会积极地介入信息反馈。因此,听众在听演讲的过程中是以非常积极的姿态出现的,他们会及时地对演讲者的演讲进行信息反馈的,这种反馈有时是通过表情的实时反馈,有时是经过一段时间(陈述完毕后)以提问形式出现的反馈。表达者要时刻关注听众的反应,并且要善于敏锐地观察听众的反应,从听众的眼神、动作和声音等行为中了解听众对自己陈述的看法,并对自己的陈述内容和陈述方式进行适当的调整,以达到与听众之间的沟通。

二、创业路演中的表达技巧

(一)创业路演中创业计划书展示思路

在创业计划展示活动中,思维和表达技巧主要表现为如下 7 个方面,结合这几方面特点进行展示工作，对更好地阐明自己的观点，让提交的创业计划书得到风险投资人的认可很有帮助。

1. 高度概括

概括性是思维最显著的特征，思维之所以能揭示事物的本质和内在规律的关系。主要来自抽象到具体的过程，这一过程是通过分析、综合、比较、抽象、概括等思维活动来实现的。

整体和部分是自然界普遍存在的一对基本矛盾。思维的分析与综合操作就是思维主体对认识对象目标进行分解与组合。分析，是把客观对象的整体分解为一定部分、单元、环节、要素并加以认识的思维方法；综合是在分析基础上把客观对象一定部分、单元、环节、要素的认识链接起来，形成对客观对象统一整体的思维方法。人通过分析，综合在头脑中获得对客观现实更全面、更本质的反映。分析与综合是彼此相反又紧密联系的过程，没有分析，就不能清晰地认识客观事物不同组成部分的独立属性、特征与功能及其在整体中的意义、作用、贡献和部分之间的区别、依存与联系。没有综合就无法完整地认识客观事物的整体属性、结构与功能。认识客观事物，分析与综合是必不可少的思维过程。只有分析没有综合只能形成对事物片面的、支离破碎的认识；只有综合没有分析，只能形成表面的认识。因此，不论认识任何一种事物都要对该事物进行分析、综合，分析越细微、越全面，综合就越全面、越完美。在分析基础上的综合，对思维与认识客观事物才是有意义的和完备的。

比较是鉴别、判定事物之间共同点和差异点的思维过程。经过分析与综合，认识了事物的许多特点和属性，为了进一步认识和辨别某一事物，还要在分析、综合的基础上，对与该事物相似的或对立的事物进行比较，找出其间的共同点与差异，以进一步了解该事物的本质属性与客观规律。比较是分析与综合的认识延续，分析和综合则是比较的基础与前提。

抽象是把客观事物的本质和非本质的属性区别开来，从而抽象出事物的本质特征与属性的过程。从事物的诸多属性中首先通过分析，找出事物的本质属性；然后通过比较，找出诸多事物之间的共同属性；最后通过抽象提炼出事物的本质属性，舍弃其非本质属性。

概括，则是指把抽象出来的事物的若干本质属性综合起来，推广到同类其他事物中去，使之普遍化的思维过程。抽象的过程其结果有以下 3 种类型：第一种类型，如果概括的内容指向各种事物的外部特点和联系，将导致头脑中各种表象的形成；第二种类型，如果概括的内容指向事物内部的共同的本质的特点和联系，则将促成头脑中概念的形成和对事物规律性的认识；第三种类型，如果概括的内容指向事物偶然出现的现象，则概括将带有片面性。

抽象是概括的基础，没有抽象就不能概括。概括就是把分析、比较、抽象的结果进行综合，形成概念。由此可见，概括的作用是使人的认识由感性上升为理性，由特殊上升到一般，从而把思想引向深化，更正确、更全面地反映事物的本质。任何一个概念、一条规律、一个公式、一项原则都是抽象和概括的结果，各种科学知识，都是抽象、概括的产物。

对于任何要解决的问题包括全新的问题，一般的解题程序也是在掌握现有信息的基础上通过分析、综合、比较、判断，抽象出问题的本质属性，并根据其属性进行决策来寻求解决问题的具体方案的。就层次而言，抽象是高级的分析，概括则是高级的综合。抽象与概括同是建立在比较基础上的。概括性在思维活动中有非常重要的作用。首先，抽象和概括是人们形成或掌握概念的直接前提；其次，概括是思维活动的速度、灵活迁移程度、广度和深度、创造程序等智力品质的基础，概括性越高，知识系统性越强，迁移越灵活，人的智力思维能力与创造能力也就越发展；最后，概括是一切科学研究的出发点，任何科学研究的目的，就在于概括出研究所获的成果。因此，概括性不但是思维研究与评价的重要指标，概括水平也是衡量人们思维能力与等级的标志；提高概括水平是提高思维能力的重要体现。

著名的演讲家、美国的黑人民主运动领袖马丁·路德·金，在他的著名演讲《我有一个梦》中首先概括自己想表达的关键信息：人人生而平等，这就是沟通表达中概括的作用。

2. 善于使用间接表达等手段

使用间接表达手段使间接性思维结果迅速应用于具体活动，其思维表现就是思维通过其他事物的媒介来认识客观事物。首先就是思维凭借已有知识和经验，对没有直接作用于感觉器官的事物及其属性或联系（无法感知）加以反映（如早晨起来看到房顶湿润、庭院积水就可以断定夜间下雨了）。其次是凭借知识和经验，能对根本不能直接感知的事物及其属性进行反映。也就是说，思维继承和发展了感知和记忆表象的认识功能并远远超过了它们的界限，思维的间接性使人能揭示不能感知的事物的本质和内在规律。最后是思维凭借知识和经验，能在对现实事物认识的基础上进行蔓延或无止境的扩展。假设、想象、理解，都是建立在思维间接性作用基础上的，例如在创业计划书方案设计中的预测，就属思维间接性的表现形式，使思维能反作用于实践与指导实践。

3. 概念严谨

逻辑性特征反映出思维是一种抽象的理论认识，表明思维过程具有一定的形式、方法，并按照一定的规律发展。人们在实践中认识了事物的本质、事物整体及其内部联系并生成概念或结论。

概念是用词语来表述的物的本质属性。概念构成思维的基本元素，概念的研究是研读思维的基础和焦点，是在社会实践基础上通过抽象概括形成的。实践中积累的丰富的感性经验使人们的认识活动不断深化，产生概念。随着社会与科学的发展，概念的内涵与外延也会不断变化，即随着新物质或新规律的发现在不断深化或生成。判断与推理是在概念基础上进一步的逻辑思维活动。判断是对思维对象作肯定或否定的思维形式和过程，也能表示为思维主体对事物的评价。判断或评价是以客观标准为依据，但同时也反映人的认识水平、情感或愿望。推理是一个或数个已知判断的思维形式，有归纳推理和演绎推理两种主要方式。归纳推理是从事实出发，通过概括从而解释观察到的事物之间的关系得出一般结论。演绎推理是从一般到个别，将理论、原则运用于具体的思维过程。具体、全面、深入地认识事物的本质和内在规律进行较系统的逻辑思维有许多方法可以充分利用，如归纳和演绎的统一、具体与抽象的统一、特殊与一般的统一等。逻辑思维发展一般分为两个阶段：初级阶段——普通逻辑思维阶段，应遵循同一律、排中律和矛盾律3个法则；高级阶段——辩证逻辑思维阶段，则应遵循对立统一、量变质变、否定之否定的思维规律。

4. 分析深刻

深刻性，又叫抽象逻辑性。人类的思维是抽象理性的认识，思维是在感性材料的基础上经过思维过程，去粗取精、去伪存真、由此及彼、由表及里，在大脑里形成一个认识过程的突变产生了概括。由于概括，人们了解了事物的本质、事物的整体、事物的内在联系，认识了事物的机理及规律性。思维的深刻性集中地表现在善于全面地、深入地思考问题，善于把握事物的本质和规律性，从而预见事物的发展进程与结果。由于知识储备、实践经验、智力潜能、思维方式的不同，个体在认识过程中深刻性也是有差异的。具体表现为：首先，形成概念、构成判断、进行推理和论证的深度上的差异性。其次，思维方式方法的个性差异，即在如何具体地、全面地、深刻地认识事物的本质和内在规律性关系方面，采用何种思维方法方面是有差异的。再次，运用思维规律和法则的深刻性也同样存在差异。只有正确、自觉地遵循思维规律与相关法则进行思维，才能做到概念明确、判断有度、推理有据、论证得法，才能实现抽象的逻辑性。最后，思维的难度和广度的个性差异。思维过程的系统、周密、精细的程度与思考结果密切相关：具有较强思维能力的人，能充分利用信息与条件，能全面、慎重、细致地思考问题，系统而深刻地揭示事物的本质和内在规律性关系。

5. 善用批判思维

批判性思维是指思维活动与思维过程中严格的把握评估思维信息和精细的检查、反思思维过程的思维品质和智力的能力。信息资料是解决问题的依据，诸多信息资料，难免良莠不齐，如何根据具体问题，分清主次、去伪存真，必须经过严格的批判决定取舍。思维过程是一个动态过程，在解决问题的每一个思维环节，既要充分利用条件进行有序的思维，也要不断通过反馈进行反思，不断改进思维以期取得较优化的效果。批判思维品质特点主要有如下几个方面：第一方面，分析性。在思维过程中，不断分析解决问题所依据的条件和反复验证拟定的假设、方案和计划。第二方面，策略性。在思维问题前，根据自己的经验与思维水平，在头脑中形成相应的策略或解决问题计划、方式、方法，并在解决问题过程中认真实施。第三方面，全面性。在思维过程中，善于并充分客观地考察论据，认真把握解决问题的进展情况，执行计划的同时不断通过反馈信息，修正计划。第四方面，独立性。有主见，不人云亦云、盲从附和，对合理意见要认真分析，不为情境所困扰。第五方面，正确性。思维过程缜密、组织有条有理、思维结果正确、结论实事求是、符合思维规律，有现实意义。

思维批判是自我意识作用的结果，自我意识的成熟是人的意识的本质特征，是以个人的素质修养，科学态度与经验为基础的。良好的自我意识构成思维结构的"监控系统"，可以实现大脑对信息的输入加工、储存、输出的控制，调节自己的思维和行为，及时调节思维过程以便于更好地解决问题。自我意识反馈过程实际上是一个主体主动性问题。主体主动性越高，思维活动的效率也就越高，从而减少盲目性、触发性、狭隘性和自我封闭的影响，思维结果的品质也就越好。

6. 反应敏捷

思维的敏捷性是指思维过程的速度。在处理问题的过程中，敏捷性可以在急切的情况下，积极地思维、周密地考虑、随机应变、正确地判断和迅速地做出结论。敏捷性必须以良好的思维品质为前提，轻率的敏捷是失败的思维。敏捷性表现为思维过程短暂，因而必须建立在深刻性、灵活性、批判性、系统性和高度的概括基础上，没有高超的概括思维就不会产生迅速简化，也无法形成正确与迅速的发现。

7. 系统思考

思维的系统性特征，是现代人们认识客观世界的主导性特征，系统思维能力是现代人素质结构的重要组成部分，也是思维现代化的重要标志。因此，创业者提高思维系统性对增强自己的思维能力、提高表达效果、赢得风险投资者对项目的支持都具有重要意义。

（二）路演游说答辩演讲技巧

所谓游说演讲是指参加创业者为了实现游说目标，就自我游说问题所持的观点的公开演讲。在创业路演过程中，创业者的演讲属于典型的游说演讲。

1. 路演演讲技巧

一般来说，游说答辩演讲需要注意如下几点。

首先，目标明确性。在游说答辩演讲时，游说答辩演讲者要向被游说者讲清自己的观点，突出自己所持观点的正确性和有效性，并且这种有效性足以说明所持观点的可行性。要在有限的答辩时间内完成上述工作，演讲的总体内容始终围绕一个目标一个岗位职务工作进行，做到目标明确、语不离宗，不可开口千言，离题万里。

其次，较强的竞争性。路演活动中游说答辩演讲的全过程，其实是风险投资人、专家对创业者所提出的创业计划书之间进行比较与选择的过程。游说答辩除了基本素质条件之外。实际上更重要的是创业计划书目标与创业计划书措施的竞争。只有具备了明确、先进的创业计划书目标，且有切实可行的措施来保证，才会取得竞争的成功。

最后，演讲策略的技巧性。游说答辩演讲除了要求演讲者具备良好的心理素质和较强的语言表达能力外，还应当充分考虑竞争对手、听众的心态、临场状况等多种因素，用据理力争的方式，巧妙地说明"他的创业计划书好，我更好"。当然自我推销要有艺术性，切忌为了竞争而贬低对手，所遵循的原则是"唯真唯实，具体可信"。

要完成好游说答辩演讲首先要讲好开头，用礼貌用语开篇为制造友善、和谐的气氛打下基础。开篇可以用"感谢给我这样的机会让我参加路演""恳请专家和老师指教"等导入正题，紧接着阐明自己发表游说答辩演讲的理由。

在游说答辩演讲中，要坚持如下原则。

首先，创业者应实事求是，言行一致。介绍创业计划书背景和措施都必须客观实在。对国家有什么意义，对地区和人民可以创造什么条件，能够实现的就说，实现不了的就不要开"空头支票"。只有这样，才能显示创业者诚实的品格。

其次，创业者阐述问题要有的放矢。游说答辩演讲是针对某项议题而展开的，因此，游说答辩演讲者要向风险投资人证明自己了解情况。这个阶段，创业者要把自己通过调查摸底、社会访谈等方式，已经切实弄清楚的历史、现状，尤其对于当前存在的焦点、难点问题及其存在的根本原因讲清讲透，尤其是把找到解决问题的最佳途径讲清楚，以便在演讲时击中要害。

最后，创业者演讲的态度要谦虚诚恳，演讲过程平和礼貌。创业者是通过答辩实现获得专家和风险投资人认可目的的，只有给人以谦虚诚恳、平和礼貌的感觉才能被认可和接受。评审专家是不会接受狂妄傲慢、目中无人的创业者的，所以，游说答辩演讲词十分讲究语言的分寸，表述既要生动、有风采、打动人心，同时又要谦诚可信，情感真挚。

2. 路演答辩技巧

在多数路演过程中，路演演讲之后就要进入答辩，这一过程也是路演能否成功的关键。因此，路演演讲后的答辩必须遵循一定的原则，才有可能保证答辩沿着正确的方向进行，从而保证路演的成功。一般地说，创业者在答辩过程中要坚持如下原则。

第一，创业者回答问题时，观点要正确。在答辩中，观点是基础，是灵魂。正确的观点是回答的起点，所以要想在路演中取得成功，必须保证自己的观点是正确的。

第二，创业者回答问题时应该紧扣问题。答辩必须根据专家提问的要求答辩，需要怎么回答，就怎么回答，不能答非所问，也不能随意扩大或缩小专家所提问题的内容或范围。

第三，创业者回答问题时要旗帜鲜明、简明扼要。在答辩中，答辩者必须旗帜鲜明地回答问题，不能模棱两可，含糊其词。因为模棱两可，含糊其词，就会使专家和风险投资人不明白你的观点，答辩很可能会失败。答辩在时间上有严格的规定性，在内容上有严格的限定性。根据答辩的这些特点，答辩一定要简洁，否则既浪费时间，又会使风险投资人和其他听众产生厌烦的情绪。因此，答辩者对每一个答辩问题都应该首先弄清回答应把握的要点，明确从几个方面来说明问题，思考时要理清思路，回答时，不含糊、不啰唆、直截了当、一语中的。

第四，创业者回答问题时，要对问题进行辩证分析，思路要开阔，切忌思维绝对化、僵化，以防止片面、静止、孤立地看待问题。同时要使自己的回答、提出的观点有理有据、能够自圆其说。

第五，创业者回答问题时，条理要清晰。这就要求创业者在听到答辩题后，首先要思维有逻辑性，其次要是陈述有逻辑性，这种逻辑性要求创业者的回答层次清晰，条理分明，前后衔接紧密，表述前后呼应。

第六，创业者回答问题时要注意文明礼貌。现代社会一般都要求创业者具有较高的思想、文化素质，因而在答辩中就要充分地显示这种素质。而这一素质，不但体现在答辩的内容上，同时也体现在对专家、风险投资人和听众的文明礼貌上。创业者在答辩中要充分地尊重专家、风险投资人和听众。答辩的语言要谦和，遇到难以回答的问题要不急不躁，不要有怨恨情绪，更不能出现恶语伤人的现象。否则，就有可能引起答辩主持者、评判专家和听众的反感。

答辩对于创业者来说，不单是一种挑战，也是一次全面展示自己才华、气质、风度的机会。要想在答辩中脱颖而出，就要注意答辩谋略和技巧。高超的答辩，不仅需要答辩者灵感的迸发和知识的展现，也需要谋略的灵活运用。在答辩过程中创业者可以采取如下一些策略。

第一，答辩者要善于化虚为实。在答辩中，专家、风险投资人有时会问一些比较虚的问题，答辩者如果以虚对虚，答起来会觉得无从说起，或不着边际，风险投资人也会听得一头雾水。所以，面对这类问题，最好的办法是化虚为实。答辩者要在具体的答辩过程中成功地化虚为实，首先，要把握好试题的主旨，虚的内容与实的事例要环环相扣；其次，要善于调动自己的知识储备和生活积累，只有这样，回答问题时，才能得心应手；最后，要注意"画龙点睛"，答辩结尾时要注意提炼、总结和升华，还实以虚。

第二，答辩者要善于先抑后扬。答辩题中一般都会出现让风险投资人了解答辩者自身素质和创业计划书特点的题目，答辩者要努力抓住答这一类题目的机会，充分运用语言艺术，巧妙地宣传自己所在的团队和创业计划书。回答这类问题，最好采用先抑后扬的方法，答辩者在回答时首先出人意料地从劣势讲起，单刀直入，对创业计划书所面临的困难，绝不回避，然后话锋一转，介绍解决问题的措施。先抑后扬的答辩，不仅很容易在风险投资人心中留下鲜明的印象，而且会博得风险投资人的信任和赏识。答辩者要在具体的答辩过程中成功地实现先抑后扬，就要注意处理好以下3种关系：首先，答辩者要处理好谦恭与自信的关系，抑要抑得适度，扬要扬得实在。在抑时要表现出自己谦恭的良好风度，给风险投资人留下一个虚怀若谷、有自知之明的印象；在扬时要从内容、语言、气势和仪态气质上表现出信心百倍，有能力，有魄力，风险投资人马上会信任有加。其次，答辩者要处理好直率与含蓄的关系。扬时可以开诚布公，不要遮遮掩掩，欲说还休；抑时委婉含蓄、娓娓道来。最后，答辩者要处理好理智与情感的关系。对自己的优劣的介绍和评价，要表现出鲜明的理智来，以此激发风险投资人对最终的任职者作出理智的判断和选择。同时，也需要情感的作用，热烈而真挚的感情，能够与风险投资人产生心理共鸣，从而确立有利于答辩者的情感意向。

第三，答辩者要善于把握现场局面，随机应变。创业者回答问题时要审时度势，根据问题随机应变，努力使自己的回答富有新意，做到推陈出新。创业者回答问题时要充分考虑问题，别出心裁，这样做才更有利于成功。

路演的游说答辩是以创业计划书介绍为基础的，因此，结合创业计划书做好答辩十分关键。在具体的答辩中，需要遵循如下原则。

第一，要熟悉所提交的创业计划书即答辩涉及的内容。作为将要参加路演的创业者，首先而且必须对自己所写并提交的创业计划书内容有比较深刻的理解和比较全面的熟悉。所谓"深刻的理解"是对所提交的创业计划书有纵向的把握，"全面的熟悉"是对所提交的创业计划书有横向的把握。这两方面是为回答专家和风险投资人就有关所提交的创业计划书的深度及相关知识面而提出的问题所做的准备。学生必须对自己的所提交的创业计划书有"比较全面的熟悉"和"比较深刻的理解"，否则，就会出现尴尬局面。

第二，准备必要的图表或多媒体课件、视频。无论是涉及科技问题还是涉及社会问题，任何所提交的创业计划书都或多或少地涉及到用图表表达所提交的创业计划书观点的可能，因此，最好准备一些有利于表达的图表。图表不仅是一种直观的表达观点的方法，更是一种调节答辩会气氛的手段，特别是对评判专家来讲，长时间地听述，听觉难免会有排斥性，不再对你论述的内容接纳吸收，这样，必然对所提交的创业计划书答辩成绩有所影响。所以，在答辩过程中适当穿插图表或类似图表的其他媒介，就可以和视频资料有机结合，更直观地说明问题，有利于提高答辩成绩。

第三，陈述时紧扣主题、语流适中。答辩者在整个答辩过程中一定要围绕主题进行，自始至终地以所提交的创业计划书为中心展开论述就会使风险投资人思维明朗化，这样就会提高答辩的得分。一般的答辩者在答辩时，说话速度往往越来越快，以致答辩委员会听不清楚，影响了答辩成绩。因此，答辩时一定要注意在答辩过程中的语流速度，要有急有缓，有轻有重。

第四，答辩者要用目光与场内人员交流，同时适当辅助以手势。创业者在答辩时，可以脱稿，也可以半脱稿或者完全不脱稿。但不管采用那种陈述方式，答辩者都应注意自己的目光，使目光时常地瞟向答辩委员会成员及会场上的其他同学们。这是你用目光与听众进行心灵的接触，使听众对你的创业计划书产生兴趣的一种手段。在创业计划书答辩会上，由于听创业者陈述的时间过长，委员们难免会有分神现象，这时，你用目光的投射会很礼貌地将他们的神"拉"回来，使委员们的思路跟你的思路走。虽然创业计划书答辩以口语为主，但适当的体态语运用会辅助你的答辩，使答辩效果更好。特别是手势语言的恰当运用会显得自信、有力、不容辩驳。相反，如果在答辩过程中始终如一地直挺挺地站着，或者始终如一地低头俯视，即使你的所提交的创业计划书结构十分合理，主题无比新颖，结论非常正确，答辩效果也会大受影响。

第五，答辩者要控制好时间。路演活动对答辩有明确的时间要求，因此，创业者在进行创业计划书答辩时应重视时间的掌握。对时间的控制要有力度，到该截止的时间立即结束，这样，显得有准备，对内容的掌握和控制也轻车熟路，容易给评判专家一个良好的印象。因此，在答辩前应该对将要答辩的内容有时间上的估计。

第六，称呼使用上以"我"为主。在创业计划书答辩过程中必然涉及人称使用问题，尽量多地使用第一人称，如"我""我们"，即使所提交的创业计划书中的材料是引用他人的，用"我们引用"了哪儿哪儿的数据或材料，特别是毕业所提交的创业计划书是答辩者团队调研完成的，所以要更多使用而且是果断地、大胆地使用第一人称"我"和"我们"。这样就会使专家有这样的印象：东西是你的，工作做了不少！

参考文献

A. F. 奥斯本［美］. 1985. 创造性想象［M］. 王明利，盖莲香，汪亚秋，译. 北京：中国发明创造协会，中国预测研究会.

Г. C. 阿里特舒列尔［苏联］. 1987. 创造是精确的科学［M］. 魏相、徐明泽，译. 广州：广东人民出版社.

爱德华·德·波诺［英］. 1991. 横向思维［M］. 金佩琳，等，译. 上海：东方出版社.

爱德华·德·波诺［英］. 2003. 严肃的创造力——运用水平思考法获得创意［M］. 杨新兰，译. 北京：新华出版社.

波普尔［英］. 1986. 猜想与反驳［M］. 付季重，等，译. 上海：上海译文出版社.

蔡惠京，吴晓红. 1997. 创造力开发实用教程［M］. 长沙：湖南大学出版社.

查斯特·伍德希［美］. 财富的真理［M］. 丁凡，编译. 北京：九州出版社.

陈德智. 2001. 创业管理［M］. 北京：清华大学出版社.

陈立周. 1989. 工程离散变量优化设计方法、原理与应用［M］. 北京：机械工业出版社.

川口寅之辅［日］. 1983. 发明学［M］. 马泉，张维彦，译. 北京：专利文献出版社.

崔义中. 2000. 创业学［M］. 西安：陕西人民出版社.

D. J. 华尔德，C. S. 皮特勒. 1978. 优选法基础［M］. 尤云程，译. 北京：科学出版社.

凡禹. 1999. 经营自我与创业之路［M］. 北京：民主与建设出版社.

方全. 2004. 决策：来自全球一流企业最成功的经验［M］. 北京：中国物资出版社.

傅世侠，罗玲玲. 2000. 科学创造方法论［M］. 北京：中国经济出版社.

G. 帕尔，W. 拜茨［德］. 1992. 工程设计学［M］. 张直明，等，译. 北京：机械工业出版社.

甘华鸣. 2002. 创业［M］. 北京：中国国际广播出版社.

高桥诚［日］. 1989. 创造技法手册［M］. 蔡林海，译. 上海：科学普及出版社.

广东省经济管理干部学院工商管理系. 1999. 创造性思维案例选编［M］. 北京：经济管理出版社.

海特纳［德］. 1987. 论创造力［M］. 陈纲，译. 北京：工人出版社.

何吉清. 1997. 功效学［M］. 北京：中国劳动出版社.

J. P. 吉尔福特［美］. 1990. 创造性才能——它的性质、用途与培养［M］. 施良方，等，译. 北京：人民教育出版社.

纪克勤. 1995. 创造力开发与应用［M］. 沈阳：东北大学出版社.

江丕权，李越，戴国强. 1992. 解决问题的策略与技能［M］. 北京：科学普及出版社.

杰弗里·蒂蒙斯［美］. 2002. 创业者［M］. 周伟民，译. 北京：华夏出版社.

李贵轩. 1989. 设计方法学［M］. 北京：世界图书出版社.

梁良良. 2001. 创新思维训练［M］. 北京：中央编译出版社.

林康义，刘则渊，王海山. 1987. 技术开发原理与方法［M］. 大连：大连工学院出版社.

刘思齐，刘树武. 1998. 创造力方法学［M］. 哈尔滨：哈尔滨工业大学出版社.

卢旭东. 2002. 创业学概论［M］. 杭州：浙江大学出版社.

鲁克成，罗庆生. 1997. 创造学教程［M］. 北京：中国建材工业出版社.

罗博特·希斯瑞克［美］. 2000. 创业学［M］. 李志能，郁义鸿，译. 上海：复旦大学出版社.

罗玲玲. 1998. 创造力理论与科技创造力［M］. 沈阳：东北大学出版社.

罗玲玲. 2002. 创造力开发［M］. 长沙：湖南大学出版社.

罗玲玲. 2007. 大学生创造力开发［M］. 长沙：湖南大学出版社.

M. H. 麦金［美］. 1991. 怎样提高发明创造能力——视觉思维训练［M］. 吴明泰，等，译. 大连：大连理工大学出版社.

M. H. 麦金. 1991. 怎样提高发明创造能力——视觉思维训练［M］. 吴明泰，

参考文献

于静涛,译.大连:大连理工大学出版社.
南京大学数学系.1978.最优化方法[M].北京:科学出版社.
欧延高.2000.创业的家园[M].北京:北京邮电大学出版社.
戚昌滋,侯传绪.1996.创造性方法学[M].北京:中国建筑工业出版社.
戚昌滋.1996.工程设计智能论方法学[M].北京:中国建筑工业出版社.
戚昌滋.1996.现代广义设计科学方法学[M].北京:中国建筑工业出版社.
全国总工会职工技协办公室.1999.创造学与创造力开发[M].北京:经济管理出版社.
仁歌.2000.一个机会改变你的一生[M].北京:中国华侨出版社.
施普尔,科劳舍.2000.虚拟产品开发技术[M].宁汝新,译.北京:机械工业出版社.
史蒂夫·马若堤[美].2003.青年创业指南[M].户才和,译.北京:经济日报出版社.
W.戈登[美].综摄法——创造才能的开发[M].林康义,等,译.北京:北京现代管理学院(内部教学资料).
王滨.1992.创造行为与创造技法[M].沈阳:东北工学院出版社.
威廉·H.密登德夫[美].1987.发明创造[M].王春旭,李丹明,译.北京:电子工业部第六研究所.
吴明泰,刘武,谢燮正.1985.工程技术方法[M].沈阳:辽宁科学技术出版社.
向献忠,李萍.1995.优化技术及其应用[M].北京:北京理工大学出版社.
谢燮正,徐明泽.1998.科技人员创造力开发[M].沈阳:东北大学出版社.
谢燮正.1993.畅销商品开发——产品开发与商品化[M].沈阳:东北大学出版社.
许国泰.1986.产品构思畅想曲[M].上海:上海人民出版社.
许立言,张福奎.1984.创造学研究[M].上海:上海科学普及出版社.
杨晓华,曹炳志.2004.择业与创业指导教程[M].北京:化学工业出版社.
杨勇.2002.成功创业18招[M].北京:中国盲文出版社.
杨志,方宁.2001.知本创业方案[M].北京:中国国际广播出版社.
尹海刚,刘彦敏.1999.知本创业[M].北京:企业管理出版社.
郁义鸿.2000.创业学[M].上海:复旦大学出版社.
詹姆斯,恩·西多.1987.最优化设计——原理及应用[M].应锦春,译.北京：机械工业出版社.

张宝刚，陈保辉. 1997. 创造思维与技法 [M]. 北京：机械工业出版社.

张子睿. 2015. 创造创新理论与实践 [M]. 北京：光明日报出版社.

赵慧田，谢燮正. 1987. 发明创造学教程 [M]. 沈阳：东北工学院出版社.

赵薇. 2018. 无丝珐琅——"素描瓷绘"装饰工艺研究 [J]. 西部皮革（22）：8.

浙人. 2001. 成功创业必备：策略与艺术 [M]. 北京：中国青年出版社.

中国科学院数学研究所运筹室. 1984. 优选法 [M]. 北京：科学出版社.

周美立. 1998. 相似工程学 [M]. 北京：机械工业出版社.

Taylor I A. 1975. An Emerging View of Creative Actions [M] //Perspectives in Creativity. I. A. Taylor, J. W. Getzels, Eds. , Chicago, Ill. : Aldine Publishing Co.